山东省社会科学规划研究一般项目（项目批准号14CLSJ06）

JINDAI SHANDONG CHENGSHI
XIACENG SHEHUI QUNTI YANJIU

# 近代山东城市
# 下层社会群体研究

马德坤 著

人民出版社

# 目　录

# 绪　论

## 课题来源与意义

### 一、选题来源

选择此课题作为研究对象源于对中国社会现实问题的关注和研究。学术研究肩负着重要的社会责任，史学研究者历来倡导学以致用，寻求从"动态中发现和追踪问题，从静态中寻求原因和脉络"，达到"历史研究本身应具有的功能：温故知新，应答现实和启迪未来"。①店员、学徒、人力车夫、码头工人、摊贩、妓女、乞丐等群体在近代中国城市中普遍存在，山东城市也不例外。在山东城市近代化进程中，一些处于城市下层的群体也直接或间接地参与了城市的近代化。可以说，要研究近代山东城市的近代化，就不能不研究城市下层民众，而要研究城市的下层民众，就不能不研究像学徒、人力车夫、摊贩、乞丐等这类群体。有必要对这些下层社会群体纵向梳理和横向考察，以便更好地展示城市近代化进程。马克思说过："对人类生活形式的思索，从而对它的科学分析，总是采取同实际发展相反的道路。这种思索是从事后开始的，就是说，是从发展过程的完成的结果开始的。"②实现历史研

① 杨生茂：《我对美国史研究的一点看法》，中华书局 2002 年版，第 282 页。
② 《马克思恩格斯全集》第 23 卷，人民出版社 1972 年版，第 92 页。

究为现实问题提供启迪，这就是笔者选择近代山东城市下层社会群体作为课题研究的原因所在。

## 二、研究意义

在中国近代城市近代化的进程中，城市下层社会群体发挥了极其重要的作用。作为一个庞大的群体，尽管人数较多，但由于其地位低下，加之研究资料匮乏，长期以来城市史的研究中，下层社会群体的研究一直处于劣势，未得到足够的重视和研究。作为人数众多，生活贫困的群体，他们的生活却真实记录和反映了近代中国社会转型和城市社会近代化进程所带来的影响，能够全面反映中国社会的历史面貌。所以对这一群体进行研究具有重要的学术价值和现实意义。

1. 学术价值

近代下层社会群体是整个社会的重要组成部分，从数量上而言是一个庞大的社会群体。精英群体一直是学界的研究热点，对城市下层社会群体的研究未受到足够的重视和关注。对近代山东城市史的研究，学术界多注重这些城市的近代化发展历程，而对于城市社会群体中下层社会群体的研究成果则相对较少。从学术史的角度上看，这一视角可弥补近代中国城市史研究中的某些薄弱或空白环节；从区域史的角度上看，对近代山东城市下层社会群体的研究也可同其他区域研究成果作比较。下层社会群体是近代山东城市社会群体的重要组成部分，研究城市下层社会群体，重构近代山东城市下层社会群体的生活史，能够进一步拓宽和深入山东区域史研究。因此，对近代山东城市下层社会群体进行深入研究，具有极为重要的学术价值。

2. 现实意义

研究近代下层社会群体问题，对于城市史研究具有推进作用。当前中国已经进入改革开放攻坚阶段，社会矛盾进一步凸显。在社会急剧转型发展的进程中，城市中依然涌现一定数量、成分复杂的下层社会群体。针对下层社会群体所带来的问题，急需寻求解决的应急之道、良单妙方。因此，从近代山东城市下层社会群体的研究中，探求今天城市管理的经验，对当今全面深化改革、构建和谐社会、实现全面脱贫、全面建成小康社会以及实现中华民族伟大复兴中国梦等，具有重要的现实意义，这是研究的实践层面的价值所在。

## 学术史回顾

20 世纪 80 年代以来，社会史的研究越来越受重视并呈现出一派繁荣景象。随着社会史的深入研究，城市中各种社会群体的研究也不断得到重视和关注。"从不同角度观察特殊的群体，如流民、手工艺者、学徒、人力车夫、码头工人、优伶、乞丐甚至川江航道上的船工等，如能分门别类地对他们进行系统的研究，必将展示出下层适合历史的不同画卷。"[①] 近年来，下层社会群体在历史学、社会学、政治学等领域备受关注，国内外众多的学者从事这一领域的研究，产生了不少的研究成果。

### 一、国内相关研究现状

#### （一）近代山东城市史研究

近年有关近代山东城市史研究成果丰硕。

一是整体视角的研究。比较有代表性研究：张玉法的《中国现代化的区域研究——山东省（1860—1916）》[②] 一书，采用现代化理论，对 1860—1916 年的山东各地区的政治结构、工商业、农业以外来势力冲击——政治现代化——经济现代化——社会现代化的视角进行了详细的考察，特别论述了

---

① 彭南生：《关于新世纪中国近代史研究如何深入思考》，《史学月刊》2004 年第 6 期。

② 张玉法：《中国现代化的区域研究——山东省（1860—1916）》，台北"中央研究院近代史研究所"1982 年版。

烟台、青岛、济南等地的城市化表征。吕伟俊等的《山东区域现代化研究（1840—1949）》①一书，以山东为考察对象全面系统地考察了现代化的模式，并总结发展规律及特点，不愧为山东区域现代化研究的一部力作。王守中与郭大松的《近代山东城市变迁史》②一书以丰富的史料，论述了19世纪中叶至民国前期的山东城市的发展概况，并从整体上考察近代山东城市的变迁。

二是区域性研究，主要集中在济南、青岛、烟台等城市。笔者也就以这三个城市为主，分别探讨各自的研究状况。

（1）济南城市史研究

新中国成立以后，随着学术的研究及其济南作为"自开商埠"在中国近代化进程中地位的重视，越来越多的学者开始关注和研究济南。一批力作开始出现，如研究资料集、学术专题研究等，内容涉及到地方史、城市近代化、经济社会、文化生活等。

一是从地方史角度研究。从总体上对济南史论述的专著有安作璋主编的《山东通史：近代卷》、安作璋与王志民主编的《济南通史》等。安作璋、王志民主编的《济南通史》，共分8卷，计6册，共562万字，全书上起远古、下讫当代。《济南通史》8卷分别为：先秦秦汉卷、魏晋南北朝隋唐五代卷、宋金元卷、明清卷、近代卷、现代卷、当代卷。另外还有文物考古与山水园林名胜卷，共8卷。该书于2008年由齐鲁书社出版社发行。全书每卷分为前言、综述、典志、列传、大事年表五个部分，内容上涉及政治、经济、军事、文化教育、科技、文学艺术、宗教、民族、社会风俗、外事侨务、文献、考古等各方面，全面立体论述了济南发展的历史过程，是一部综合的研究济南的著作。徐北文的《济南史话》③、济南史志编纂委员会编的《济南市志资料（第1辑）》，也是研究济南的通史类著作。

二是从城市近代化角度研究。台湾学者张玉法《中国现代化的区域研

① 吕伟俊等：《山东区域现代化研究（1840—1949）》，齐鲁书社2002年版。
② 王守中、郭大松：《近代山东城市变迁史》，山东教育出版社2001年版。
③ 徐北文：《济南史话》，济南出版社2010年版。

究——山东省（1860—1916）》① 是一部详细研究有关济南开埠历史的著作。王守中、郭大松的《近代山东城市变迁史》② 探讨了山东城市化的背景及其进程中商业、金融业的发展变革，是研究城市史及济南城市近代化的重要资料。党明德、林吉玲的《济南百年城市发展史：开埠以来的济南》③ 系统阐述了不同时期济南的城市功能与结构、商业经济发展、城市生活环境与居民的社会生活，勾勒出自开埠以来济南城市近代化的发展轨迹。聂家华的《对外开放与城市社会变迁——以济南为例的研究（1904—1937）》④ 探讨了济南早期城市现代化的启动、演进及其在城市各系统中多层次展开的状态和特点，论述了济南早期城市现代化变迁的作用与意义。相关的学术论文有郭大松的《中国早期现代化之路反思——清末新政与济南自开商埠纵横谈》⑤、王音、蒋海升的《济南开埠：区域现代化的典范之作》⑥、王西波的《济南近代城市规划研究》⑦ 将济南作为中国近代城市近代化进程中的一个个案加以考察，论述了近代济南城市规划和发展的历程。王瑞琪的《近代济南开埠与城市转型——以商埠区为中心》⑧ 在探讨济南开埠的背景过程的基础上详细论述开埠后城市的发展变化及其文化娱乐的发展。梁民慷、黄志强在《自开商埠城市建设与市民观念变迁新探——以济南、潍县、周村三地为中心》中 ⑨ 论述了自开商埠以后济南在城市公共设施、规划与管理等方面呈现出新的特

①　张玉法：《中国现代化的区域研究——山东省（1860—1916）》，台北"中央研究院近代史研究所"1982 年版。

②　王守中、郭大松：《近代山东城市变迁史》，山东教育出版社 2001 年版。

③　党明德、林吉玲：《济南百年城市发展史：开埠以来的济南》，齐鲁书社 2004 年版。

④　聂家华：《对外开放与城市社会变迁——以济南为例的研究（1904—1937）》，齐鲁书社 2007 年版。

⑤　郭大松：《中国早期现代化之路反思——清末新政与济南自开商埠纵横谈》，《山东师范大学学报（人文社会科学版）》2006 年第 2 期。

⑥　王音、蒋海升：《济南开埠：区域现代化的典范之作》，《山东档案》2004 年第 5 期。

⑦　王西波：《济南近代城市规划研究》，武汉理工大学硕士学位论文，2003 年。

⑧　王瑞琪：《近代济南开埠与城市转型——以商埠区为中心》，南昌大学硕士学位论文，2014 年。

⑨　梁民慷、黄志强：《自开商埠城市建设与市民观念变迁新探——以济南、潍县、周村三地为中心》，《江西师范大学学报（哲学社会科学版）》2011 年第 2 期。

征及其新发展。从自开商埠角度反映济南城市近代化的研究成果还有刘明的《浅析济南开埠对历史街区的影响》等多篇学术论文①，这里不再一一详述。

三是从经济社会史角度。徐华东的《济南开埠与地方经济》②从经济史视角论述济南开埠历史进程以及对地方经济所产生的影响。韩国金亨洌的《近代济南经济社会研究——以济南商业发展为中心（1895—1937）》③以开埠前后作为比较论述开埠后济南近代城市发展的概况，以清末开埠初期、北洋政府时期、国民政府时期为划分阶段概述城市商业经济发展的历程，从西方列强的入侵、济南交通体系的改善、近代教育的普及角度探讨城市商业经济发展的动因，最后以人口流动、近代工业的发展及其阶层的分化来分析近代济南社会的变迁。

新中国成立以后，关于民国时期济南的社会经济史料搜集整理工作成绩斐然，济南市志编纂委员会编印的《济南市志资料（第1—5辑）》、中国人民政治协商会议山东省济南市委员会文史资料委员会编的《济南文史资料选辑（第1—10辑）》、济南金融志编委会编：《济南金融志（1840—1985）》、济南市工商联合会、济南总商会编印：《济南工商文史资料（第1—2辑）》、济南市政协文史资料委员会编：《20世纪济南文史资料文库（经济卷）（社会卷）》④以及《济南工商史料》《济南老字号》《遐迩闻名的祥字号》等都属于研究济南社会经济范畴的资料。

四是从文化生活史角度。谷学峰的《近代济南市民文化研究（1904—

---

① 具体参见：刘明：《浅析济南开埠对历史街区的影响》，《辽宁工业大学学报》（社会科学版）2010年第6期；李浩：《济南开埠与城市民俗的变迁》，《理论学刊》2006年第9期；艺李帕：《论清末济南、周村、潍县三地开埠》，《文史哲》1995年第2期；董建霞：《近代山东开埠与区位分析》，《济南大学学报》2007年第6期；王蔚为：《清末济南商埠区商事法律研究》，山东师范大学硕士学位论文，2010年；张华松：《济南开埠三章程平议》，《济南职业学院学报》2005年第5期。

② 徐华东：《济南开埠与地方经济》，黄河出版社2004年版。

③ 金亨洌：《近代济南经济社会研究——以济南商业发展为中心（1895—1937）》，南京大学博士学位论文，2006年。

④ 济南市政协文史资料委员会编：《20世纪济南文史资料文库（经济卷）（社会卷）》，黄河出版社2004年版。

1937)》① 运用市民文化理论，论述了济南市民文化形成的历史因素、市民文化的特点及其传统文化的影响。李振芳的《近代济南休闲娱乐场所与市民生活》② 探讨近代济南不同阶层和民众的休闲娱乐生活，反映民众娱乐场所的变迁及揭示近代社会由传统向现代过渡的特征。朱云峰的《清末民初济南公共领域的近代转型（1904—1919)》③ 通过对近代济南公共领域的结构分析，阐述济南在向现代化转型时期公共领域所发挥的作用。

（2）青岛城市史研究

新中国成立前，专门研究青岛城市史的著作不多，多为一些方志、旅行见闻和报刊资料，这些材料算不上学术研究，但具有很高的研究价值，为后来学术研究提供了原始的史料。德国人谋乐编辑了《青岛全书》④。之后日本编撰了多本有关青岛的书籍：栗田元次的《胶州湾》⑤ 一书中更为详尽地记述了德国侵占青岛前后的历史；青岛日本守备军编有《青岛要览》⑥，介绍青岛的部分社会状况。到了民国时期，还出版了一些专门介绍青岛城市的书籍，如张武的《最近之青岛》⑦、谢开勋的《二十二年来之胶州湾》⑧、叶春墀的《青岛概要》⑨、骆金铭的《青岛风光》⑩、赵君豪的《青岛导游》⑪、倪锡英的《青岛》⑫、青岛市政府招待处编的《青岛概览》⑬、魏镜编辑的《青岛指南》⑭ 等，

---

① 谷学峰：《近代济南市民文化研究（1904—1937)》，山东大学硕士学位论文，2005年。
② 李振芳：《近代济南休闲娱乐场所与市民生活》，山东大学硕士学位论文，2011年。
③ 朱云峰：《清末民初济南公共领域的近代转型（1904—1919)》，山东大学硕士学位论文，2006年。
④ 谋乐：《青岛全书》，青岛印书局1912年印。
⑤ 栗田元次：《胶州湾》，赤城正藏1914年印。
⑥ 日本守备军民政署编：《青岛要览》，芦泽印刷所1922年印。
⑦ 张武：《最近之青岛》，1919年印。
⑧ 谢开勋：《二十二年来之胶州湾》，中华书局1920年版。
⑨ 叶春墀：《青岛概要》，商务印书馆1922年印。
⑩ 骆金铭：《青岛风光》，兴华印书局1935年版。
⑪ 赵君豪：《青岛导游》，国光印书局1935年版。
⑫ 倪锡英：《青岛》，中华书局1936年版。
⑬ 青岛市政府招待处编：《青岛概览》，1937年印。
⑭ 魏镜编辑：《青岛指南》，1933年版、1939年版、1947年版。

这些都是为研究青岛城市史提供了宝贵的史料。

新中国成立后,特别是进入 80 年代后,有关青岛城市史的研究渐趋高潮。宋连威的《青岛城市的形成》① 一书以城市发展为视角探讨了青岛历史的发展。任银睦的《青岛早期城市现代化研究》② 一书运用多学科研究方法,考察了 1898 年德国强租开埠到 1922 年间城市现代化的进程。寿杨宾的《青岛海港史(近代部分)》③ 一书,以侵略与反侵略为主线,详细探讨了 1840 年至 1949 年青岛港口的发展与兴衰,同时对港口的贸易、经济情况、码头与仓库的建设,以及各个时期码头的特点都作了客观的介绍。

进入 21 世纪后,青岛城市史的探究受城市史研究热潮的推动涌现了大量的著作及论文。陆安的《青岛近现代史》④ 一书以时间先后为顺序描述了德国和日本先后占领青岛的状况,北洋军阀、国民党统治前期及后期对青岛的统治概况。陈雳的《楔入与涵化:德租时期青岛城市建筑》⑤ 一书运用社会学的方法以建筑与城市为整体考察对象,详细叙述了青岛城市的形成,并介绍了德租时期青岛建筑的风格与类型、中西建筑的融合以及华人社区形态。

这一时期涌现诸多以青岛城市史为选题的论文,极大丰富了青岛城市史的研究。

一是关于青岛现代化的论文:李万荣的《胶澳开埠与青岛城市的早期现代化(1898—1914)》⑥ 以德租时期(1898—1914)青岛城市早期现代化的表征为线索,客观评述外力条件下青岛开埠的进步作用及向现代城市嬗变过程中的积极因素,剖析 19 世纪末 20 世纪初青岛城市的发展动力及经验教训,以期为当今城市的现代化建设提供可供借鉴的历史参照。吕颖纽的《德占时

---

① 宋连威:《青岛城市的形成》,青岛出版社 1998 年版。

② 任银睦:《青岛早期城市现代化研究》,生活·读书·新知三联书店 2007 年版。

③ 寿杨宾:《青岛海港史(近代部分)》,人民交通出版社 1986 年版。

④ 陆安:《青岛近现代史》,青岛出版社 2001 年版。

⑤ 陈雳:《楔入与涵化:德租时期青岛城市建筑》,东南大学出版社 2010 年版。

⑥ 李万荣:《胶澳开埠与青岛城市的早期现代化(1898—1914)》,东北师范大学硕士学位论文,2002 年。

期青岛的崛起与山东近代城市体系的形成》①从青岛形成新的经济中心、传统政治中心济南的城市转型、运河沿岸城市的普遍衰落、山东重要城市分布由南北向变为东西向等视角分析了青岛崛起对山东城市体系的影响。董良保的《略论近代青岛城市发展对内地的影响》②叙述了19纪末青岛城市兴起并获得迅速发展，引起了近代青岛城市发展与城乡关系之嬗变，并探讨对近代山东的城乡关系、城镇格局及内地的经济与社会生活均产生了较大的影响。任银睦的《近代青岛城市发展与腹地农村社会经济》③认为青岛开埠促使山东近代市场网络最终形成，并由此带来了山东近代经济地理的重大变化，并对山东农村社会经济产生了巨大影响。

　　二是关于青岛城市经济的论文：姜忻的《1929—1937 年青岛城市经济及其特点》④认为由于在 1929—1937 年间政局相对稳定，青岛的城市经济有了一定程度的发展。以纺织业为代表的轻工业以及旅游业、进出口贸易等都形成了一定的规模。但因帝国主义的势力仍相当强大，这一时期青岛城市经济依然带有殖民地色彩，其发展是艰难而又缓慢的。孟川的《近代青岛的通货问题》⑤梳理了晚清政府、德国、日本、国人主权等不同时期青岛的货币政策，货币市场的复杂性也正是近代国家经济史的一个很好的注解。

　　三是关于青岛政治事件的论文：刘春蕊的《青岛问题与五四运动》⑥论述了 19 世纪德国占领胶州湾和青岛问题的由来，以及一战爆发后日本又趁机占领青岛的事实；探讨了巴黎和会关于山东青岛问题的处理和华盛顿会议关于青岛问题的最后解决等问题。分析了青岛问题与五四运动的关系，揭露了

---

①　吕颖纽：《德占时期青岛的崛起与山东近代城市体系的形成》，《东方论坛》2004 年第 6 期。

②　董良保：《略论近代青岛城市发展对内地的影响》，《东方论坛》2004 年第 6 期。

③　任银睦：《近代青岛城市发展与腹地农村社会经济》，《扬州大学学报（人文社会科学版）》2004 年第 4 期。

④　姜忻：《1929—1937 年青岛城市经济及其特点》，《青岛大学师范学院学报》2003 年第 1 期。

⑤　孟川：《近代青岛的通货问题》，《甘肃农业》2006 年第 6 期。

⑥　刘春蕊：《青岛问题与五四运动》，《青岛教育学院学报》1999 年第 2 期。

帝国主义国家对中国的野心及侵略罪行，以警示后人奋发自强，使历史耻辱不再重现。周兆利的《青岛与五四运动》①认为1919年爆发的五四运动，是中国人民为民族的生存和解放，为国家独立而进行的一场伟大的爱国运动，揭开了中国新民主主义革命的序幕，在中国近现代史上留下光辉的一页。这一轰轰烈烈的爱国运动的直接导火索就是青岛问题。

四是关于青岛人口的论文：崔玉婷的《抗战以前青岛华人社会阶层分析》②认为抗战前居民上中下阶层的划分，抗战后随着经济、社会以及人口变化，社会阶层也出现相应的变化。廖礼莹的《德占时期青岛的"华洋分治"与人口变迁（1897—1914）》③探讨德国占领青岛时期实行的"华洋分治"殖民政策，以及此政策所导致青岛的人口结构和人口特征的变化。由此分析强制性殖民政策与人口变化之间的相互关系。

五是关于青岛社会教育文化的论文：赵宝爱、龚晓洁的《抗战前青岛的社会保障事业》④认为青岛开埠后，随着工业化和城市化进程的加速，社会问题日益凸显，建立近代社会保障的条件逐渐成熟。当局制定社会政策、兴办各种福利设施，社会各界也积极参与其中，最终形成了以济贫和福利为内容的保障体系，一定程度上减少了社会波动、促进了社会公平，但由于缺乏稳定的制度环境，其社会减压阀的功能并没有很好地发挥出来。余敏葱的《近代西方音乐在青岛的传播研究》⑤认为近代西方音乐在青岛传播的音乐文化交流现象，不仅体现了西方音乐对青岛音乐发展的历史推动作用，还体现了青岛历史的、民族的、地域的人文背景和审美取向。探索这一传播的历史过程，对进一步认识青岛音乐文化的地域性特点、青岛音乐历史的发展规律乃至青岛在近代中国中西音乐交流史中地位都具有重要意义。郭芳的《青岛

---

① 周兆利：《青岛与五四运动》，《春秋》2019年第3期。

② 崔玉婷：《抗战以前青岛华人社会阶层分析》，《文史哲》2003年第1期。

③ 廖礼莹：《德占时期青岛的"华洋分治"与人口变迁（1897—1914）》，中国海洋大学硕士学位论文，2007年。

④ 赵宝爱、龚晓洁：《抗战前青岛的社会保障事业》，《东方论坛》2005年第4期。

⑤ 余敏葱：《近代西方音乐在青岛的传播研究》，青岛大学硕士学位论文，2006年。

文化底蕴与城市文化精神》①认为近代开埠城市青岛蕴含的厚重的创优求精的工商文化意识、和谐共处与兼容并包的文化心态等与早期市民有密切的依存关系，建设体现特定文化精神的城市文化必须依托文化底蕴，体现人本思想，发扬青岛连接传统与现代的工商文化优势，激发市民的认同感，保持宽容、开放的文化心态。

（3）烟台城市史研究

相对其他近代口岸城市，烟台城市史的研究主要集中以下几个方面。

一是关于烟台城市经济社会发展的研究。王守中、郭大松的《近代山东城市变迁史》②从区域史角度探讨了烟台近代城市建设以及发展问题。张秋菊的《抗战以前烟台社会阶层结构的变迁》③采用社会分层理论对烟台开埠以来的城市社会各阶层进行了详细的分析。赵彬的《近代烟台城乡关系研究》④论述烟台城乡社会近代化的历程，以及在这一过程中所形成的城乡间相互依赖、相互制约的总体结构关系，从中总结烟台城乡社会发展的基本经验教训，以期能够对今天的城乡一体化协调发展提供借鉴。支军的《开埠后烟台城市空间形态变迁探析》⑤探讨了在近代转型过程中，烟台城市空间形态的演化处于充满偶然性的地域开放系统中，具有在外力楔入下产生突变的特征，催化了内部形态的演替重组和外部形态的拓展扩散，并在特定的历史时空中形成近代特征的城市内部空间结构。

二是关于城市规划空间建筑的研究。支军的专著《开埠后烟台城市空间演变研究》⑥以烟台为考察对象，探讨了城市空间的历史演变。侯伟的《烟台市城市空间景观格局分析》⑦利用景观生态学的原理来全面分析空间上的

① 郭芳：《青岛文化底蕴与城市文化精神》，《青岛职业技术学院学报》2005年第3期。
② 王守中、郭大松：《近代山东城市变迁史》，山东教育出版社2001年版。
③ 张秋菊：《抗战以前烟台社会阶层结构的变迁》，山东大学硕士学位论文，2004年。
④ 赵彬：《近代烟台城乡关系研究》，山东师范大学硕士学位论文，2002年。
⑤ 支军：《开埠后烟台城市空间形态变迁探析》，《烟台职业学院学报》2007年第2期。
⑥ 支军：《开埠后烟台城市空间演变研究》，齐鲁书社2011年版。
⑦ 侯伟：《烟台市城市空间景观格局分析》，山东师范大学硕士学位论文，2002年。

变化。王建波的《烟台城市空间形态的演变》① 探讨烟台历史上各时期城市空间形态的特征和建设发展机制，是把握烟台城市空间形态本质，寻找保护和发展烟台城市空间形态特色方法的重要手段。陈筱的《烟台山近代建筑研究》② 以烟台山近代建筑为研究对象，用历史图档和文献资料相互佐证，对烟台山近代建筑的兴建年代、历史功能和原初规模进行了考证，初步厘清了已往研究的模糊之处，完善了文物建筑的档案信息。李洋的《烟台近代外廊式建筑研究》③ 在深入了解烟台近代外廊式建筑的产生背景，烟台近代外廊式建筑的分布特点，平、立面形式演变、外廊发展历程的基础上，重点分析了烟台外廊式建筑的主要建筑特征和演变过程。

### （二）近代城市下层社会群体研究

近年来，关于近代城市下层社会群体的研究已取得丰硕成果，以下主要从劳工、店员、人力车夫、摊贩、妓女、乞丐等六个方面对目前学界的研究进行梳理。

#### 1. 劳工研究

劳工是一个大的群体，包括工人、码头工人、女工和童工。由于受研究主题的限制，本研究方面的概况不一一详细介绍。有关劳工生活状况的研究，研究成果集中在：

一是以整体性为视角的研究。马庚存的《论中国近代青年产业工人的历史命运》一文④ 分析了近代产业工人的产生背景，考察了产业工人的生活状况及反抗斗争。陆兴龙的《民国时期工人的工资及家庭消费状况简析》⑤ 介绍了民国时期企业工资形式复杂多样的情况，除计时工资和计件工资外，还有包工制、佣金制、分成制、小账制等多种形式；大多数人的工资水平低

---

① 王建波：《烟台城市空间形态的演变》，同济大学硕士学位论文，2006 年。
② 陈筱：《烟台山近代建筑研究》，天津大学硕士学位论文，2010 年。
③ 李洋：《烟台近代外廊式建筑研究》，青岛理工大学硕士学位论文，2016 年。
④ 马庚存：《论中国近代青年产业工人的历史命运》，《史林》2007 年第 6 期。
⑤ 陆兴龙：《民国时期工人的工资及家庭消费状况简析》，《档案与史学》1995 年第 1 期。

下，难以维持生活的四个基本特点，并分析了不同阶段工人的消费水平。张伟的《近代不同城市工人家庭收入分析》[①] 以上海、武汉等城市为例考察了工人家庭收入和生活水平与城市社会发展水平的关系。马庚存的《论中国近代产业女工的历史命运》[②] 认为中国近代产业女工生活在半殖民地半封建的社会制度下，当局没有对雇佣女工限制劳动时间和劳动条件的立法，也没有保护女工特殊利益要求的法规。因而，较之西方女工，中国近代女工身受资本家的剥削更严酷，其境况更为艰辛和悲惨。张伟的《近代城市女工状况初探》[③] 认为1840年以后我国近代城市和近代工业都有了巨大的发展。随着这些发展，近代中国妇女有些就迁入城市并融入到近代城市工业中去了。李帝的《近代中国女工的产生及婚姻家庭生活概况》[④] 认为近代女工是一个特殊的群体，她们产生于大机器生产被动引入中国之后。尽管谋生手段得到了更好的提升，但她们的思想意识、生活状况并没有得到改善。她们用自己赢弱的双手实现了中国女性几千年来的梦想：自由。同时一些硕士研究生也以产业工人为题阐释相关研究，如于洋洋的《民国时期产业工人的劳动状况》[⑤] 把产业工人作为考察对象，对民国时期产业工人的概念来源、内部构成、劳动环境、劳动待遇进行了详尽的考察。

二是以区域化为视角的研究。首先学界对于较发达的上海研究最为集中，成果也较为丰富。秦祖明在《上海工人贫困问题研究》[⑥] 中以上海贫困工人为研究对象，首先梳理了贫困工人的来源，接着分析了工人贫困问题产生的原因和影响，最后从政府和民间两个方面论述了对贫困工人的救助。

① 张伟：《近代不同城市工人家庭收入分析》，《西南交通大学学报（社会科学版）》2000年第4期。

② 马庚存：《论中国近代产业女工的历史命运》，《山东医科大学学报（社会科学版）》1996年第4期。

③ 张伟：《近代城市女工状况初探》，《西南民族学院学报（哲学社会科学版）》2000年第12期。

④ 李帝：《近代中国女工的产生及婚姻家庭生活概况》，《昌吉学院学报》2007年第6期。

⑤ 于洋洋：《民国时期产业工人的劳动状况》，吉林大学硕士学位论文，2006年。

⑥ 秦祖明：《上海工人贫困问题研究（1927—1937）》，武汉大学博士学位论文，2011年。

周仲海的《建国前后上海工人工薪与生活状况之考察》[①] 以上海工人在抗战前（1930—1937 年）、抗战胜利至新中国成立前（1946—1949 年）、解放初（1950—1957 年）三个较具代表性的时期作为考察的基础，分析了上海工人在三个时期的生活状况。黄汉民的《试析 1927—1936 年上海工人工资水平变动趋势极其原因》[②] 考察了 1927 至 1936 年上海工人工资水平变动的总趋势。张剑的《二三十年代上海主要产业职工工资级差与文化水平》[③] 一文分析了科技含量的高低不仅取决于其机器设备、工艺流程技术原材料等产业固定资产的技术构成，更有赖于其管理人员的科学管理水平、工程技术人员的科学技术素质和广大工人的科学素养。吕光磊、徐华的《上海城市地价上涨及其对工人生活水平影响的历史考察》[④] 考察了地价的上涨，一方面导致工人的实际购买能力低下；另一方面则压缩自己的居住空间，导致生活质量不断下降。而这些反过来又影响了房地产市场的正常发展，房屋空置率提高，社会减租运动风起云涌，最终导致整个社会不满和敌对情绪高涨，不利于整个社会的和谐和稳定发展。

其次为成都、天津、重庆、武汉等城市。李映涛的《民国前期内地城市工人生活研究—以成都为例》[⑤] 以成都为例分析了抗战前期工人的构成、工人的工作状况与收入、工人家庭生活，是民国前期广大内陆城市工人阶层生存状态和发展轨迹的一个缩影。陈柳青的《天津工人经济收入与生活状况考察（1930—1956）》[⑥] 分三个阶段探讨天津工人生活状况。王晓园的《民国

---

① 周仲海：《建国前后上海工人工薪与生活状况之考察》，《社会科学》2006 年第 5 期。

② 黄汉民：《试析 1927—1936 年上海工人工资水平变动趋势极其原因》，《学术月刊》1987 年第 7 期。

③ 张剑：《二三十年代上海主要产业职工工资级差与文化水平》，《史林》1997 年第 4 期。

④ 吕光磊、徐华：《上海城市地价上涨及其对工人生活水平影响的历史考察》，《人口与经济》2006 年第 6 期。

⑤ 李映涛：《民国前期内地城市工人生活研究——以成都为例》，《中华文化论坛》2015 年第 4 期。

⑥ 陈柳青：《天津工人经济收入与生活状况考察（1930—1956）》，天津大学硕士学位论文，2009 年。

时期重庆码头苦力劳动生活探析》①阐述了码头苦力群体的基本概况，考察了苦力群体的生存环境，介绍了游离于城市边缘的码头苦力。邓晓娇的《20世纪三四十年代重庆码头工人生存困境考察》②从人数及来源、工作与环境、收入与生活、居住与健康、原因探究等方面对 20 世纪三四十年代重庆码头工人生存困境进行了考察，一方面反映出近代重庆社会极不稳定，失业问题严峻，社会矛盾激化的社会状况，另一方面也说明在近代重庆城市化过程中以码头工人为代表的社会底层群体难以改善自身生存状况，生活异常艰辛与困顿的情况。王晓园的《民国时期重庆码头工人研究》③从码头工人概况、码头工人的组织、码头工人的生存状态、码头工人的社会处境等方面对重庆码头工人进行了详细考察与研究。黎霞的《负荷人生：民国时期武汉码头工人研究》④以码头工人概况、码头工人生存实态、码头工人和雇主的互利与冲突、码头工人的生存竞争、政府对码头工人的管理与控制、码头工人群体与近代武汉社会等问题来多侧面展现民国时期武汉工人阶层丰富多彩的面貌。黄岭峻、王运阳的《工人冲突、政府介入与经济秩序（上）——以 20世纪 40 年代后期武汉地区码头纠纷事件为中心的考察》⑤以徐家棚码头工人纠纷、赵家墩码头工人纠纷，以及文昌门码头与平湖门码头工人纠纷为案例详细考察了 20 世纪 40 年代后期武汉地区的码头纠纷，分析政府介入纠纷的途径及效果。黎霞、张驰的《近代武汉码头工人群体的形成与发展》⑥首先分析了近代武汉码头工人对社会经济、政治与文化等产生的影响。其次从群体成员关系、成员间相互交和、群体意识和规范、成员间分工协作及群体成

---

① 王晓园：《民国时期重庆码头苦力劳动生活探析》，《三峡大学学报（人文社会科学版）》2015 年第 5 期。

② 邓晓娇：《20 世纪三四十年代重庆码头工人生存困境考察》，《西南农业大学学报（社会科学版）》2010 年第 6 期。

③ 王晓园：《民国时期重庆码头工人研究》，西南大学硕士学位论文，2016 年。

④ 黎霞：《负荷人生：民国时期武汉码头工人研究》，武汉大学博士学位论文，2007 年。

⑤ 黄岭峻、王运阳：《工人冲突、政府介入与经济秩序（上）——以 20 世纪 40 年代后期武汉地区码头纠纷事件为中心的考察》，《长江论坛》2007 年第 6 期。

⑥ 黎霞、张驰：《近代武汉码头工人群体的形成与发展》，《江汉论坛》2008 年第 10 期。

员一致行动的能力等方面梳理了近代武汉码头工人群体从形成、发展、壮大到衰落的历史脉络。黎霞的《民国时期武汉码头劳资纠纷及其影响（1927—1937)》① 通过分析武汉码头劳资纠纷的状况，概括码头劳资纠纷的诱因与根源。频繁发生的劳资纠纷严重影响了码头工人的生活；劳资纠纷及其所引发的罢工、怠工等情形阻碍了武汉工商业的发展；劳资双方不协，使得码头工头有机可乘、有利可图，而其势力渐大之后为浑水摸鱼，挑起更多劳资纠纷，形成恶性循环；码头纠纷频发之状况同样牵扯各级政府、党部及军、警各机关精力，若处理不好则会引发械斗纠纷，影响社会治安、政治稳定；劳资双方为保证己方影响，在纠纷中处于有利地位，不得不拉拢各党、政、军、警机关人员，维持复杂的社会关系人脉，其中不乏勾结、贿赂等违法行为，窳败政治。

2. 店员研究

华中师范大学近代史研究所的朱英教授对这一群体比较关注，相继发表多篇研究成果。朱英的《上海伙友述论——兼及店员之生存状态》② 详细论述《上海伙友》创刊的背景、开设栏目、发行量、传播渠道及影响等问题，通过这份主要面向店员发行的刊物，分析店员的生活状态。在《国民革命时期的武汉店员工会》③ 中论述了国民革命时期武汉店员的工会概况，武汉店员工会进行的经济斗争并梳理出各方为协调工商冲突而采取的十项措施，最后对武汉店员工会斗争进行评价。朱英在《近代上海商民运动中的店员工商界限之争》④ 中详细考察了国民革命时期国民党对店员归属的不同政策及其变化，总结分析国民党缺乏全面统一的认识与一以贯之的政策，尽管国民党声称是代表全体国民的政党，希望得到包括店员在内的工人以及商人资本家甚至是农民的支持，但事实上却不可能达到这一目标。

---

① 黎霞：《民国时期武汉码头劳资纠纷及其影响（1927—1937)》，《华中师范大学学报（人文社会科学版）》2007 年第 6 期。

② 朱英：《上海伙友述论——兼及店员之生存状态》，《中国社会经济史》2011 年第 2 期。

③ 朱英：《国民革命时期的武汉店员工会》，《江汉论坛》2010 年第 2 期。

④ 朱英：《近代上海商民运动中的店员工商界限之争》，《社会科学》2010 年第 5 期。

朱英在《试论国民革命时期的店员群体》①中通过翔实的档案考察店员人数及其组织、店员的工作环境及薪金待遇、店员的管理模式及社会形象、店员身份属性等问题。李玲丽的《略论北伐前后商民运动中的武汉店员工会》②认为北伐前后武汉店员性质经历了商人—工人—商人的转变；店员组织也有从商民协会到工会、独立店员工会的发展。卢忠民《近代旅京冀州商帮的收入问题初探——以五金商铺员工为中心》③以旅京的冀州五金商铺员工为考察对象，对普通店员的收入、有人力股人员的收入、应支制度等问题进行探索，丰富了近代北京商人收入及其构成等问题的研究。

巴杰的《规范·培训·认同：民国时期店员的职业建构探究》④以店员为考察对象，从店员的选聘与管理、店员的内部分土及职业培训、店员的职业规范及内在认同等方面对民国基层颇具特色的店员职业群体进行考察。巴杰的《制度·偏见·国家：民国时期店员的职场文化探析》⑤以店员的日常管理、店员的社会形象、店员的身份界定等为研究视角，从制度与人情、性别与偏见、国家与社会等关系层面对民国时期店员这个特殊群体进行了详细的探讨。巴杰在另一篇文章《中共与二十世纪二三十年代的店员运动》⑥中论述了20世纪二三十年代中共对店员及店员运动的认识、中共组建店员工会的活动、中共推动店员运动的主要经过等问题，通过国共两党推动店员运动的比较，得出20世纪20年代，中共未能成功地将整个店员群体纳入自己的阶级动员范畴之内，中共与店员对阶级觉悟有着不一样的

① 朱英：《试论国民革命时期的店员群体》，《学术探讨》2012年第1期。
② 李玲丽：《略论北伐前后商民运动中的武汉店员工会》，《黄河科技大学学报》2007年第3期。
③ 卢忠民：《近代旅京冀州商帮的收入问题初探——以五金商铺员工为中心》，《近代史研究》2013年第2期。
④ 巴杰：《规范·培训·认同：民国时期店员的职业建构探究》，《济南大学学报（社会科学版）》2004年第6期。
⑤ 巴杰：《制度·偏见·国家：民国时期店员的职场文化探析》，《中国史研究》2011年第10期。
⑥ 巴杰：《中共与二十世纪二三十年代的店员运动》，《中共党史研究》2014年第7期。

理解和期待的结论。

3.人力车夫研究

有关人力车夫的研究成果可谓丰富,集中体现如下:

一是整体性研究。一些学者从整体上对近代中国城市人力车夫进行研究,如王印焕的《民国时期的人力车夫分析》① 从整体视角考察时代背景,分析这一群体生活状况,阐述其消亡的根本原因及走向革命的必然趋势。严昌洪《近代人力车夫群体意识探析》② 一文认为近代人力车夫由城市贫民、进城农民和其他失业人员构成,并具有人数众多,具有素质低和流动性、分散性等特点,在互相交往及与外界联系中形成了同行意识、同乡意识和穷人意识等初级的群体意识,指出了群体意识的提升有赖于本阶级的认同、社会的接纳、国家的帮助,有赖于启蒙、灌输、培养。

二是个案研究。有学者对近代北京、上海、天津、成都、广州等不同城市中的人力车夫群体进行研究。如唐富满的《20世纪20、30年代广州的人力车夫及其政府救助》③ 以广州为例探讨人力车夫的来源、人力车夫的生活及婚姻家庭状况、地方政府对人力车夫的救助等问题。庄珊曼的《1929年北平人力车夫风潮研究》④ 从政治、经济、文化等多维视角论述了1929年北京人力车夫风潮发生的原因及其过程,从社会心理、革命宣传等方面阐述了这一风潮造成的影响及发展趋势。邵雍的《1935年上海法租界人力车夫罢工初探》⑤ 一文以上海法租界人力车夫1935年罢工为考察对象,论述了产生这一罢工的背景,分析了罢工中同业公会和车夫代表的作用,探讨了罢工中中国共产党与这次罢工的关系。严昌洪的《从弱势群体特征看民国时期人

---

① 王印焕:《民国时期的人力车夫分析》,《近代史研究》2000年第3期。

② 严昌洪:《近代人力车夫群体意识探析》,《华中师范大学学报》2007年第6期。

③ 唐富满:《20世纪20、30年代广州的人力车夫及其政府救助》,《中山大学研究生学刊(社会科学版)》2006年第3期。

④ 庄珊曼:《1929年北平人力车夫风潮研究》,首都师范大学硕士学位论文,2007年。

⑤ 邵雍:《1935年上海法租界人力车夫罢工初探》,《社会科学》2009年第1期。

力车夫救济制度》①一文中论述了民国时期人力车夫的生存资源匮乏、生存状态恶化、生存地位边缘化、生存心理脆弱等特征，考察对人力车夫颁发车夫执照提高车夫地位，降低车租、取消头目、减少剥削，提高车资、增加车夫收入，建立互助组织、解决车夫福利问题，建立合作组织、实现车夫有其车，创办贫民工厂、收容失业车夫等六种方式并给予客观公正的评议，是研究民国时期人力车夫的另一视角。严昌洪的《马路上的对抗——民国时期人力车夫管理问题透视》②一文梳理了车夫登记、制定关于人力车夫应遵守的交通规则和注意事项、制定人力车价目表、对人力车的登记、征税、检验与改良等日常管理，分析人力车夫与当局的对抗的表现形式及影响。杜丽红的《从被救济到抗争：重析 1929 年北平人力车夫暴乱》③以北京 1929 年北平人力车夫暴乱事件为考察中心，通过知识界对人力车夫问题的认识、国民党地方党部采取的处理政策等再次评析了这次事件。汤蕾的《多重权力网络下的近代中国人力车夫——以 1945—1949 年的汉口人力车夫为中心》④一文论述了近代武汉人力车夫的群体形成背景及基本构成，从政府管理和自我管理两个视角考察了人力车夫行业的监督和日常运作，最后分析多重权利管控下人力车夫的斗争及生存之道。

三是近代化城市化视角研究。马凌合《人力车：近代城市化的一个标尺——以上海公共租界为考察点》⑤以上海公共租界为考察点，从人力车夫的生存状况这一特殊的视角审视近代城乡关系以及城市下层民众的边缘特性。孔祥成的《现代化进程中的上海人力车夫群体研究——以 20 世纪 20—

①　严昌洪：《从弱势群体特征看民国时期人力车夫救济制度》，《江汉论坛》2008 年第 10 期。

②　严昌洪：《马路上的对抗——民国时期人力车夫管理问题透视》，《湖北大学学报（哲学社会科学版）》2010 年第 2 期。

③　杜丽红：《从被救济到抗争：重析 1929 年北平人力车夫暴乱》，《社会科学辑刊》2012 年第 1 期。

④　汤蕾：《多重权力网络下的近代中国人力车夫——以 1945—1949 年的汉口人力车夫为中心》，华中师范大学硕士学位论文，2006 年。

⑤　马凌合：《人力车：近代城市化的一个标尺——以上海公共租界为考察点》，《学术月刊》2003 年第 1 期。

30 年代为中心》① 从构成、消费等视角分析上海人力车夫的生存状态。

四是人力车夫与近代城市交通关系视角研究。王印焕的《交通近代化过程中人力车与电车的矛盾分析》② 认为人力车与电车冲突的根源,主要在于取缔人力车的同时,如何安置好众多人力车夫的生计。邱固盛的《从人力车看近代上海城市公共交通的演变》③ 认为机械化公共交通工具被引入之后仍然在上海的公共交通中扮演重要角色。

五是生活生存视角研究。吴国富、付志刚的《20 世纪 30 年代城市下层劳工的生存状况——以南京社会调查为中心》④ 论述南京人力车夫这一群体数量增长的因素,阐述南京人力车夫的来源构成、工作与收入、日常生活等问题,从另一侧面反映了南京城市社会经济的发展状况。郑忠、王洋在《城市边缘人:民国南京人力车夫群体探析》⑤ 中介绍南京人力车夫的消亡及其在城市近代化进程中的地位和作用。张致森的《二十世纪三四十年代成都市人力车夫研究》⑥ 从来源构成、工作方式、生活方式、婚姻家庭状况等方面论述了 20 世纪三四十年代成都人力车夫群体的基本情况。杨齐福的《民国时期城市苦力的多维研究——以沪宁杭城市人力车夫为考察中心》⑦ 一文从城市化角度揭示人力车夫的时代背景,以底层视角反映人力车夫的群体状况,在日常生活中折射人力车夫的整体形象,进而凸显民国时期城市苦力的

① 孔祥成:《现代化进程中的上海人力车夫群体研究——以 20 世纪 20—30 年代为中心》,《学术探讨》2004 年第 10 期。

② 王印焕:《交通近代化过程中人力车与电车的矛盾分析》,《史学月刊》2003 年第 4 期。

③ 邱固盛:《从人力车看近代上海城市公共交通的演变》,《华东师范大学学报(哲学社会科学版)》2004 年第 2 期。

④ 吴国富、付志刚:《20 世纪 30 年代城市下层劳工的生存状况——以南京社会调查为中心》,《许昌学院学报》2016 年第 4 期。

⑤ 郑忠、王洋:《城市边缘人:民国南京人力车夫群体探析》,《南京师大学报(社会科学版)》2012 年第 3 期。

⑥ 张致森:《二十世纪三四十年代成都市人力车夫研究》,四川大学硕士学位论文,2007 年。

⑦ 杨齐福:《民国时期城市苦力的多维研究——以沪宁杭城市人力车夫为考察中心》,《福建论坛(人义社会科学版)》2013 年第 6 期。

边缘场景。

　　4.摊贩研究

　　魏晓锴的《近代上海摊贩治理述论》① 论述了清朝末年至 20 世纪 30 年代历代当局对上海摊贩的治理政策及其影响。胡俊修、李静的《近代中国城市民变的比较审视——以 1908 年汉口摊户风潮与 1946 年上海摊贩风潮为中心》② 一文论述了 1908 年与 1946 年两次摊贩风潮展演过程,阐述了诱发两次的原因时摊贩管理的困境与失效、异化的社会环境,分析面对风潮官方、商会、舆论导向等各方的态度,最后考察城市民变对政治文化与日常生活的影响。魏晓锴的《近代中国城市治理的困境:1946 年上海摊贩事件再探》③ 一文在分析市政当局摊贩禁令出台原因的基础上,详细阐述市政当局、摊贩群体及商号商会等在该事件中扮演的角色,展现近代中国城市摊贩治理中的博弈与困境。王静的《民初天津摊贩生存空间的转换与控制》④ 以民国初年天津街头的摊贩为考察对象,论述各利益主体在围绕旧传统与新规章之间展开的利益博弈。叶丹丹的《民国时期北京摊贩研究（1912—1937)》⑤ 论述民国时期北京摊贩的分布、分类、来源与生活,探讨商贩对城市社会生活的影响,梳理在北洋政府、南京国民政府时期对商贩行使管辖权的部门以及主要举措。李黎明的《浅析近代上海摊贩存在和发展的历史条件》⑥ 从城市人口的增多和市民消费水平的多层次化,城乡二元经济结构的不断强化,开埠以后"重商主义"价值观念的驱使等原因论述了上海摊贩存在和发展的历史条件。褚晓琦的《近代上海菜场研究》⑦ 阐述近代上海菜场的设立、发展

---

　　① 魏晓锴:《近代上海摊贩治理述论》,《江西社会科学》2014 年第 12 期。

　　② 胡俊修、李静:《近代中国城市民变的比较审视——以 1908 年汉口摊户风潮与 1946 年上海摊贩风潮为中心》,《武汉大学学报（人文科学版)》2013 年第 5 期。

　　③ 魏晓锴:《近代中国城市治理的困境:1946 年上海摊贩事件再探》,《史林》2017 年第 3 期。

　　④ 王静:《民初天津摊贩生存空间的转换与控制》,《历史教学》2010 年第 20 期。

　　⑤ 叶丹丹:《民国时期北京摊贩研究（1912—1937)》,河北大学硕士学位论文,2015 年。

　　⑥ 李黎明:《浅析近代上海摊贩存在和发展的历史条件》,《齐鲁学刊》2008 年第 5 期。

　　⑦ 褚晓琦:《近代上海菜场研究》,《史林》2005 年第 5 期。

及完善的过程，一方面论述近代上海城市社会的变迁，另一方面也反映城市居民的生活方式及行为习惯。孔伟的《民国时期宁波摊贩管理与市容改善研究——以 20 世纪 30 年代前期为例》① 以民国时期宁波为例探讨摊贩的管理以及摊贩对市容的影响，为当今城市管理提供借鉴。

5. 娼妓研究

娼妓作为一个群体存在已久，但把这一群体作为研究对象是近代以来的事。近代以来有关娼妓的研究已有较为丰硕的成果，相关成果集中以下几个方面：

有关著作方面：从 19 世纪末到五四新文化运动再到 20 世纪 20—30 年代出现一批鼓吹妇女运动者撰写的著作：鲍祖宣的《娼妓问题》、孙玉声的《娼妓的生活》、王书奴的《中国娼妓史》，郭箴一的《中国妇女问题》、谈社英的《中国妇女运动通史》等。

新中国成立后，根据国家建设的需要，全国范围内进行取缔妓院运动。妓女作为旧社会被压迫、被剥削的代表被塑造成一种鲜活的阶级斗争题材，由此产生一大批以回忆录和口述史为主要形式的著作。如孙国群的《旧上海娼妓秘史》、董乃强的《话说青楼》、刘巨才的《中国近代妇女运动史》、周谷城的《中国社会史论》以及中华全国妇女联合会妇女运动历史研究室编的《中国妇女运动史》等，这些有关娼妓的研究均带有明显的阶级斗争意识形态色彩。

20 世纪 80 年代以来，娼妓史研究取得空前繁荣，涌现一批通史著作，不仅数量众多，而且成果优秀。武舟的《中国妓女文化史》② 综合运用政治学、经济学、社会学、伦理学等理论，以文化人类学为研究视角，详细考察古今娼妓制度的历史演变及其妓女的生命活动方式，分析了中国妓女文化从产生到发展、从兴盛到消亡的总体趋势。邵雍的《中国近代妓女史》③ 以时

---

① 孔伟：《民国时期宁波摊贩管理与市容改善研究——以 20 世纪 30 年代前期为例》，《黑龙江史志》2008 年第 11 期。

② 武周：《中国妓女文化史》，东方出版社 2006 年版。

③ 邵雍：《中国近代妓女史》，上海人民出版社 2005 年版。

间顺序为叙事主线，对晚清、北京政府时期、南京政府时期、抗日战争时期和解放初期等不同阶段妓女的来源、生活、分类等进行详细考察，论述了政府当局对妓女的日常管理。张超的《民国娼妓盛衰》① 详细考察民国时期娼妓兴盛的社会背景及表现，梳理民国废除娼妓的主要活动及政府的立场态度，阐述妓院的日常管理与经营，分析娼妓观念的变化。张耀铭的《娼妓的历史》② 首先以史学的角度论述了中国官营娼妓和私营娼妓制度的历史发展演变轨迹，阐述了娼妓的妓院组织结构及文化内涵，剖析了嫖客的种类与嫖妓程式等，最后分析了青楼名妓与文学艺术的关系。

　　以上研究视域多以全国为例，属于通史范畴。同时这一时期学界也出现了一批专门研究某一地域的著作，比如上海、北京、天津等。孙国群的《旧上海娼妓秘史》③ 以翔实可信的史料为基础，论述了旧上海娼妓制度的发生、发展和衰亡的历史过程，填补多年因史料欠缺一直未有系统著作的空白。杨洁曾、贺苑男的《上海娼妓改造史话》④ 论述了在全国三大改造的背景下，五十年代初上海禁娼的历史。薛理勇的《上海妓女史》⑤ 充分利用上海市历史博物馆的珍贵档案资料，生动形象地论述了上海妓女的历史原貌。蒋建国的《青楼旧影——旧广州的妓院与妓女》⑥ 采取图文并茂形式，详细论述了广州娼妓业发展的历史面貌，阐释了广大妓女的日常生活，揭示出近代广州城市社会的畸形消费生活和文化环境。张金起的《八大胡同的尘缘旧事》⑦ 以北京八大胡同为例，论述了赛金花、小凤仙等妓女的生平故事。

　　除了研究娼妓的通史及地域专著外，学界出版了一批资料，这些为研究奠定了重要的学术支撑。比如《近代中国娼妓史料》⑧ 分上下两卷，较为全

---

① 张超：《民国娼妓盛衰》，社会科学文献出版社 2009 年版。
② 张耀铭：《娼妓的历史》，国家图书馆出版社 2004 年版。
③ 孙国群：《旧上海娼妓秘史》，河南人民出版社 1988 年版。
④ 杨洁曾、贺苑男：《上海娼妓改造史话》，上海三联书店出版社 1988 年版。
⑤ 薛理勇：《上海妓女史》，海峰出版社 1996 年版。
⑥ 蒋建国：《青楼旧影——旧广州的妓院与妓女》，南方日报出版社 2006 年版。
⑦ 张金起：《八大胡同的尘缘旧事》，郑州大学出版社 2005 年版。
⑧ 文史精华编辑部编：《近代中国娼妓史料》，河北人民出版社 1997 年版。

面的搜集了近代包括东北、华北、西北、华东、中南、西南、西北等地域的妓女回忆及有关的资料,史料丰富。《娼妓血泪:娼祸》① 是收录旧北京的八大胡同、旧上海庞大的娼妓队伍、旧西安的花街柳巷等地域在内的娼妓社会问题考察的文集。一些专门研究妇女的资料其中也包含了大量的娼妓史料,如梅生主编的《中国妇女问题讨论集》、台湾"中央研究院近代史研究所"编辑的《近代中国妇女史研究》、高洪兴与徐锦钧编的《妇女风俗考》等著作中有专门关于娼妓的研究,也是研究中国娼妓群体不可或缺的资料。

专题论文主要分为以下几个方面:

一是对娼妓的综合研究。宋庆欣的《民国时期北京娼妓研究》② 以民国时期北京的娼妓为考察对象,论述了北京娼妓业兴盛的背景、表现及娼妓为妓的原因,分析北京娼妓的区域分布、等级与分类、娼妓业特点,探讨了政府对娼妓业的管理及其救助措施。王凯的《民国时期城市妓女群体初探》③ 一文选取民国时期的妓女群体作为论述的对象,阐述了妓女的分类、日常生活、出路、情感生活,分析妓女的特点及影响。李常宝的《秩序的骚动与城市公共空间被侵占后的社会回应——1930 年代成都驱逐扬州妓女分析》④ 以1930 年代成都为例,论述了在传统文化理念的影响下,扬州妓女到达成都后被驱赶的过程及其带来的社会影响。

二是对娼妓行业组织结构研究。江沛的《20 世纪上半叶天津娼业结构述论》⑤ 论述了 20 世纪上半叶天津市娼业结构及其影响。石燕的《19—20 世纪上海娼妓的分层:消费分层的体现》⑥ 考察娼妓的地域分布以及嫖客内部存在着消费分层的现象。

---

① 文芳:《娼妓血泪:娼祸》,中国文史出版社 2004 年版。

② 宋庆欣:《民国时期北京娼妓研究》,首都师范大学硕士学位论文,2011 年。

③ 王凯:《民国时期城市妓女群体初探》,吉林大学硕士学位论文,2007 年。

④ 李常宝:《秩序的骚动与城市公共空间被侵占后的社会回应——1930 年代成都驱逐扬州妓女分析》,《福建论坛(人文社会科学版)》2010 年第 7 期。

⑤ 江沛:《20 世纪上半叶天津娼业结构述论》,《近代史研究》2003 年第 2 期。

⑥ 石燕:《19—20 世纪上海娼妓的分层:消费分层的体现》,《理论界》2011 年第 4 期。

三是对娼妓行业生存空间研究。齐小林的《国家救济、妓女应对与社会制约：清末民初北京救娼妓活动新探》① 论述了清末民初救良所设立后，妓女为了生存纷纷加入的动因有摆脱领家的控制、摆脱不良家庭的束缚、利用济良所逃避债务，这种官方的救济却未必是最佳的选择，娼妓群体与社会精英、国家对于娼妓业不同认识和态度或许是近代国家在救济与改造娼妓问题上面对的最大困境。

四是对娼妓行业文化信仰研究。刘平的《近代娼妓的信仰及其神灵》② 介绍了明清以至近代，娼妓业所认同的祖师和崇拜的神灵有管仲、白眉神、关公、盗拓、洪涯先生、文财神比干、吕洞宾、插花老祖、勾栏女神、春神、五大仙、胡三太爷（狐仙）、铁板桥真人仙师、金将军、观音、施神、撒尿老爷、勾栏土地、教坊大王、烟花使者、脂粉仙娘、白娘子、猪八戒、刘赤金母、瑶姬（即那位"旦为行云，暮为行雨"的巫山神女）等。

五是对娼妓行业政府治理研究。张超的《民国娼妓问题研究》③ 一文探讨民国娼妓兴盛的背景及其表现，阐述民国废除娼妓的背景及运动，分析政府对娼妓的日常管理及推行的措施，以汉口为例具体详述娼妓的管理及特点。吕振的《南京国民政府时期娼妓治理问题研究（1927—1937）》④ 阐述了南京国民政府时期对娼妓治理政策，以北平、上海、广州、汉口、青岛、杭州为例考察政府治理政策的执行情况，分析政府娼妓治理的模式及效果。王娟的《清末民国时期北京的"救娼"与"废娼"》⑤ 一文论述了清末民国时期北京娼妓业的发展演变、产生的原因以及带来的社会危害，阐述了清末民国时期政府对这一特殊群体娼妓的社会救助，分析了救娼与废娼的论争。罗衍

---

① 齐小林：《国家救济、妓女应对与社会制约：清末民初北京救娼妓活动新探》，《聊城大学学报（社会科学版）》2010 年第 5 期。

② 刘平：《近代娼妓的信仰及其神灵》，《近代中国社会与民间文化：首届中国近代社会史国际学术研讨会论文集》2005 年。

③ 张超：《民国娼妓问题研究》，武汉大学博士学位论文，2005 年。

④ 吕振：《南京国民政府时期娼妓治理问题研究（1927—1937）》，山东大学硕士学位论文，2013 年。

⑤ 王娟：《清末民国时期北京的"救娼"与"废娼"》，《妇女研究论丛》2006 年第 3 期。

军的《民国时期的娼妓书写与治理——以杭州（1927—1937）为中心》[1] 以民国时期杭州区域为中心探讨了妓女的苦难与放荡的双重形象，阐明杭州政府的治娼行动缘于其铲除社会阴暗面、展现政权尊严的理念，同时，地方政权具体采取何种治娼模式，则受多种因素影响。崔样的《法律视野中的晚清娼妓——基于1872—1881年间〈申报〉报道的考察》[2] 运用整体研究与个案分析相结合的研究方法，探讨了晚清娼妓身处的法律空间，考察了当时《大清律例》对娼妓的规定、地方官吏对娼妓的行政治理、娼妓业性病的检查预防及济良所的运作，以及民间社会对待娼妓的多重态度。

6. 乞丐研究

乞丐、流民是近代城市中数量众多、规模庞大、影响极大的人口，而且是困扰近代中国的重大社会问题。国内不少学者针对城市乞丐问题给予了极其关注研究，取得不少研究成果。有关乞丐群体研究，已出版不少专著以及发表不少论文。综观已有研究成果，主要从以下视角进行研究。

一是宏观视角研究乞丐历史。曲彦斌的《中国乞丐史》[3] 是中国第一部乞丐史专著，从乞丐是什么说起，包括帝王与乞丐、雅士与乞丐、中国丐帮、乞丐与公案、乞丐与江湖诸流、古今行乞诸生相、乞丐现象与习俗风尚、乞丐与中国文化等方面入手，指出乞丐的一些行为特征是亚文化中的一种历史文化现象。周德钧的《乞丐的历史》[4] 认为乞丐是社会的一个长期的历史现象，叙述了乞丐产生的由来、乞丐乞讨方式及类型、乞丐的行为特征等。

二是微观视角研究乞丐生活。《文史精华》编辑部的《近代中国江湖秘闻》[5] 认为由于统治阶级忽视处于社会下层数量众多的乞丐群体，使之数量

---

[1] 罗衍军：《民国时期的娼妓书写与治理——以杭州（1927—1937）为中心》，《浙江社会科学》2008年第5期。

[2] 崔样：《法律视野中的晚清娼妓——基于1872—1881年间〈申报〉报道的考察》，中山大学硕士学位论文，2009年。

[3] 曲彦斌：《中国乞丐史》，上海文艺出版社1990年版。

[4] 周德钧：《乞丐的历史》，中国文史出版社2005年版。

[5] 《文史精华》编辑部：《近代中国江湖秘闻》，河北人民出版社1997年版。

越来越多，从而形成特色的丐帮。沈寂等在著作《中国秘密社会》①中把"职业丐"进行分类并总结各自特征。印永清、万杰的《三教九流探源》②分析丐帮最核心的诉求及收入类型。邓小东的《民国时期的乞丐及乞丐救济》③一文则认为民国时期出现了一些救济乞丐的思想和举措，但乞丐抵触心态的存在影响了救济的效果。关文斌的《近代天津的穷家门：行乞与生存策略论述》④分析了乞丐生存社会及其作为弱者的生存武器。

三是以区域为视角的乞丐地域研究。吴元淑、蒋思壹的《上海七百个乞丐的社会调查》⑤以上海七百个乞丐为调查对象，对这些丐采取了科学的问卷调查，探讨了乞丐产生的由来、类型、救济，并分析了解决乞丐问题的根本方法。蔡丰明的《上海都市民俗》⑥认为上海具有浓厚的都市乞丐习俗。田骅的《开埠以后上海乞丐群体成因初探》⑦以上海为例探讨了乞丐的成因、内部等级以及与其他江湖帮派的联系。罗国辉的《略论民国时期上海乞丐问题》⑧分析了作为国际性大都市的上海乞丐的成因，表现形态以及一些救济和防范乞丐的举措。除上海外，也有文章探讨其他区域的乞丐问题，如王娟的《近代北京乞丐问题简述》⑨以近代北京作为典型切入点，从社会救济史的角度来考察近代乞丐的产生来源及其自身生存状况，并在此基础上着重探讨政府与社会对乞丐群体的收养、救助与管理，以期局部地折射出近代中国社会变迁的历程与面貌。

四是以职业化为视角研究乞丐问题。李红英的《略论近代中国社会的

① 沈寂等：《中国密码社会》，上海书店出版社 1993 年版。
② 印永清、万杰：《三教九流探源》，上海教育出版社 1996 年版。
③ 邓小东：《民国时期的乞丐及乞丐救济》，《晋阳学刊》2004 年第 1 期。
④ 关文斌：《近代天津的穷家门：行乞与生存策略论述》，《城市史研究》第 23 辑，天津社会科学院出版社 2005 年版。
⑤ 吴元淑、蒋思壹：《上海七百个乞丐的社会调查手（稿本）》，上海图书馆馆藏，1933 年。
⑥ 蔡丰明：《上海都市民俗》，学林出版社 2001 年版。
⑦ 田骅：《开埠以后上海乞丐群体成因初探》，《上海研究论丛》第 9 辑。
⑧ 罗国辉：《略论民国时期上海乞丐问题》，《为洲科技学院学报（社会科学版）》2006 年第 4 期。
⑨ 王娟：《近代北京乞丐问题简述》，《历史档案》2008 年第 2 期。

职业乞丐问题》① 指出在中国近代社会中，职业乞丐众多。乞丐行乞方式多样，社会危害很大，近代出现了一些防范和控制乞丐的措施。王保庆等的《当前我国社会乞讨现象调查与思考》② 探讨了乞讨现象产生、存在和发展的原因及其带来的危害和影响，从不同角度提出了解决问题的思路、对策和建议。池子华的《沉重的历史省思——近代中国的乞丐及其职业化》③ 认为在积贫积弱的近代社会，到处晃动着流浪乞讨者的身影，乞丐有"原生"乞丐和"职业"乞丐之分。"职业化"的乞丐即职业乞丐，以行乞为职业，是长期性的"恒业"。作为一种"特殊"行业，乞丐"职业"的职业结构趋向复杂化。

### （三）近代山东城市下层社会群体研究

随着近代山东城市史研究的深入，一些学者开始关注城市下层社会群体，研究他们的生活状况、政治地位以及在城市变迁中的作用。但总的来看，近代山东下层社会群体的研究还处在起步阶段。

一是以某个群体为对象，发表一些研究成果。江林泽在《青岛工人状况研究（1897—1937）》④ 论文中首先介绍了近代青岛工业的发展状况，其次论述了青岛工人的来源以及特殊群体学徒、徒工和女工，最后重点分析了青岛工人劳动状况和家庭生活。葛美珠的《码头工人与近代青岛城市社会》⑤ 阐述了青岛码头工人的来源，从劳动状况、生活状况等方面分析青岛码头工人的生存实态，最后说明码头工人对近代青岛社会的影响，这种影响是双面的，积极方面是促进了青岛的社会经济发展和城市化发展，消极的一面就是他们的加入给青岛带来一系列社会问题。于景莲的《20 世纪二三十年代的

---

① 李红英：《略论近代中国社会的职业乞丐问题》，《安徽师范大学学报》2000 年第 1 期。

② 王保庆、徐芳、姜怀忠：《当前我国社会乞讨现象调查与思考》，《湖南师范大学学报》2003 年第 4 期。

③ 池子华：《沉重的历史省思——近代中国的乞丐及其职业化》，《中国党政干部论坛》2004 年第 4 期。

④ 江林泽：《青岛工人状况研究（1897—1937）》，山东大学硕士学位论文，2015 年。

⑤ 葛美珠：《码头工人与近代青岛城市社会》，《长沙大学学报》2016 年第 3 期。

济南人力车夫研究》①详细考察了 20 世纪二三十年代济南人力车夫群体数量较为庞大、劳动强度很大，分析济南人力车夫数量及经济状况的原因。她的另一篇《民国前期山东城市苦力群体的收支与生活状况（1912—1937）》②认为民国前期山东城市苦力群体主要包括脚夫、码头工人、人力车夫以及从事搬运、运输、清洁等工作的其他底层劳动者群体。分析这些群体从事的是超强度的体力劳动，却总体收入很低且具有很大的不确定性，只能维持最低水平的生活的状况原因。毕牧的《民国时期山东城市工人阶层工资收入、影响因素及其消费状况研究》③分析不同历史时期的政治环境、社会经济发展水平对工人工资收入情况影响颇大。阐述工人阶层的工资收入还与所处行业、工厂资本多少和现代化程度高低，以及工人的技术熟练程度、性别和年龄等因素有关。

二是以山东城市下层社会群体为选题撰写了硕博论文。秦晓梅的《近代山东妇女生活研究》④以民国山东妇女为考察对象，论述了妇女生活的变迁、女子教育、职业生活等，分析了妇女生活变迁的原因，总结了妇女生活变迁的特点及现代启示。宋喆的《近代青岛舞女群体研究》⑤以近代青岛舞女为研究对象，在阐述近代交际舞传入、受抵、几经起伏和舞厅在青岛的兴起发展概况的基础上，通过对舞女的来源、从业动因、职业和收入方式、情感生活和归宿以及舞女与国家、社会、民众间的互动关系的考察和探究，来勾勒近代青岛舞女群体真实的历史的生活原貌。刘曼的《近代青岛女性群体研究》⑥以近代青岛的女性群体为研究对象，论述了都市女性、女学生、妓女、舞女和歌女这几个群体的生存状态，探讨了时代转变的大环境下不同女性群体的生活与角色变化。于景莲的《民国时期山东城市下层社会物质生活状况

---

① 于景莲：《20 世纪二三十年代的济南人力车夫研究》，《滨州学院学报》2009 年第 2 期。

② 于景莲：《民国前期山东城市苦力群体的收支与生活状况（1912—1937）》，《东岳论丛》2011 年第 12 期。

③ 毕牧：《民国时期山东城市工人阶级收入状况研究》，《理论学刊》2012 年第 6 期。

④ 秦晓梅：《近代山东妇女生活研究》，山东师范大学硕士学位论文，2005 年。

⑤ 宋喆：《近代青岛舞女群体研究》，聊城大学硕士学位论文，2011 年。

⑥ 刘曼：《近代青岛女性群体研究》，中国海洋大学硕士学位论文，2015 年。

研究（1912—1937）》① 以 1912 年至 1937 年为时间范畴，考察了近代山东的城市化和城市下层社会的形成的问题，论述了民国时期山东工人店员群体、自谋生计者群体、苦力群体、游民群体的物质生活状况。郭谦的《民国时期统治者对城市下层社会的社会调控——以山东为例》② 在充分调查的基础上确定了城市下层社会的构成与状况，论述了民国时期中央和地方政府对山东城市下层社会的社会调控、社会救济与慈善活动。毕牧的《民国时期山东城市下层社会变迁研究》③ 从城市化背景下近代山东城市社会结构的发展谈起，以民国时期山东城市下层社会的组成结构为切入点，从城市下层社会经济生活变迁、社会管理的变迁、社会改良的变迁、城市下层社会变迁对社会发展的影响几个方面，全面分析了民国时期山东城市下层社会的变迁的状况，勾勒出下层社会发展的全景画面。

## 二、国外相关研究现状

### （一）近代城市史研究

城市史的研究早在 19 世纪末和 20 世纪初期就开始在西方欧美国家兴起。对中国近代城市史的关注和研究，西方学者也早于中国，20 世纪 20 年代就出版了论著。20 世纪 60 年代以来，西方学界对中国城市史的研究趋于成熟，其研究地域由大城市到中小城市，由沿海到内陆推进，其研究群体对象从研究上层精英到研究下层普通民众，出版有关近代中国城市史的大量研究论著，而且形成若干理论模式，某种程度上引领了中国城市史的研究导向。代表性著作如下：

---

① 于景莲：《民国时期山东城市下层社会物质生活状况研究（1912—1937）》，山东大学博士学位论文，2011 年。

② 郭谦：《民国时期统治者对城市下层社会的社会调控——以山东为例》，山东大学博士学位论文，2007 年。

③ 毕牧：《民国时期山东城市下层社会变迁研究》，山东大学博士学位论文，2012 年。

美国学者罗兹·墨菲（Murphey Rhoads）的经典著作《上海：近代中国的钥匙》①一书，运用地理学与历史学等学科知识综合考察 1843 年至 1949 年上海在近代中国开放进程中的政治、交通运输、贸易、工业制造等发展变化，以期说明上海的发展演变在近代中国区域经济中的重要地位以及应对世界潮流和走向近代化进程中的关键作用。

美国学者罗威廉以中国重要港口城市汉口为例，先后出版两部著作，阐发其代表性"公共领域"和"市民社会"理论：在《汉口：一个中国城市的商业和社会(1796—1889)》②中，采用翔实的史料考察了汉口城市的发展史，系统论述了市政建设、社会组织、社会经济、市民生活等方面的情况，探讨了城市网络结构、商人、政府三者间的互动关系，是海内外史学家公认的研究中国城市史及社会史的代表著作。通过考察汉口城市史的发展，罗威廉试图得出结论，清末时期的汉口已具备相当规模的自治权，对城市社会组织、公共领域等行使有效的管理。同时证明马克斯·韦伯"中国没有形成一个成熟的城市共同体"的论断，是对中国社会发展的一个极大误解。其另一部代表作《汉口：一个中国城市的冲突和社区（1796—1895)》③，与前一部著作重点考察商业精英不同，在这部著作中罗威廉深入研究了汉口的城市结构、社区状况，分析了官方和地方精英对城市的控制，考察了城市劳动阶层的心态及行为。得出在对城市公共领域的有效管理中，社会精英们发挥了重要的作用，正因如此，尽管汉口当时存在着食品短缺、劳工骚动等各种潜在危险问题，但未发生高频率的社会冲突。学者鲍德威的《中国的城市变迁：1890—1949 年山东济南的政治与发展》④，以城市近代化视角从 19 世纪晚期到 1948

---

①　[美] 罗兹·墨菲著，章克生等译：《上海：近代中国的钥匙》，上海人民出版社 1986 年版。

②　[美] 罗威廉著，江溶、鲁西奇译：《汉口：一个中国城市的商业与社会（1796—1889)》，人民大学出版社 2005 年版。

③　[美] 罗威廉著，鲁西奇、罗杜芳译：《汉口：一个中国城市的冲突和社区（1796—1895)》，人民大学出版社 2008 年版。

④　[美] 鲍德威著，张汉等译：《中国的城市变迁：1890—1949 年山东济南的政治与发展》，北京大学出版社 2010 年版。

年分五个时间段详细论述了济南的政治、经济、社会、文化及政权的更替。

美国学者魏斐德以上海为考察对象出版了上海三部曲:《上海警察(1927—1937)》①一书,以翔实的史料、缜密的思辨和娴熟的叙述技巧,完整地再现了上海旧警察的历史,既动态地分析了它的来龙去脉,又深入地探讨了国民政府上海警政最终走向失败的深层原因,并从警政的角度揭示了上海城市的复杂性。《上海歹土:战时恐怖活动与城市犯罪(1937—1941)》②一书,以1937年8月中、日在上海正式开战后至1941年12月美、日爆发珍珠港战事之前为时间范畴,以独特的视角、翔实的材料、深入浅出的语言,考察了上海的"孤岛"、国民党蓝衣社在上海的活动、八一三事件之后国民党在上海的"救国"武装活动、日本方面报复性的恐怖活动、亲日分子的被刺案、日伪政权的恐怖统治、沪西"歹工"地区不良社会现象与政治的关系等;《红星照耀上海城(1942—1952):共产党对市政警察的改造》③一书叙述了1949年以后至1952年上海社会管理的历史,包括对城市的接管、控制流氓与轻罪犯、武装罪犯、救济难民与遣送回乡、反革命、"三反""五反"、扫除黄赌毒。作者认为在新中国成立后五年内,控制了通货膨胀,在很大程度上解决了难民问题,扫除了上海的不法现象,加强了对城市的控制,这是一个震惊世界的壮举,是一次革命的胜利。

美国学者施坚雅等人编著的《中华帝国晚期的城市》④一书,是一部研究中国明清时期城市历史与社会结构等内容的论文集,共编入中、美、英、法、荷、日、德等国的论文19篇。书中引证了部分散落在国外的词谱和地方志史料,并采用计量方法设计大量图表以兹论证,对中国区域历史地理的研究具有方法论意义和借鉴作用。

---

① [美] 魏斐德著,章红等译:《上海警察(1927—1937)》,人民出版社2011年版。

② [美] 魏斐德著,芮传明译:《上海歹土:战时恐怖活动与城市犯罪(1937—1941)》,人民出版社2014年版。

③ [美] 魏斐德著,梁禾译:《红星照耀上海城(1942—1952):共产党对市政警察的改造》,人民出版社2014年版。

④ [美] 施坚雅著,叶光庭等译:《中华帝国晚期的城市》,中华书局2000年版。

### （二）近代城市下层社会群体研究

国外学者在城市史研究的基础上，对城市下层社会群体也着手进行了一定的研究，下面就一些重点成果加以介绍。

王笛的《街头文化——成都公共空间、下层民众与地方政治（1870—1930）》①一书对成都下层民众与公共空间、社会改良者以及地方政治三方面以街头为中心的关系进行了细致入微的考察。学者盖尔·贺萧的《天津的工人：1900—1949》②一书采用人类学的方法，考察了天津各类工人的生活状况。大卫·斯特兰德的《人力车的北京：二十年代的市民与政治》③一书以北京各社会团体（人力车夫、商人）为考察对象，探讨了中国早期公共领域的发展，并认为晚清时期中国新兴的经济和社会力量催生了一个由新、旧公共团体合成的"新的政治舞台或公共领域"，这一领域给人力车夫、挑夫等新市民提供了保护他们劳动权益的渠道。

国外学者对中国近代的娼妓问题也给予了充分的关注。美国学者盖尔·贺萧的《危险的愉悦：20世纪上海的娼妓问题与现代性》④，论述了"娼妓"问题在各个层面上如何扭结了民族意识、政治权力关系、商业和经济利益、强国方针、社会改革、民族心理等。法国学者安克强著的《上海妓女——19—20世纪中国的卖淫与性》⑤，通过大量翔实的资料，不仅详尽描述了上海经济的方方面面，而且外延到了其周围的形形色色，比如政府的管理、社会团体的作为，以及社会生活方式的变迁。除此之外，他的《歇业：

①　[美]王笛著，李德英译：《街头文化——成都公共空间、下层民众与地方政治（1870—1930）》，中国人民大学出版社2006年版。

②　[美]盖尔·贺萧著：《天津的工人（1900—1949）》，关国斯坦福大学出版社1986年版。

③　[美]大卫·斯特兰德著：《人力车的北京：二十年代的市民与政治》，关国加利福尼亚大学出版社1989年版。

④　[美]盖尔·贺萧著，韩敏中、盛宁译：《危险的愉悦：20世纪上海的娼妓问题与现代性》，江苏人民出版社2003年版。

⑤　[法]安克强著，袁燮铭、夏俊霞译：《上海妓女——19—20世纪中国的卖淫与性》，上海古籍出版社2003年版。

上海娼妓业的废除（1849—1949）》①《从荣耀之巅到耻辱之谷：上海娼妓业回顾（1849—1949）》②，探讨了上海妓女的生活状况及地位的变化。

### 三、研究评析

上述研究成果对于所研究群体的来源、构成、组织、生活及其与社会的互动等等问题均予以较为详尽的考察、分析和有益的思考。但检视已有研究成果，当前对于近代城市下层社会群体的研究还存在不少缺憾，还有大量的基础性工作需要进行。社会在发展，研究工作还要进行。应当从哪些方面入手才有可能突破当前学术研究中的"瓶颈"、求得突破甚至超越呢？

（一）要加速扩展近代城市下层社会群体资料的搜集、挖掘、整理与出版。史料是史学研究的基础，历史研究在很大程度上取决于相关资料的发掘利用。城市下层社会群体档案资料主要分散于各行业档案中，应该说资料是非常丰富的。据统计，上海市档案馆收藏各同业公会和综合性工商团体的档案达 5 万多卷，包括 430 个以上的同业公会的档案全宗，涉及银行业、钱庄业、纺织业、机器厂、百货业等大小行业。1918 年成立的银行公会一直持续到 1952 年结束，30 多年里共形成了 700 余卷档案，钱业公会档案也达 700 多卷，有不少行业自明清至民国时期的档案全部齐备③。除上海外，天津、苏州、武汉、重庆、山东及各地方档案馆也有丰富的同业公会档案。鉴于史料的缺乏，对于城市下层社会群体的研究存有许多困难，如果能从这些行业档案中发现下层社会群体史料并加以整理，按一定标准进行归档编辑，如果进行出版，更是一件功德无量的好事。

报刊也是重要的资料来源。当时，有关下层社会群体活动的大量动态信

---

① ［法］安克强著：《歇业：上海娼妓业的废除（1849—1949）》，《中国季刊》1995 年第 142 期。

② 安克强著：《从荣耀之巅到耻辱之谷：上海娼妓业回顾（1849—1949）》，《近代中国》1996 年第 2 期。

③ 冯绍霆：《上海工商团体档案介绍》，《档案与史料》2000 年第 4 期。

息在地方报纸上都能找到记载。档案与报刊可以互补使用，档案虽是原始文件，但往往是静态的，有时未必能看出下层社会群体的活动。而且档案文件通常反映了编撰者的话语脉络，如果能结合报纸上有关地方政治与社会、经济等方面的信息综合考察，也许对下层社会群体活动的理解会更加深入。

（二）要强化对史料的综合运用与多维解读。史料是历史研究的基础，但如何运用史料、解读史料则是史学研究的关键。翻检近代政府及民间留下的大量调查资料，如 1924 年基督教会齐鲁大学社会学系学生调查撰写的《济南社会一瞥》，李文海主编的《民国时期城市社会调查丛编（底边社会卷）》（上、下）和《民国时期城市社会调查丛编（劳工生活卷）》（上、下），王清彬等编的《第一次中国劳动年鉴》，那必信等编的《第二次中国劳动年鉴》，实业部国际贸易局编的《中国实业志·山东省》等。① 如何做好对这些资料的解释，是研究者必须拥有的一种基本能力。需要研究者从大量的资料堆中按照自己的方式选择及利用史料，并对这些史料给予合理的解读。通过这些史料，把握史料的信度和有效度。

（三）在理论框架上，应在结合近代中国国情的前提下勇于借鉴与创新，创建符合本土实际的下层社会群体研究理论体系。近代中国城市下层社会群体研究从一开始就是从实证出发对历史档案进行诠释，因此，这一领域的研究最有条件从中国的历史实际出发，建立自己的阐释系统和话语体系。

中国近代以来所发生的种种变化，都是世界近代一体化发展的组成部分，许多改革、变化都是对西方先进样板的模仿、效法。这一特点决定了在研究和解读近代社会问题时可以将西方的某些理论用于对中国近代社会史的剖析。在研究社会史理论上，西方主要有马克斯·韦伯（Max Weber）的社会分层理论，迪尔凯姆（Emile Durkheim）的社会分层理论，除此外如帕累托的精英阶级理论等等，都可用于对中国近代社会问题进行剖析。但西方理论的引入，最终是要说明的是中国的问题，因此不能一味照搬。换句话说，

---

① 参见于景莲：《民国时期山东城下层社会物质生活状况研究》，山东大学博士学位论文，2011 年；毕牧：《民国时期山东城市下层社会变迁研究》，山东大学博士学位论文，2012 年。

借用西方的概念必须与中国历史的实际情况相结合，赋予新的内涵。

当然，最好的办法就是"据之于实情"，直接从中国历史史实中抽象出某些概念，并据此建立中国自己的"话语"模式。假若真能围绕这些概念进行内涵与外延的重构工作，借此还原其赖以生存的社会原生态，或许中国史研究真的有望构建"以我为主"的理论解释框架。这与梁元生所谓"从中国社会内部去发现问题，用实在的史实和资料为基础而创发或叠架出来的理论，才是'中国本位'的史学"① 有异曲同工之妙。因此，在下层社会群体的研究中，关注的重点应是其与西方社会分层的不同特征以及何以会有这样的特征，并形成一套合理的理论阐释体系。也许，这才是中国史学研究应该走的道路。

（四）在研究方法上，应综合借鉴和运用多学科的研究方法，这样才能使下层社会群体研究不断向纵深发展。近代城市下层社会群体的真实生活状态，涉及多个领域方向，属于多学科综合性研究。这就需要开阔的研究视野和综合的理论方法，正所谓把中国的历史变迁置于时间与空间、传统与现代、局部与整体等多重维度下进行考察，是最理所应当和更真切理解"中国"的方法。② 因此，如何有效地综合运用社会学、政治学、历史学、心理学、法学及经济学、结构学等社会科学的有关方法，将近代城市下层社会群体研究推向纵深，仍是一个艰巨而充满希望的挑战。

## 相关概念界定

### 一、关于时间的界定

"近代史"是一个宽泛的概念，即近代史上限和下限，史学研究者对其

---

① 梁元生：《历史探索与文化反思》，香港教育图书公司1995年版，第23页。
② 参见于景莲：《民国时期山东城下层社会物质生活状况研究》，山东大学博士学位论文，2011年；毕牧：《民国时期山东城市下层社会变迁研究》，山东大学博士学位论文，2012年。

的界定众说纷纭，争论不休。胡绳主张将 1840 年鸦片战争到 1919 年五四运动的历史称为近代史，1919 年以后的历史称为中国现代史；范文澜、林敦奎、荣孟源、李新、刘大年、陈旭麓等学者提出按照社会性质来划分历史时期，1840 年至 1949 年的中国是半殖民地半封建社会，中国近代史应该包含 1840 年至 1949 年的整个时期。① 有学者将近代史界定为 1895 年到 1919 年的历史，而将 1919 年以后至 1949 年的历史定位现代史。还有学者主张将 1895 年到 1949 年这个长时段都应属于近代史的范畴。② 本书中所讲的"近代史"，则是指 1904 年到 1949 年的历史。究其原因，1904 年济南自开商埠，几千年来封闭的内陆城市开始对外通商，这成为"城市发展上的里程碑"③。自济南通商开埠通后，城市的社会经济及人口都出现了巨大变化，现代工业快速发展，对下层社会群体的形成有巨大影响。

## 二、关于空间范围的界定

关于空间的范围上讲，本书研究主要参照今天山东城市的设置，即 17 个地级市。在行文过程中，凡涉及到城市名称，均以近代时期的名称为准，比如潍坊市在近代称为"潍县"，德州市称为"德县"等。在近代山东省内带有"市"字的地名只有"济南市"、"青岛市"等少数几个，因为近代特别是民国时期通行的行政管理体制是省县制，由省直接管理县。民初时为省、道、县三级管理。南京国民政府成立后废道由省直管县。到抗战前，山东省由 108 个县、两个市（济南、青岛）和一个行政区（威海卫）组成。抗战结束后，威海卫行政区改称威海卫市，又在福山县设烟台市。④ 在材料取舍上，

---

① 张海鹏：《关于中国近现代史的分期问题》，《北京日报》2015 年 7 月 27 日。
② 赵群群：《近代济南工人阶层生活状况研究（1904—1937）》，山东大学硕士学位论文，2011 年。
③ 聂家华：《开埠与济南早期城市现代化 1904—1937》，浙江大学博士学位论文，2004 年。
④ 参见于景莲：《民国时期山东城下层社会物质生活状况研究》，山东大学博士学位论文，2011 年；毕牧：《民国时期山东城市下层社会变迁研究》，山东大学博士学位论文，2012 年。

济南与青岛两市城市材料搜集齐全，在行文中较多使用。有的地市较少，有的城市甚至未能找到可以利用的材料。因此本书无法兼顾近代山东 17 地市，只能根据笔者搜集材料的多寡而进行研究。

# 研究思路与主要内容

## 一、研究思路

本书遵循："为什么会形成下层社会群体，形成了什么样的下层社会群体，如何实施救助"的逻辑思路，依次探讨了四个相关联的问题。首先，在界定近代山东城市下层社会群体内涵的基础上，分析近代山东城市的近代化。其次，阐述近代山东城市下层社会群体的构成。再次，探讨近代山东城市下层社会群体的生存实态。最后，探寻对近代山东城市下层社会群体的实施机构与救助活动。

## 二、主要内容

本书仅仅围绕近代山东城市下层社会群体这条主线，谋篇布局。著作主要内容以四章结构呈现。

第一章近代山东的城市化，探讨近代山东城市工业、商业、文化教育事业的发展。

第二章近代山东城市社会结构变动与下层社会群体的构成，分析近代山东城市人口变化及社会结构的变迁。近代山东下层社会群体主要是指劳工群体、自谋生计者群体、苦力群体、游民群体等。

第三章近代山东城市下层社会群体的生存实态，从近代山东城市劳工群体、自谋生计者群体、苦力群体、游民群体等四大下层社会群体的收入、支出等进行分析，详细阐述近代山东城市下层社会群体的消费、衣着、饮食、居住、娱乐休闲的状况，揭示近代山东城市下层社会群体的生存实态。尽管同为社会下层社会群体，但他们的生活状况也各不相同，但是绝大多数的生活非常贫苦。近代山东城市下层社会群体具有边缘性、贫困性和低层性等特征。

　　第四章近代山东城市下层社会群体的社会救助，深入论述晚清时期、北洋政府时期、南京国民政府时期等历届山东政府当局和社会救助的管理机制和救助机构，从传统型、近代新设型、外来型等三个方面介绍社会救助的实施机构及救助活动。

# 第一章　近代山东的城市化

伴随着近代山东城市近代化的进程，下层社会群体开始出现。近代山东城市近代化进程中，工商业及教育事业有了快速的发展。由此，促使近代山东城市近代化，并产生了诸多城市问题。

## 第一节　近代山东城市商业的发展

### 一、济南商业的发展

1904 年胶济铁路的开通和济南的自开商埠，使得济南在城市面貌和结构方面具有近代城市的特点，并且也使城市经济脱离封建经济的框架而染上资本主义经济色彩。济南开埠前，其旧式商业有绸布、药材、鞋帽、首饰、典当、估衣、京货、南货、纸张、山果、银钱、汇兑等行业，多由山西、陕西、河南、本地章丘的商人把持。胶济铁路开通和济南开埠后，其商业结构发生了很大变化。首先是外国商业资本进入济南，使其展现了一个内陆商业中心城市日益增长的重要作用。因为这时山东是德国的势力范围，所以在济南的欧美商行中德国人开设的最多。在晚清十数年间，欧美人在济南开设的洋行共 19 家，其中德国 10 家，法国和英国各 3 家，美国1家，俄国2家。①

　　辛亥革命后，济南商埠内洋行数量大增。其中德日两国的洋行和商店最多，英美洋行虽然户数较少，但其经济掠夺并不次于德国洋行。除欧美洋行外，日本人在济南开设的洋行最多。《济南》后编记载1915年3月以前日本人在济南开设的洋行有三井洋行、大东公司、白鸟洋行、久保田洋行、赤井洋行支店、泰东公司、赤松洋行、东亚烟草株式会社和吉田洋行。②特别是1914年日本取得山东势力范围后，日本人在济南从事的职业更广泛，约有600余人。总之，这一时期外国在济南开设的洋行见表1—1。

表1—1　外国在济南开设的洋行一览表（1912—1919年）

| 业别 | 名称 | 国别 | 地址 | 开设时间 | 营业项目 |
|---|---|---|---|---|---|
| 洋货 | 泰隆 | 德国 | 经七路纬七路 | 1912 | 经销发网、自行车 |
| 洋货 | 又利洋行 | 德国 | | 1912 | 经销五金、百货 |
| 洋货 | 义利洋行 | 德国 | 经二路纬一路 | 1912 | 五金、百货、自行车 |
| 炭业 | 平田洋行 | 日本 | 经一路 | 1912 | 贩运煤焦 |
| 药房业 | 文明公司 | 日本 | 经二路 | 1912 | 药材 |
| 石油 | 美孚石油公司 | 美国 | 铁道北 | 1912 | 批发煤油 |
| 书业 | 华净书局 | 德国 | | 1912.1 | 印销外文版宗教杂志 |
| 石油 | 亚细亚石油公司 | 英国 | | 1913.1 | 石油 |
| 棉花业 | 瀛华 | 日本 | 经七路 | 1913.7 | 收购棉花、油料 |
| 保险业 | 高田店 | 日本 | 经七路 | 1913.5 | |
| 木料 | 恒丰洋行 | 美国 | | 1914 | 批发美国松 |
| 洋货 | 卜内门洋行 | 美国 | | 1914 | 经销碱料、化肥 |
| 药房业 | 茂源大药房 | 日本 | 纬一路 | 1914.4 | 药材 |
| 土产业 | 土桥洋行 | 日本 | 纬六路 | 1914.6 | 收购土产、杂骨 |
| 棉花业 | 新利洋行 | 日本 | 经四路 | 1914.3 | 收购棉花、油类 |

①　王守中、郭大松：《近代山东城市变迁史》，山东教育出版社2001年版，第285页。
②　王守中、郭大松：《近代山东城市变迁史》，山东教育出版社2001年版，第287页。

| 业别 | 名称 | 国别 | 地址 | 开设时间 | 营业项目 |
|---|---|---|---|---|---|
| 洋广业 | 森本百货店 | 日本 | 万紫巷 | 1914.3 | 化妆品、鞋帽、布匹 |
| 机电 | 慎昌洋行 | 美国 | 经四路纬五路 | 1915 | 机电医疗器械、冰箱 |
| 新闻业 | 《济南日报》 | 日本 | | 1916 | 报纸 |
| 药房业 | 安源药房 | 日本 | 经二路 | 1916 | 药材 |
| 转运业 | 中和公司 | 日本 | 经一路 | 1916 | 日中联运 |
| 饭店 | 石太岩饭店 | 德国 | 经一路 | 1916 | 饭店、旅店 |
| 炭业 | 东和公司 | 日本 | 经一路 | 1916.9 | 贩运煤焦 |
| 金融 | 万国储蓄会 | 美国 | 经二路 | 1916.2 | |
| 洋广业 | 东亚公司 | 日本 | 经二路 | 1916.7 | 化妆品、鞋帽、布匹 |
| 煤油 | 德士古洋行 | 美国 | 铁道北 | 1917.1 | |
| 新闻业 | 山东新报社 | 日本 | 纬二路 | 1917.7 | |
| 机器 | 恒丰洋行 | 美国 | 经四路 | 1917.7 | 制造机器 |
| 木料 | 祥太洋行 | 英国 | | 1917 | 经销木材 |
| 药房业 | 顺天堂 | 日本 | 经二路 | 1917.1 | 药材 |
| 杂货业 | 三义洋行 | 日本 | 小纬六路 | 1918.9 | 杂货、食品 |
| 面粉业 | 铁岭满洲制粉会社济南分厂 | 日本 | | 1918 | |
| 发网 | 大利洋行 | 德国 | 经七路 | 1918.3 | 收购发网 |
| 保险 | 安利保险公司 | 英国 | | 1918 | |
| 保险 | 华隆洋行保险公司 | 英国 | | 1918 | |
| 关服业 | 木尾原洋服店 | 日本 | 纬四路 | 1918.9 | 成衣、卖衣 |
| 火柴 | 青岛火柴公司济南分厂 | 日本 | | 1918 | |

续表

| 业别 | 名称 | 国别 | 地址 | 开设时间 | 营业项目 |
|------|------|------|------|----------|----------|
| 盐业 | 日中盐业株式会社 | 日本 | | 1919.10 | 加工、贩卖食盐 |
| 蛋粉 | 东亚二厂 | 日本 | | 1919 | |
| 蛋粉 | 新华蛋场 | 日本 | | 1919 | |
| 蛋粉 | 大兴公司 | 日本 | | 1919 | |
| 蛋粉 | 中华蛋厂 | 日本 | | 1919 | |
| 蛋粉 | 安泰骨粉厂 | 日本 | | 1919 | |
| 烟卷 | 英美烟公司 | 英国 | 纬七路 | 1919.4 | 经销卷烟 |
| 保险 | 南英商保险公司 | 英国 | | 1919 | |
| 橡胶 | 邓禄普 | 英国 | | 1919 | 经营橡胶 |
| 药房业 | 瑞生堂 | 日本 | 小纬二路 | 1919.8 | 药材 |
| 药房业 | 华北公司 | 日本 | 经二路 | 1919.7 | 药材 |
| 土产业 | 瑞昌洋行 | 日本 | 纬六路 | 1919.9 | 收购土产、杂骨 |
| 棉花业 | 靖喜洋行 | 日本 | 经二路 | 1919.1 | |
| 五金 | 亨利洋行 | 德国 | 经六路 | 1919.4 | 五金、机器 |
| 颜料 | 瑞来洋行 | 德国 | 经六路 | 1919.4 | 颜料、机器 |
| 新闻业 | 《大民主报》 | 中美 | | 1919.11 | |

资料来源：安作璋：《山东通史·近代卷》（下册），山东人民出版社 1995 年版，第 583—586 页。

从清末到 1914 年，济南"西关五大行"、盐业及当铺业均持续发展。其中国药门市店大约 78 家。杂货行增加到 80 余家，经营范围"上至绸缎，下至葱蒜"无所不包。绸布业有 74 家，除传统土布、绸缎外，还大量进口洋布。百货、京货、碎货行近百家，城内的裕源和、广立顺、治香楼、西关吕万聚、商埠通惠公司、润昌、华昌、华丰等都是规模较大的字号。皮货行、估衣行各增加到 20 余户。茶叶行已从杂货行中独立出来，成为专门行业。西药、五金、颜料等行业的商号都经营进口商品，如西药店五洲、中法、中西、齐鲁、老德记等号，多经营日德药品。①

济南的中国商号中经营输出入贸易的有周锐记、天诚、复诚、立诚、北意诚、协诚春、天祥永、公聚和、益祥、隆聚兴、源聚号、大昌号、长兴和、恒聚泰等，其中以经营药材、皮货、估衣、古董的店铺居多。根据日本人1915年3月的调查，中国商人在济南开设的各种店铺中中药铺72家，西药铺7家，皮货店26家，估衣铺22家，古董商店22家，生皮店10家，书籍商店10家，蜡烛铺9家，棉花店7家，铁器店6家，纸商9家，漆店6家，烟草店2家，瓷器店2家，锡器店1家。②当然，这个统计显然并不全面，比如传统行业绸布、茶叶、粮食等就没有包含。

1920年至1927年，济南商业有了不同程度的快速发展。发展较快的有四种类型：第一主要是出口品行业，如牛栈、花行、蛋行等。发展最为突出的是牛栈，其次是蛋品及粮行，再次为发网、草帽辫。专业牛栈已达30余家，蛋行10余家，花行30余家。还有50余家土产行栈，也多以经营牛、鸡蛋、棉花为主要业务。第二主要是进口品行业，如五金、颜料、钟表、新药等行业。其中有的在前期已经出现，如颜料、钟表、新药、照相。经营进口商品的新药业发展较快，户数增到30余家，较大的为上海分设的五洲大药房，而势力较强的则是日商洋行，如日华、东亚、山东等公司。颜料业户数增加到近30户，其中资力雄厚而在颜料业中占有重要地位者为太生东，它是德国颜料商在山东的代理商。照相户数也有所增加，约30余户，有一部分同时兼营镶牙业务，全部原料来自进口。第三主要是贵重品和服务性行业，如绸缎、百货、金银首饰、饭馆、糕点、旅栈、澡塘、茶社、戏院等。首饰店达到130多户。绸缎店（不包括布店、布庄）增加到29户，沪杭绸缎的新花色、新产品，其首批产品，多半尽先来济出售。百货业更是直线上升，大小百货商店达到400余家，所营商品80%为日货，国产品几乎绝迹。鞋

---

① 济南市社会科学研究所：《济南简史》，齐鲁书社1986年版，第487—488页。

② ［日］天成生：《济南》前编《济南事情》，1915年，第18—19页，转引金亨洌：《近代济南经济社会研究——以近代济南商业发展为中心（1895—1937）》，南京大学2006年博士学位论文，第73页。

帽店户数大增,已有五百余户,男鞋、坤鞋、皮鞋、童鞋,无不具备。糕点、饮食与服务性行业以及娱乐场所更是兴盛一时。食品商店增加到100余户,大中型的中西餐馆100余户,肉食商店200余户,果品店150余户。茶园、澡塘、客栈业务,均很兴旺。第四主要是建设材料和日用品行业,如木材、新炭、薪炭、茶、布、杂货等。这一类型的商业,也处在一个发展上升阶段。由于城市建筑及工业的需要,木材业发展较快,专业木材行达到30余户,木材行多集中小北门一带。炭行户数增加到90余家,资金较多者多在经一路车站附近及北关、黄台一带,中小户多分布在城埠各地。茶叶行有较大发展,1920年济南茶叶行栈发展到40余家,直接深入产地采购薰窨的户数,已达到10户左右。经营的品种也逐渐扩大,六安茶仍为大宗,另如茉莉大方、寿眉、毛峰、银针等,均已成为畅销货。①

进入30年代以后,由于济南市社会秩序较为安定,振兴商业思潮风起云涌,一定程度上促进了济南工商业的发展与繁荣。据1933年的调查,济南市商业方面有47个行业1228个店号,资本5209760元,年营业额9135余万元。工业方面的几个大纱厂如成通、仁丰,织染业如东元盛、中兴诚、厚德等都是在30年代前期设立的,成通、仁丰的资本达103.8万元;机器制造、织染、面粉、火柴、颜料、制碱、机制卷烟、榨油、印刷、砖瓦等行业的户数都有明显增加,生产技术有明显进步。②据1934年出版的《中国实业志·山东省》对济南的商贸状况进行了概述,现摘录如下:据最近调查,该省出品集中于济南者,农产中以棉花、小麦、高粱、大豆、花生为主,牲畜中以牛、驴、鸡、皮、蛋等为主,工业品则有发网、帽维、土布、丝绸、苇席、棉纱、面粉、料器、阿胶等,矿物中有煤、盐等,外省出品集中于济南者,为米漆、桐油、茶叶、药材、兽皮、纸烟、烛皂、陶瓷、搪瓷、电料、机器、书籍、文具、针织品等,以上各种出品,棉花、花生、牛皮、鸡蛋、发网、帽维、料器等,为山东出口货之大宗,集中济南,除一部分向上海输

① 济南市志编纂委员会编印:《济南市志资料(第3辑)》,1982年,第36页。
② 济南市总商会、济南市工商业联合会编:《济南工商文史资料(第2辑)》,1996年,第183页。

出外，余皆运集青岛，土布、缎绸、苇席、棉纱、面粉、阿胶、煤、盐及省外货物，集于济南后，由商号分销本省内外，外洋运来货物在济南推销者，布匹、木材、煤油、糖干、咸鱼、纸张、铜铁货件、棉纱、钟表、车辆、玻料、火柴、材料等为大宗，销售范围以山东西部、河南北部、河北南部、山西中部为主。①

1936 年出版的《中国经济年鉴》续编有一份《济南市商业调查表》，即真实反映了各行业的状况。具体见表 1—2。

表 1—2　济南市行业状况一览表 ②

| 行业 | 家数 | 国籍 | 资本额（万元） | | | 经营范围 | 全年交易额（元） | 从业人数 | 最大商号 |
| --- | --- | --- | --- | --- | --- | --- | --- | --- | --- |
| | | | 最高 | 最低 | 普通 | | | | |
| 棉花 | 64 | 中 52 日 12 | 3 | 0.1 | 0.5 | 棉花 | 24882000 | 453 | 中棉历记 |
| 土产粮业 | 130 | 中 95 日 34 德 1 | 5 | 0.2 | 0.5 | 花生、兽骨牛皮、杂粮米面 | 23366755 | 1852 | 恒聚成 |
| 广货 | 412 | 中 399 日 13 | 4 | 0.05 | 0.2 | 化妆品、装饰品、布匹、呢绒、羊绒 | 27571800 | 5641 | 福东 |
| 医院 | 41 | 中 33 日 5 德 2 美 1 | 50 | 0.8 | 10 | 内外妇科 | 4500000 | 1425 | 济南医院 |
| 当铺 | 22 | 中 1 日 20 英 1 | 36.05 | 10 | 20 | 专当物品 | 6400000 | 360 | 裕鲁当 |
| 棉纱 | 55 | 中 | 1.5 | 0.5 | 1.5 | 棉纱疋头 | 15360400 | 377 | 阜康号 |
| 杂货 | 298 | 中 280 日 13 | 2 | 0.1 | 0.5 | 海味杂货 | 1385130 | 3216 | 裕祥恒 |

---

① 实业部国际贸易局编：《中国实业志·山东省》(J)，1934 年刊，第 38 页。
② 济南市总商会、济南市工商业联合会编：《济南工商文史资料（第 2 辑）》，1996 年，第 184—187 页；马德坤：《民国时期济南的商人与商人组织研究》，人民出版社 2016 年版，第 42—45 页。

续表

| 行业 | 家数 | 国籍 | 资本额（万元） | | | 经营范围 | 全年交易额（元） | 从业人数 | 最大商号 |
|------|------|------|------|------|------|------|------|------|------|
| | | | 最高 | 最低 | 普通 | | | | |
| 酱油 | 67 | 中 | 1 | 0.1 | 0.5 | 咸菜油酒 | 1511200 | 1500 | 北后记 |
| 煤炭 | 132 | 中128 日4 | 2 | 0.1 | 0.5 | 煤焦 | 3610000 | 2088 | 镇兴公司 |
| 绸布 | 139 | 中138 日1 | 20 | 0.3 | 1 | 绸缎布匹 | 7084600 | 1908 | 隆祥 |
| 卷烟 | 70 | 中64 德1 英1 日1 | 2 | 0.2 | 0.5 | 卷烟、煤油火柴、洋腊 | 7163600 | 1495 | 德源永 |
| 煤油 | 4 | 中美英俄各1 | 5 | 3 | 4 | 煤油 | 4604600 | 103 | 美孚 |
| 茶叶 | 39 | 中 | 4 | 0.5 | 1 | 茶叶、水烟 | 2988400 | 560 | 泉祥鸿记 |
| 油业 | 48 | 中47 日1 | 1.5 | 0.05 | 0.2 | 油豆、生油棉子油、麻子油 | 2064950 | 369 | 福盛 |
| 估衣 | 35 | 中20 日15 | 0.5 | 0.05 | 0.1 | 新旧衣被 | 1378520 | 274 | 吉太 |
| 山果 | 46 | 中45 日1 | 0.5 | 0.06 | 0.1 | 山果、花生 | 1104300 | 362 | 周玉清 |
| 药材 | 264 | 中244 日20 | 5 | 0.05 | 0.5 | 中西药材人参 | 2865960 | 2203 | 神州药房 |
| 蛋业 | 16 | 中7 韩4 日4 英1 | 2 | 0.2 | 0.5 | 鸡蛋 | 2700000 | 507 | 茂昌 |
| 屠宰 | 54 | 中 | 0.06 | 0.02 | 0.05 | 牛、猪、羊类 | 1529800 | 290 | 庆记 |
| 五金 | 93 | 中86 日5 德2 | 0.6 | 0.1 | 0.5 | 电机、电料 | 392550 | 506 | 同丰 |
| 饭馆 | 226 | 中220 日5 德1 | 1 | 0.03 | 0.1 | 中西饭菜 | 1773600 | 2793 | 百花村 |

续表

| 行业 | 家数 | 国籍 | 资本额（万元） | | | 经营范围 | 全年交易额（元） | 从业人数 | 最大商号 |
|---|---|---|---|---|---|---|---|---|---|
| | | | 最高 | 最低 | 普通 | | | | |
| 电料 | 49 | 中44 日4 德1 | 2.5 | 0.1 | 0.5 | 电机、电料 | 392550 | 506 | 同丰 |
| 纸业 | 104 | 中102 日2 | 0.5 | 0.05 | 0.1 | 宣纸色纸 | 1778500 | 970 | 美文斋 |
| 书店文具 | 68 | 中66 日1 英1 | 3 | 0.03 | 0.5 | 书籍文具 | 1937300 | 582 | 商务印刷馆 |
| 瓷器 | 40 | 中36 日4 | 1.3 | 0.1 | 0.2 | 粗细瓷器 | 583200 | 208 | 立祥 |
| 铜器 | 63 | 中 | 0.2 | 0.03 | 0.1 | 铜器器皿 | 63100 | 198 | 广聚 |
| 古玩 | 41 | 中28 日13 | 1.5 | 0.15 | 0.2 | 古玩宝石 | 300000 | 274 | 鸿宝斋 |
| 钟表眼镜 | 56 | 中55 日1 | 1.2 | 0.2 | 0.5 | 钟表眼镜戏匣 | 784280 | 323 | 亨得利 |
| 旅栈 | 95 | 中90 日4 德1 | 0.5 | 0.03 | 0.15 | 安寓客商 | 374000 | 1400 | 中西旅社 |
| 鱼行 | 25 | 中24 日1 | 0.3 | 0.05 | 0.1 | 鱼虾 | 22760 | 78 | 德成 |
| 照相 | 22 | 中21 日1 | 0.2 | 0.04 | 0.1 | 拍照及销售材料 | 184500 | 112 | 兰亭 |
| 牛业 | 16 | 中 | 0.1 | 0.02 | 0.5 | 贩卖牛只 | 480000 | 120 | 顺兴栈 |
| 脚行 | 32 | 中 | 0.2 | 0.05 | 0.1 | 代客运输长短途货物 | 25000 | 200 | 公盛栈 |
| 胶皮 | 23 | 中2 日17 德4 | 5 | 1 | 1.2 | 输带胶鞋 | 1600000 | 95 | 陈嘉庚 |
| 新闻 | 14 | 中10 日4 | 0.3 | 0.05 | 0.1 | 各项报纸 | 134000 | 184 | 国民日报 |
| 蔬菜 | 80 | 中 | 0.1 | 0.02 | 0.05 | 各种蔬菜 | 503100 | 300 | 义记 |
| 油漆 | 16 | 中 | 0.5 | 0.05 | 0.2 | 生漆桐油 | 604000 | 123 | 鸿升 |
| 颜料 | 26 | 中22 德3 英1 | 5.002 | 0.08 | 0.15 | 颜料针线 | 233300 | 204 | 义利洋行 |

| 行业 | 家数 | 国籍 | 资本额（万元） | | | 经营范围 | 全年交易额（元） | 从业人数 | 最大商号 |
|---|---|---|---|---|---|---|---|---|---|
| | | | 最高 | 最低 | 普通 | | | | |
| 鸡鸭 | 6 | 中 | 0.05 | 0.015 | 0.02 | 贩卖鸡鸭 | 142500 | 25 | |
| 料器 | 44 | 中 | 0.08 | 0.03 | 0.05 | 玻璃、琉璃 | 271600 | 170 | |
| 养蜂 | 19 | 中18日1 | 0.3 | 0.15 | 0.2 | 蜂蜜 | 180000 | 252 | |
| 腌腊 | 63 | 中 | 0.05 | 0.02 | 0.03 | 熏肉酱肉 | 228700 | 329 | |
| 铺垫棚杠 | 43 | 中 | 2 | 0.1 | 0.5 | 蟠杠、灯轿棚厂铺垫 | 391360 | 190 | 大兴 |
| 粉坊 | 11 | 中 | 0.1 | 0.03 | 0.05 | 鲜粉皮、面筋、锅炸 | 31500 | 46 | |
| 建筑 | 35 | 中33日2 | 4 | 0.2 | 0.5 | 设计绘图包工 | 492070 | 120 | |
| 鞍鞯 | 3 | 中 | 0.15 | 0.08 | 0.12 | 牲畜车辆用皮件 | 167000 | 27 | |
| 鲜花 | 56 | 中 | 0.8 | 0.05 | 0.1 | 各种花木 | | | |
| 牛羊乳 | 17 | 中 | 0.3 | 0.02 | 0.1 | 牛乳羊乳 | 54300 | 60 | 五大牧场 |
| 洋灰 | 1 | 中 | 0.5 | | | 代销唐山洋灰 | 60000 | 5 | 启新 |
| 汽车机器 | 3 | 英1美1日1 | 20 | 1 | 10 | 机器、汽车肥田粉 | 620000 | 57 | 卜内门 |
| 储蓄保险 | 7 | 中2日3英1比1 | 100 | 5 | 10 | 储金、保险 | 1900000 | 95 | 万国 |
| 出赁汽车马车 | 12 | 中10日1英1 | 10 | 0.25 | 4 | 出赁车轿 | 109600 | 130 | |
| 戏曲 | 12 | 中10日1英1 | 1.2 | 0.1 | 0.3 | 电影戏曲 | 525010 | 185 | |

　　以上共有 53 个行业 3554 个商号，其中中国商号 3298 家，日本商号 220 家，英国商号 8 家，美商 6 家，德商 16 家，韩商 4 家，俄与比商各 1 家，全年营业额 167069765 元，从业人数 36381 人。

抗战胜利后，济南社会生产及资本主义工商业经受日伪八年蹂躏后，被国民党接管。由于生产下降和国民党的封锁禁运，商品流转日益困难，抢购、囤积、买空卖空取代了正当的交易，商业市场表面畸形"活跃"，实际上日益萎缩。黄金、银圆、棉纱、颜料、西药成为市场交易的"筹码"。根据国民政府接管济南后对1946年各商业的调查，见表1—3。

表 1—3　济南市商业行业调查一览表 [①]

| 业别 | 户数 | 资本额（万元） | 业别 | 户数 | 资本额（万元） |
|---|---|---|---|---|---|
| 粮业 | 207 | 109981.6 | 鞋帽 | 330 | 29570 |
| 颜料业 | 103 | 60100 | 茶叶 | 84 | 28800 |
| 钱业 | 39 | 59000 | 磨坊 | 361 | 27355 |
| 酱菜酒业 | 179 | 45000 | 炭业 | 218 | 27010 |
| 绸布呢绒 | 120 | 37570 | 机制卷烟 | 37 | 25885 |
| 广货 | 318 | 37208 | 机器铁工 | 92 | 24630 |
| 油业 | 179 | 32795 | 国药 | 177 | 21934 |
| 海味杂货 | 168 | 32330 | 卷烟 | 125 | 20580 |
| 砖瓦 | 14 | 30065 | 食物 | 93 | 17700 |
| 呢绒洋服 | 79 | 17281 | 纱布 | 12 | 4650 |
| 自行车 | 46 | 16520 | 鞋帽业 | 16 | 4580 |
| 钟表眼镜 | 97 | 16225 | 枣行 | 37 | 4300 |
| 南纸文具 | 115 | 16058.5 | 针织 | 71 | 4223 |
| 新药 | 117 | 15893 | 毛皮 | 98 | 4160 |
| 五金 | 17 | 15510 | 估衣 | 52 | 3570 |
| 肥皂工业 | 42 | 14250 | 寿材 | 36 | 3284 |
| 铁货 | 31 | 12810 | 磁器 | 13 | 3120 |
| 生铁 | 39 | 12650 | 白灰 | 55 | 3030 |
| 金银首饰 | 47 | 11830 | 运输 | 27 | 3010 |
| 染业 | 48 | 11642 | 棉业 | 38 | 2950 |
| 织布 | 122 | 11505 | 铁道转运 | 35 | 2906 |
| 旅栈 | 214 | 10876 | 黑白铁 | 133 | 2611 |
| 军服 | 61 | 10800 | 牛乳 | 23 | 2440 |

---

① 济南市总商会、济南市工商业联合会编：《济南工商文史资料（第 2 辑）》，1996 年，第 257—259 页；马德坤：《民国时期济南的商人与商人组织研究》，人民出版社 2016 年版，第 45—47 页。

续表

| 业别 | 户数 | 资本额（万元） | 业别 | 户数 | 资本额（万元） |
|---|---|---|---|---|---|
| 印刷 | 59 | 10185 | 麻袋 | 36 | 2384 |
| 澡塘 | 19 | 8660 | 木料 | 17 | 2250 |
| 电料 | 68 | 8520 | 铜锡 | 24 | 2080 |
| 色纸 | 39 | 8030 | 猪肉 | 219 | 2074 |
| 饭馆 | 146 | 6793 | 理发 | 186 | 1978.5 |
| 陶器 | 41 | 6415 | 牛业 | 33 | 1819 |
| 书业 | 63 | 6065 | 电影业 | 7 | 1800 |
| 玻璃 | 44 | 5288 | 洗染 | 59 | 1770 |
| 山果 | 111 | 5005 | 土制烟 | 95 | 1178 |
| 照相 | 38 | 4810 | 丝绢 | 5 | 1150 |
| 藤竹绳经 | 110 | 4763 | 席箔 | 50 | 1115 |
| 洋纸 | 22 | 4650 | 牛肉 | 27 | 1109 |
| 腌腊 | 36 | 961 | 鱼业 | 39 | 415 |
| 漆业 | 12 | 896 | 刻字 | 66 | 276.8 |
| 古玩 | 39 | 754 | 鸡鸭 | 46 | 275 |
| 日用碎货 | 94 | 716 | 羊肉 | 21 | 177 |
| 制碱 | 5 | 660 | 天然冰 | 8 | 40 |
| 泺口肉 | 21 | 420 | | | |

## 二、青岛商业的发展

青岛是在德国占领以后，用先进的经营管理方式建立起来的一座崭新的现代化城市。德国占领青岛后，全力修建青岛港和建设胶济铁路，为青岛的商业贸易发展打下坚实的基础。在德国占领青岛期间，除德国人和中国人外，日本、英国、美国等国的商人也纷纷到青岛从事各种商业经营，其中以日本人最多。1901年前后，进入青岛的日本人已达50名，多数是些卖春妇等。其后，日本人到青岛的日益增多，以经营各种小馆为主，如照相馆、理发馆、旅馆、酒楼、洗衣店等。1907年以后，日本的三井、汤浅、日信、江商、大文、盘城各商社陆续到青岛开设支店，在青岛商业界占了重要地位。[1]

---

[1]　王守中、郭大松：《近代山东城市变迁史》，山东教育出版社2001年版，第213页。

民国前期，青岛的进出口贸易，除第一次世界大战初中期及 1925 年份外，与此前相较仍有较大发展，具体见表 1—4。

### 表 1—4　1913—1927 年青岛港进出口贸易统计一览表

（单位：海关两）

| 年份 | 洋货净进口 | 土货净进口 | 土货出口 | 总计 |
|------|-----------|-----------|---------|------|
| 1913 | 26207915 | 7268592 | 25692373 | 59168880 |
| 1914 | 18204018 | 3005740 | 16597990 | 37807748 |
| 1915 | 6002671 | 874934 | 6318642 | 13196247 |
| 1916 | 18896318 | 5032322 | 22934187 | 46862827 |
| 1917 | 22538383 | 9532838 | 25711770 | 57782991 |
| 1918 | 22194381 | 11718409 | 29534540 | 63447330 |
| 1919 | 20191124 | 8441092 | 38744608 | 67376824 |
| 1920 | 25557009 | 9374003 | 32653098 | 67584110 |
| 1921 | 33542862 | 14252157 | 34167008 | 81962027 |
| 1922 | 44122135 | 18516701 | 34952092 | 97590928 |
| 1923 | 41978031 | 23249896 | 42232330 | 107460257 |
| 1924 | 44917266 | 31937276 | 55352316 | 132206858 |
| 1925 | 42782187 | 24042886 | 59433833 | 126258906 |
| 1926 | 46296441 | 27399855 | 61997968 | 135694264 |
| 1927 | 46905591 | 27890240 | 74704028 | 149499859 |

资料来源：王守中、郭大松：《近代山东城市变迁史》，山东教育出版社 2001 年版，第 449 页。

1927 年的进出口贸易总值为 149499859 海关两，较 1913 年的 59168880 海关两增长了 1.5 倍多。这一增长速度在北方主要港口中算是正常情况下比较快的。

德国占领青岛后，市内的商业，除个别年份外，一直是稳步向前发展的，且进入 20 世纪 20 年代中期以后，呈快速发展的趋势。据青岛总商会调查统计，1927 年青岛市内华商各业加入同业公会且规范可观者，除去成衣局、小饭铺、理发铺、杂货摊外，其余八百五十五家，计分六十六行，各行家数如下：银行六家、银号二家、绸缎店十二家、土产六十四家、洋广货十家、杂货一百一十二家、转运行栈九家、草辫庄四家、棉纱行六家、布匹杂货念二家、盐业四家、药行二十六家、代理烟草业二家、五金行十六家、银楼三家、钱业三十七家、碱庄二家、书局五家、南纸店五家、草帽庄四家、席行六家、木行十家、油坊九家、瓷器店六家、陶器店五家、茶庄三家、进出口三家、航业四家、电业四家、估衣业十三家、钟表眼镜业八家、照相业四家、皮货业三家、代理煤油一家、面粉二家、火柴二家、洋烟二家、颜料行一家、织工厂五家、酱园十五家、印刷业十三家、皮革行九家、绳子业七家、酒店十八家、古玩一家、工程局五家、肥皂厂二家、篓铺二家、铁工厂十七家、煤炭业五十五家、窑厂四家、汽车行十三家、人力车行十家、洋服店十六家、牛业九家、牛猪肉铺六家、水果行四家、鞋靴业四十四家、木工业三十九家、客栈旅社三十二家、大车业四家、澡塘十家、鱼行二家、食品业二十四家、饮食店二十六家、青菜行十一家、又东镇区约计二百六十四家、内较大字号五十一家、计分杂货业十六家、布匹杂货十五家、烧锅二家、工程局二家、铁工厂四家、染坊四家、洋车行二家、银楼三家、席行二家、澡塘二家。①

以上市内共计 2522 家（包括青岛、鲍岛、台东、台西两镇），以设有字号独立营业者为数，其栈房寄寓之客商与市场浮摊之小贩均不列入。如连同乡区并计在内，则不下三千家（市区小店未计）。以上市乡大小商店，合计虽有三千家，都属小本经营，自少数之银行公司外，十万以上之资本已寥寥可数，且其营业性质多属于市内之坐贾，而非外埠之行商。

到 1933 年，根据青岛市社会局调查，青岛共有商店 6746 家，其种类统计如下：（1）农产品业四百三十五家；（2）林产品业一百家；（3）畜产品业一百二十一家；（4）水产品业一百二十三家；（5）矿产品业一百五十五家；（6）机械业一百家；（7）金属制品业二百六十七家；（8）化学工业品业二百三十八家；（9）木草藤竹品业三百零五家；（10）纺织工业品业二百六十九家；（11）饮食品业六百二十四家；（12）土石制品业五十八家；

---

① 庄维民：《近代鲁商史料集》，山东人民出版社 2010 年版，第 35—36 页。

（13）服用品业五百八十一家；（14）交通用品业七十七家；（15）教育用品业八十四家；（16）美术品业三十一家；（17）杂材制品业三百二十四家；（18）杂货业一千一百四十一家；（19）废物业一百三十七家；（20）运输业三十六家；（21）物品赁业四家；（22）交易所业二家；（23）代售业四家；（24）广告业四家；（25）荐头业五家；（26）银行业十二家；（27）钱庄业六十五家；（28）典当业四家；（29）保险业十六家；（30）饮食店业八百四十五家；（31）旅馆业五十六家；（32）娱乐扬业二十八家；（33）整妆业一百七十七家；（34）澡潠业十三家；（35）其他二百九十九家。①

又据 1935 年青岛社会局调查统计，青岛之商业资本，以土产类估大多数，因其兼营出口贸易，成本所需自较重。其次为日用、饮食、服用各类，此由于人口繁庶，民生日用需要甚广。本国商店除少数外，皆为小本经营，其投资在十万元以上者，寥若晨星。外侨商店共约千余，资本皆不肯实告，然估计其必远大于本国商店。日商在此千余外商中，竟占九百余家，以垄断土产业为最力，饮食、服用两业次之。具体见表 1—5。

表 1—5　本国商店统计一览表

| 类别 | 店数 | 资本总额（元） | 店员数 | 工友数 |
|---|---|---|---|---|
| 土产 | 277 | 29694010 | 3035 | 1424 |
| 服用 | 540 | 6557380 | 2375 | 4073 |
| 饮食 | 1283 | 8989110 | 941 | 7765 |
| 日用 | 969 | 9050220 | 6741 | 2370 |
| 家具 | 188 | 700320 | 405 | 845 |
| 建筑 | 150 | 1202230 | 456 | 334 |
| 卫生 | 351 | 959571 | 1030 | 1331 |
| 金融 | 65 | 2034740 | 1581 | 256 |
| 五金 | 205 | 1349200 | 574 | 1148 |

① 申报年鉴社编：《第二次申报年鉴》，申报年鉴社，1934 年，第 729—731 页。

续表

| 类别 | 店数 | 资本总额（元） | 店员数 | 工友数 |
|---|---|---|---|---|
| 交通 | 112 | 1922920 | 406 | 972 |
| 化学电气 | 34 | 180700 | 75 | 92 |
| 纸张印刷 | 61 | 249550 | 139 | 506 |
| 装饰 | 79 | 53520 | 327 | 506 |
| 消耗 | 80 | 147050 | 554 | 157 |
| 其他 | 44 | 2059880 | 82 | 173 |
| 共计 | 4438 | 66050401 | 22722 | 21952 |

资料来源：《都市与乡村》第 5、6 期合刊，1935 年 6 月。


### 三、烟台商业的发展

芝罘一名烟台，据《天津条约》而开之通商口岸也。烟台的商业同它的贸易一样，总的说来，1905 年达到繁荣的高峰，此后也趋向衰落，但有些行业也有一定的发展。开埠后，代客报关和转运货物为业的报关行，初仅五六家，至光绪末年，全业发展到三十余家。清末，丝绸为烟台出口大宗货品，故此业亦盛。

烟台外国的商行，1901 年时有 26 家，1902 年发展到 43 家，其中日本人的 26 家。到 1905 年前后，日本人的商行还要多，不过到 1911 年，外国商行又减少到了 29 家，其中美国 4 家，英国 4 家，法国 2 家，德国 4 家，俄国 2 家，日本 13 家。[①]

到 1908 年，在烟台国内外贸易为山东帮所掌握，其最具实力行业当属海产品、煤炭、杂货、米谷及铜铁铺等行业。最富实力之商铺字号及资本见下表 1—6。

---

① 王守中、郭大松：《近代山东城市变迁史》，山东教育出版社 2001 年版，第 259 页。

表1—6 1908年烟台最富实力之商铺字号及其资本一览表 ①

| 行业 | 商铺字号 | 资本 |
|---|---|---|
| 海产品商 | 大成栈（兼营砂糖、豆饼、豆油） | 一百万两 |
| | 西公顺 | 二十万两 |
| | 同源 | 五万两 |
| | 永来盛 | 五万两 |
| | 隆裕 | 四五万两 |
| | 广和成 | 三万两 |
| 杂货商 | 双顺泰 | 二十万两 |
| | 瑞盛 | 十五万两 |
| | 兴来盛 | 五六万两 |
| | 裕盛栈 | 五万两 |
| | 丰同豫 | 四万两 |
| 谷物商 | 万顺永（兼营纺织品） | 四五十万两 |
| | 隆盛德 | 三万两 |
| 油房 | 双盛泰 | 百万两内外 |
| | 万顺恒 | 百万两内外 |
| | 大元号 | 七十万两 |
| 棉纱商 | 万盛栈 | 十万两 |
| | 中盛栈 | 七万两 |
| | 怡美号 | 十二三万两 |
| | 万盛和 | 十万两 |
| | 福盛号 | 五万两 |
| | 万聚和 | 五万两 |
| | 兴记 | 七万两 |
| 砂糖商 | 晋盛号 | 三十万两 |
| | 德聚栈 | 六万两 |

  从民国初年至20世纪30年代初，烟台市内的商业，虽受进出口贸易衰落的影响，但总体来看，随着人口的不断增长和城市规模的扩大，还是有所

---

  ① 庄维民：《近代鲁商史料集》，山东人民出版社2010年版，第6—7页；胡雪：《明清时期鲁商研究》，山东师范大学硕士学位论文，2017年。

发展的。辛亥革命前后数年间烟台的各类商号数无全面统计资料，难以确定。时至 1918 年，据调查有大小商号约 3000 余家，洋商 35 家，外省商人 80 家。1930 年统计，商业人口达 6 万余人，高居各业人口之首，分布在鱼行业、水果行、粉干行、绸布庄业、杂货行业、杂粮业、花生行业及保险代理、典质业、报关行业、经纪业等特种商业，还有银行、银号、钱庄等金融业中。据 1933 年 1 月的调查，烟台大小商号 3500 余家，其中洋商约百余家，较 1918 年增加约 500 家。① 一般商业如经营刺绣品及织造品的庄号、渔行、水果行、干粉行、绸布庄等 9 种，计 417 家，资本 1749943 元，年营业额 33285465 元。其中花边、发网行多达 117 家，水产行 81 家，杂货行 65 家，最少的是茶叶行，只有 4 家。特种商业如新兴行业报关业、经纪业、保险业等很发达。以报关业为例，烟台开埠之初，有 6 家报关业，后增至 30 余家，具体见表 1—7。1928 年组织报关行业同业公会，1933 年有 16 家。②

表 1—7　30 年代烟台报关业调查统计一览表 ③

| 创办时间 | 公司名称 | 地址 | 性质 | 资本（元） |
|---|---|---|---|---|
| 1910 | 丰泰兴 | 瑞成巷 | 合资 | 1250 |
| 1915 | 德盛富 | 广东街 | 独资 | 1000 |
| 1917 | 公泰盛 | 二道街 | 合资 | 2800 |
| 1921 | 德盛兴 | 北马路 | 合资 | 2000 |
| 1922 | 联明号 | 富隆街 | 合资 | 2200 |
| 1923 | 德泰和 | 利通街 | 合资 | 2800 |
| 1924 | 太和昌 | 广东街 | 合资 | 4600 |
| 1929 | 新盛昌 | 二道街 | 合资 | 1300 |
| 1930 | 洪昶盛 | 广东街 | 合资 | 3000 |
| 1930 | 洪盛春 | 会英街 | 合资 | 2850 |
| 1930 | 恒兴和 | 大关西街 | 合资 | 2100 |

---

① 王守中、郭大松：《近代山东城市变迁史》，山东教育出版社 2001 年版，第 527 页。

② 王大为：《烟台近代城市建设发展与历史城市保护研究》，武汉理工大学博士学位论文，2013 年。

③ 王大为：《烟台近代城市建设发展与历史城市保护研究》，武汉理工大学博士学位论文，2013 年。

续表

| 创办时间 | 公司名称 | 地址 | 性质 | 资本（元） |
|---|---|---|---|---|
| 1931 | 福聚厚 | 瑞成巷 | 独资 | 1500 |
| 1933 | 怡泰号 | 利通街 | 合资 | 1750 |
| 1933 | 大兴昌 | 北马路 | 独资 | 1000 |
| 1933 | 安生利 | 北马路 | 合资 | 1000 |
| 1933 | 公盛福 | 北大街 | 合资 | 1200 |

## 第二节　近代山东城市工业的发展

### 一、济南工业的发展

开埠前的济南工业发展还非常落后。19 世纪 70 年代，济南创立了山东第一家机器工业企业——"山东机器局"。到 1901 年，机器局已有炮厂、枪子厂、翻砂厂、熟铁厂、轧钢厂、火药厂、电料厂、木工厂等 8 个工厂，已能制造炮、枪、枪弹以及机器、锅炉、火药、电灯、电池等。

济南的开埠为济南城市工业的发展提供了契机。开埠初期，外国资本开始涌入刺激国内投资者的热情，本着实业救国的热情投资建厂，抵制洋货，济南工业开始蒸蒸日上。近代企业陆续建立，基本情况如下表 1—8。

表 1—8　开埠后建立企业一览表（1905—1910 年）①

| 企业名称 | 创办人 | 创立年代 | 资本 | 经营形式及概况 |
|---|---|---|---|---|
| 济南电灯公司 | 刘福航等 | 1905 | 40000 两 | 商办，起初仅能供院前、院后及西门一带照明用电。 |

①　济南市市志编撰委员会：《济南市志资料（第 3 辑）》，1982 年版，第 1—2 页；济南市社会科学研究所；济南市社会科学研究所编著：《济南简史》，齐鲁书社 1986 版，第 386—387 页；济南市史志编撰委员会：《济南市志(第 1 册)》，中华书局 1997 年版，第 29—38 页；马德坤：《民国时期济南的商人与商人组织研究》，人民出版社 2016 年版，第 40—41 页；张玲：《济南开埠与清末济南社会变迁》，安徽大学硕士学位论文，2007 年。

续表

| 企业名称 | 创办人 | 创立年代 | 资本 | 经营形式及概况 |
|---|---|---|---|---|
| 志诚砖瓦公司 | 徐锵鸣 | 1905 | 不详 | 商办，用机器生产砖瓦。 |
| 大公石印馆 | 沈景臣 | 1905 | 100 万 | 商办，印刷《简报》，又名简报馆。 |
| 林木培植会 | 不详 | 1905 | 30000 万 | 不详。 |
| 协成铁工厂 | 不详 | 1906 | 不详 | 商办。 |
| 济南济农公司 | 不详 | 1906 | 不详 | 商办。 |
| 大经丝厂 | 不详 | 1906 | 200000 两 | 商办。 |
| 泺源造纸厂 | 丁道津 | 1906 | 不详 | 后改为成丰造纸厂，1917 年改为行华造纸厂。 |
| 小清河轮船公司 | 唐荣浩 | 1906 | 100000 两 | 商办。 |
| 中安烟草公司 | 唐世鸿等 | 1907 | 200000 两 | 商办。 |
| 济合机器公司 | 周庆勉等 | 1907 | 不详 | 商办。 |
| 永阜草编公司 | 不详 | 1907 | 不详 | 商办。 |
| 通惠公司 | 不详 | 1907 | 不详 | 商办。 |
| 琴记雪茄公司 | 不详 | 1908 | 不详 | 商办。 |
| 东兴货栈公司 | 不详 | 1908 | 300000 两 | 商办。 |
| 济南电话公司 | 不详 | 1908 | 不详 | 初为官办企业，后改组为股份公司。 |
| 山东理化器械所 | 丁立璜 | 1908 | 13500 两 | 官督商办，制造学生理化实验所需的器具、药料。 |
| 兴顺福机器油坊 | 张采丞 | 1909 | 15000 两 | 商办，使用德国榨油机器，最多每天可榨大都 15 吨，后来发展成为兼制面粉的面粉厂。 |
| 普济草绳公司 | 黄绍斌 | 1910 | 50000 两 | 商办。 |
| 金启泰铁工厂 | 黄全材 | 1910 | 20000 两 | 商办，安装车床 4 部，制造水车等器械。 |
| 津浦铁路机车厂 | 不详 | 1911 | 不详 | 属津浦铁路官办企业，有各种机器设备 82 台。 |

　　民国前期，济南的工业较清末又有了较大发展。据统计，1912 年至 1927 年的十六年间，济南历年创设资本额在 5000 元以上的工业企业 66 家，资本总额为 16439000 元，具体见表 1—9。

### 表 1—9 民国前期济南历年所设五千元以上民用

### 工业企业一览表（1912—1927 年）①

| 年份 | 企业名称 | 资本额（千元） | 产品 |
|---|---|---|---|
| 1912 | 济南蓄冰公司 | 8 | 冰块 |
| 1913 | 兴顺福快工厂 | 150 | 机器 |
|  | 郭天成铁工厂 | 5 | 轧花机布机 |
|  | 南洋兄弟烟草公司济南胜绍公司 | 500 | 纸烟 |
|  |  | 20 | 鲁酒 |
|  | 上海食品公司 | 200 | 食品 |
|  | 美业烟卷公司 | 10 | 卷烟 |
|  | 兴顺福面粉厂 | 50 | 面粉 |
| 1914 | 振业火柴公司 | 500 | 火柴 |
|  | 大东制帽公司 | 300 | 草帽 |
|  | 胶东制革厂 | 6 | 轻革 |
| 1915 | 兴华造膜公司 | 40 | 肥皂 |
|  | 义昌永 | 5 | 地毯 |
|  | 鲁丰纱厂 | 220 | 棉纱 |
| 1916 | 丰年面粉厂 | 1000 | 面粉 |
|  | 庆年公司 | 5 | 机制挂面 |
| 1917 | 恒丰铁工厂 | 30 | 机器 |
|  | 天成永 | 20 | 地毯 |
|  | 普利玻璃工厂 | 30 | 灯变、灯罩 |
|  | 泰康食品公司 | 10 | 维头、糕点 |
|  | 兴顺福隙料公司 | 20 | 洋碱 |
|  | 中国精益眼镜公司东元盛 | 70 | 眼镜 |
|  | 漂染厂 | 10 | 染布 |
| 1918 | 茂新面粉工厂 | 500 | 面粉 |
|  | 惠丰面粉工厂 | 300 | 面粉 |
|  | 中华魁料器 | 40 | 玻璃瓶、灯罩、灯壶 |
|  | 济新砖瓦公司 | 15 | 洋式砖瓦 |
| 1919 | 华兴造纸厂 | 1000 | 各种纸张 |
|  | 普利工厂 | 32 | 洋式砖瓦 |
|  | 济丰工厂 | 20 | 砖瓦 |
|  | 裕兴染料公司 | 100 | 煮青 |

① 何炳贤主编：《中国实业志·山东省》，民国实业部国际贸易局，1934 年，第 1—836 页；孙宝生编：《历城县乡土调查录》，历城县实业局，1928 年，第 87—88、148—170 页；周铭传：《济南快览》，济南世界书局，1927 年，第 224—234 页。

续表

| 年份 | 企业名称 | 资本额（千元） | 产品 |
|---|---|---|---|
| 1920 | 溥益糖厂 | 5000 | 糖、火酒 |
| | 民安面粉厂 | 1100 | 面粉 |
| | 全盛铁工厂 | 5 | 轧花机、切面机 |
| | 益华烛皂厂 | 5 | 肥皂、洋烛 |
| | 厚德贫民工厂 | 46 | 面粉袋 |
| 1921 | 成丰面粉厂 | 1000 | 面粉 |
| | 恒兴面粉工厂 | 400 | 面粉 |
| | 华庆面粉工厂 | 500 | 面粉 |
| | 正利厚面粉工厂 | 200 | 面粉 |
| | 齐鲁铁工厂 | 40 | 锅炉、引擎、造胰机、印刷机 |
| | 义和东 | 15 | 洋式砖瓦 |
| | 丰华针厂 | 100 | 针 |
| | 合盛祥榨油厂 | 30 | 豆油 |
| | 新民织布厂 | 5 | 布 |
| 1922 | 大业制革厂 | 5 | 皮革 |
| | 德昌工厂 | 2000 | 地毯 |
| | 北洋料器厂 | 7 | 玻璃器皿 |
| | 山东印刷公司 | 200 | 印刷书刊报纸 |
| | 乐山森林公司 | 5 | 造林、木材 |
| 1923 | 同丰面粉工厂 | 200 | 面粉 |
| | 合祥工厂 | 5 | 肥皂、洋烛 |
| | 履丰制袜厂 | 100 | 洋袜 |
| | 济新公司 | 15 | 洋灰 |
| | 陆大铁工厂 | 5 | 柴油机、缺床、凹泥船 |
| 1924 | 东裕隆榨油厂 | 100 | 花生油 |
| | 瑞兴和丝边厂 | 10 | 丝边 |
| | 裕顺窑厂 | 25 | 砖瓦 |
| 1925 | 恒兴永制革厂 | 10 | 皮革 |
| | 大兴窑厂 | 30 | 洋式砖瓦 |
| 1926 | 裕昌窑厂 | 30 | 洋式砖瓦 |
| 1927 | 绍兴南酒厂 | 5 | 烧酒、黄酒 |
| | 泰华烛皂厂 | 5 | 洗衣皂、洋烛 |
| 不详 | 裕华发网公司 | 5 | 发网 |
| | 德昌发网工厂 | 5 | 发网 |
| | 达隆发网工厂 | 10 | 发网 |

通过上表统计数据看，1914—1918 年第一次世界大战的五年间，新设企业 19 家，资本总额 310 万元；大战后的 1919—1923 年的五年间，新设企业 28 家，资本总额 1200 余万元，新设企业比大战期间的五年多了 9 家，资本总额则接近前五年的 4 倍。

民国前期济南的工业发展情况，据时人调查，认为是"工业发达，工厂林立，故出品日增，前途发展未可限量"[①]。这一时期，济南新开设的工业各行业中比较大的行业有机制面粉工业、棉纺织业、机器五金业、化学工业。有关民国前期济南新开设的工业行业分布见下表 1—10。

表 1—10　民国前期济南新开设的民用工业企业行业分布一览表[②]

| 行业 | 企业家数 | | 资本额 | |
|---|---|---|---|---|
| | 实数 | % | 实数（千元） | % |
| 面粉业 | 10 | 4.1 | 5200 | 28.2 |
| 其他饮食品业 | 64 | 26.6 | 5488 | 29.7 |
| 棉纺织业 | 39 | 16.2 | 2409 | 13.1 |
| 其他编织品业 | 49 | 20.4 | 2075 | 11.2 |
| 机器五金业 | 36 | 15 | 413.3 | 2.2 |
| 化学工业 | 18 | 7.5 | 789 | 4.3 |
| 造纸及印刷业 | 10 | 4.1 | 1036.2 | 5.6 |
| 建筑材料业 | 8 | 3.3 | 150.5 | 0.8 |
| 卷烟业 | 2 | 0.8 | 510 | 2.8 |
| 其他 | 5 | 2 | 385 | 2.1 |
| 合计 | 241 | 100 | 18456 | 100 |

---

① 孙宝生：《历城县乡土调查录》，历城县实业局，1928 年，第 148 页。

② 何炳贤主编：《中国实业志·山东省》，民国实业部国际贸易局，1934 年，第 1—836 页；孙宝生编：《历城县乡土调查录》，历城县实业局，1928 年，第 87—88、148—170 页；周铭传：《济南快览》，济南世界书局，1927 年，第 224—234 页；李娜：《北京政府时期山东市民社会初探（1912—1928)》，山东师范大学硕士学位论文，2013 年。

1928年，日本在济南制造了"五三"惨案，工业遭到严重破坏。"九一八"事变后，全国掀起了"实业救国"的浪潮，在此背景下济南的工业也出现第二个发展高峰。1933年，济南工业已有35个行业，各类企业已达449个；职工25109人，占全省的26.4%；资本总额为8880255元（银元），生产总值33058743元，分别为全省的20.5%和29.7%。

1937年，日军占领济南后，济南的工业遭到日本帝国主义的严重掠夺和摧残。日军在占领济南后第二天，就派兵进驻成大纱厂，实行"军管理"。抗战胜利后，国民党李延年军事集团和国民党山东党部、省政府成立的山东省党政接收委员会各自接收了许多工厂、企业，国民党行政院又成立敌伪产业处理局、信托局，在济南设点全权接收。根据国民政府接管济南后对1946年各工业的调查，见表1—11。到1948年秋，工业方面除军工及官僚资本支持的个别行业外，其余各厂每年平均开工不足3个月。火柴、面粉、纺织等各业生产力也大大下降。官办的成大纱厂原有纱锭28016枚，到1947年底，仅存10180枚；济南电业公司1947年1月最高发电量近300万千瓦时，到8月下降到不足10万千瓦时。到1948年9月，国民党官办企业共有18家，另有3家民用企业，但均已萧条衰败，到了崩溃的边缘。

**表1—11　济南市工业行业调查一览表** ①

| 公司名称 | 资本额（万元） | 公司名称 | 资本额（万元） |
|---|---|---|---|
| 仁丰纱厂 | 40000 | 恒泰火柴厂 | 3000 |
| 成通纱厂 | 30000 | 振业火柴厂 | 3000 |
| 成大纱厂 | 20000 | 山东第二造纸厂 | 2000 |
| 山东第一造纸厂 | 8000 | 丰华针厂 | 2000 |
| 华庆面粉厂 | 8000 | 山东志成企业公司 | 2000 |
| 成丰面粉厂 | 5500 | 益华火柴厂 | 1000 |
| 成记面粉厂 | 5500 | 鲁西火柴厂 | 1000 |

---

① 济南市总商会、济南市工商业联合会编：《济南工商文史资料（第2辑）》，1996年，第259页；马德坤：《民国时期济南的商人与商人组织研究》，人民出版社2016年版，第40—41页。

| 公司名称 | 资本额（万元） | 公司名称 | 资本额（万元） |
|---|---|---|---|
| 丰年面粉厂 | 5000 | 洪泰火柴厂 | 1000 |
| 东亚面粉厂 | 5000 | 中华针厂 | 1000 |
| 惠丰面粉厂 | 5000 | 山东民生企业公司 | 1000 |
| 宝丰面粉厂 | 5000 | 益中造纸公司 | 500 |
| 裕兴化工厂 | 3000 | 惠鲁当店 | 500 |

## 二、青岛工业的发展

青岛作为一座新兴的港口城市，辛亥革命前已迅速发展成为仅次于天津、大连的北方大港，稳固地确立了山东最大贸易中心地位。就民用资本企业而言，在德国占领胶澳的十数年间成立并得以保留下的，仅有 5 家，资本额共计 4.4 万元。自德国势力垮台后至 1927 年的十三年间，青岛民族资本企业有所发展。这些民族资本企业，大致可分为纺织工业、化学工业、机器工业、电气印刷工业、饮食工业几大类别。自 1918 年至 1927 年青岛民族资本开设工厂见下表 1—12。

表 1—12　青岛民族资本历年开设工业企业一览表（1918—1927）

| 年份 | 企业名称 | 资本额 / 银元 | 备注 |
|---|---|---|---|
| 1918 | 永记窑厂 | 5000 | |
| 1919 | 华新纱厂 | 2700000 | 一战前已购买了厂房和部分机器设备，初办资本 120 万元 |
| | 协泰工厂 | 600 | |
| 1920 | 新业玻璃厂 | 2000 | |
| | 东益工厂 | 10000 | 一说资本额 20000 元 |
| | 复记工厂 | 1600 | 一说资本额 10000 元 |
| | 同合工厂 | 1800 | |
| | 同文印刷局 | 800 | |
| 1921 | 通盛公工厂 | 1300 | |
| | 鲁东工厂 | 15000 | |
| | 同合窑厂 | 8000 | |

| 年份 | 企业名称 | 资本额/银元 | 备注 |
|---|---|---|---|
| 1921 | 元祥泰窑厂 | 不详 | |
| 1923 | 裕记工厂 | 1500 | |
| | 盛记工厂 | 500 | |
| | 胶澳电气公司 | 1020000 | 中日合资、日方资本未计 |
| | 新华兴印刷局 | 2850 | |
| | 胶东印刷局 | 3000 | |
| | 永裕精盐厂 | 3200000 | |
| 1924 | 恒兴面粉厂 | 300000 | 一说成立于1929年 |
| | 朱同兴工厂 | 1000 | |
| | 茂源油坊 | 5000 | |
| 1925 | 协成工厂 | 2000 | |
| | 同心恒工厂 | 300 | |
| | 钺发工厂 | 1400 | 一说资本额4400元 |
| | 协兴工厂 | 1860 | 一说资本额4000元 |
| | 义和工厂 | 400 | |
| | 文生东印刷局 | 1000 | |
| | 贯华冻粉厂 | 20000 | 一说资本额300000元 |
| 1926 | 振业工厂 | 15000 | 一说资本额300000元 |
| | 华北工厂 | 200300 | |
| | 德聚成工厂 | 300 | |
| | 益和昌工厂 | 500 | 一说资本额4000元 |
| | 公聚窑厂 | 不详 | |
| | 德昌工厂 | 1500 | |
| | 中华印刷社 | 10000 | |
| | 福昌印刷社 | 7000 | 一说资本额14500元 |
| 1927 | 新大纶工厂 | 20000 | 一说资本额30000元 |
| | 兴记工厂 | 100 | |
| | 源盛炉工厂 | 700 | 一说资本额3000元 |
| | 长顺工厂 | 800 | 一说资本额5000元 |
| | 义聚盛工厂 | 1500 | 一说资本额3000元 |
| | 华昌大印刷局 | 7800 | |
| | 海丰油坊 | 3000 | 一说资本额6000元 |

近代山东城市下层社会群体研究

资料来源：青岛市社会局编：《青岛市工商业概览》，第15—40页；《胶济铁路经济调查报告分编·青岛市》，第12—18页；王守中、郭大松：《近代山东城市市变迁史》，山东教育出版社2001年版，第479—480页。

从以上表统计可见，青岛民族资本在一战期间仅设企业1家。自1919年至1927年，民族资本开设工厂42家。自1923年至1927年也有31家，这五年31家企业的资本总额为4964010元，如果加上新华纱厂1924年增资的56万元，则五年间民族资本投资工业实为5524010元，与中国收回青岛前总投资的2186000元相较，民国前期青岛民族资本投资工业的资金在收回后的五年间，约为收回前七年投资的2.53倍。[1]

而1915—1927年外资在青岛历年开设的37家工业企业，具体见表1—13。

表1—13　外资在青岛历年所设工业企业一览表（1915—1927）

| 年份 | 企业名称 | 国别 | 资本额/银元 | 主要产品 |
|---|---|---|---|---|
| 1915 | 美孚火油公司 | 美国 | 不详 | 洋铁皮煤油桶 |
| | 信昌造胰厂 | 日本 | 30000 | 胰皂 |
| | 维新化学工艺社 | 日本 | 60000 | 颜料 |
| 1916 | 山东火柴公司 | 日本 | 550000 | 火柴 |
| | 东洋印刷所 | 日本 | 2000 | 书籍、文具、帐簿 |
| | 青岛啤酒公司 | 日本 | 1000000 | 啤酒 |
| 1917 | 内外棉纱厂 | 日本 | 33000000 | 棉纱 |
| | 铃木丝厂 | 日本 | 2500000 | 黄丝、白丝 |
| | 梅译商会 | 日本 | 20000 | 铁器、机件 |
| | 青岛面粉公司 | 日本 | 500000 | 面粉 |
| | 东和油坊 | 日本 | 1000000 | 花生油、饼 |
| | 大连制冰公司青岛支店 | 日本 | 80000 | 冰、汽水 |
| 1918 | 青岛火柴公司 | 日本 | 660000 | 火柴 |
| | 原田铁工所 | 日本 | 6000 | 铁器 |
| | 南真治制杆厂 | 1日本 | 40000 | 火柴杆 |
| | 和田木厂 | 日本 | 200000 | 木材 |

---

[1]　王守中、郭大松：《近代山东城市变迁史》，山东教育出版社2001年版，第478页。

66

续表

| 年份 | 企业名称 | 国别 | 资本额/银元 | 主要产品 |
|---|---|---|---|---|
| 1919 | 洪泰窑厂 | 日本 | 不详 | 砖瓦 |
| | 青岛印刷株式会社 | 日本 | 40000 | 书籍、表册、单据 |
| | 山东烟业公司 | 日本 | 50000 | 烟叶 |
| 1920 | 太隆地毯厂 | 德国 | 不详 | 地毯 |
| | 益丰火柴工厂 | 日本 | 5000 | 火柴 |
| 1921 | 大康纱厂 | 日本 | 13000000 | 棉纱、布匹 |
| | 山东窑厂 | 日本 | 不详 | 砖瓦 |
| | 德士古火油公司 | 美国 | 不详 | 洋铁皮煤油桶 |
| 1922 | 富士纱厂 | 日本 | 36000000 | 棉纱 |
| | 津野铁厂 | 日本 | 5000 | 铁器兼修理 |
| | 泰东号印字局 | 日本 | 14000 | 书籍、簿记等 |
| | 峰村油坊 | 美国 | 80000 | 花生油、饼 |
| 1923 | 公大第五纱厂 | 日本 | 10000000 | 棉纱、布匹 |
| | 宝来纱厂 | 日本 | 5380000 | 棉纱 |
| | 隆兴纱厂 | 日本 | 4000000 | 棉纱 |
| | 大英烟厂 | 英国 | 不详 | 卷烟 |
| 1924 | 青岛新报印刷所 | 日本 | 5000 | 文具、帐簿、报纸 |
| 1925 | 光阳硫化磷工厂 | 日本 | 5000 | 火柴 |
| | 培林蛋厂 | 英国 | 60000 | 冻蛋、鲜蛋 |
| 1926 | 博进社印刷所 | 日本 | 4000 | 书籍、表册、单据 |
| 1927 | 昭和铁工所 | 日本 | 5000 | 铁器 |

资料来源：青岛市社会局编：《青岛市工商业概览》，第42—51页；《胶济铁路经济调查报告分编·青岛市》，第12—18页；王守中、郭大松：《近代山东城市变迁史》，山东教育出版社2001年版，第482—483页。

到1935年，青岛本市中外各工厂合计为174家，除有十余家不愿宣告资本外，其余各家共计资本94225210元，工人33630人。以工人国籍而言，中国工厂约占72%，日本约占23%，欧美约占4%，中日合资者约占1%。综观资本分配，中国工厂仅占总数的19%，日资约占80%。具体见表1—14。

表 1—14　本国工厂统计一览表

| 类别 | 户数 | 资本 | 工人 | 每月工资 | |
|---|---|---|---|---|---|
| | | | | 最高 | 最低 |
| 纺织工业 | 23 | 2956000 | 2626 | 60 | 2 |
| 化学工业 | 18 | 614000 | 2397 | 35 | 3 |
| 机器工业 | 48 | 2434260 | 2897 | 43 | 3 |
| 水电工业 | 2 | 5000000 | 350 | 88 | 6 |
| 印刷工业 | 6 | 91450 | 339 | 72 | 3 |
| 饮食工业 | 18 | 6494000 | 1580 | 55 | |
| 共计 | 125 | 17589710 | 10189 | | |

资料来源：《都市与乡村》第 5、6 期合刊，1935 年 6 月。

### 三、烟台工业的发展

1900 年以前，烟台的民族航运业只有官办的轮船招商局在这里设立了分局。1900 年后，商人们开始集资创办航运公司，烟台的民族航运业有了发展的势头，具体见表 1—15。

表 1—15　烟台航运公司一览表（1901—1906 年）①

| 公司名称 | 创立年月 | 所在地 | 航线 | 资本 | 性质 | 船数 |
|---|---|---|---|---|---|---|
| 顺义公司 | 1901.6 | 烟台 | 海参崴→安东→浦盐→天津→营口→大连→烟台→上海→青岛→烟台→天津 | 6 万元 | 合资 | 5 |
| 振飞公司 | 1903.3 | 烟台 | 大连→龙口 | 4 万元 | 公司 | 1 |
| 小清河轮船公司 | 1904 | 烟台济南 | 济南→羊角沟→烟台→天津 | 10 万元 | 公司 | |
| 政记轮船公司 | 1905 | 烟台 | 烟台→天津→牛庄→大连→安东 | 1.4 万元 | 合资 | 3 |
| 仁汉轮船公司 | 1905 | 烟台仁川 | 烟台→营口→仁川 | | | 1 |

---

① 王守中、郭大松：《近代山东城市变迁史》，山东教育出版社 2001 年版，第 253 页；陈会芹：《近代山东半岛城市化进行研究》，烟台师范学院硕士学位论文，2005 年。

续表

| 公司名称 | 创立年月 | 所在地 | 航线 | 资本 | 性质 | 船数 |
|---|---|---|---|---|---|---|
| 毛合兴 | 1906.8 | 烟台 | 秦皇岛→威海卫<br>龙口→石虎嘴→虎头崖 | 2.5万元 | 独资 | 1 |

这时期投资蚕丝业的山东商人，纷纷在烟台开设作坊，清末烟台缫丝作坊建立和发展情况见表1—16和表1—17。

**表1—16　清末烟台手工业缫丝作坊及机器纩丝厂建立发展一览表**

| 年份 | 手工作坊数 | 汽机纩厂数 | 情况 |
|---|---|---|---|
| 1903 | 16 | 3 | 工人5500名，年产丝8250担。 |
| 1904 | 18 | 3 | |
| 1905 | 25 | 3 | 工人9000名。 |
| 1906 | 20 | 3 | 工人8500名，年产丝10546担，汽机纩局3处共产丝487担。 |
| 1908 | 22 | 3 | |
| 1909 | 38 | 3 | 共用职工17000名，股本银500万两。 |
| 1911 | 40 | 3 | 工人14000人，年产丝14000担。一说本年作坊43家，闭歇6家，机器纩厂亦未开工。 |

资料来源：王守中、郭大松：《近代山东城市变迁史》，山东教育出版社2001年版，第254页。

**表1—17　烟台手工缫丝工厂调查一览表**

| 商号 | 缫车数目 | 工人数目 | 出丝数目以石计 | 商号 | 缫车数目 | 工人数目 | 出丝数目以石计 |
|---|---|---|---|---|---|---|---|
| 义丰恒 | 472 | 613 | 473 | 西德记 | 357 | 356 | 257 |
| 义丰兴 | 520 | 677 | 527 | 东三裕 | 424 | 530 | 424 |
| 义丰德 | 600 | 780 | 600 | 和聚兴 | 576 | 747 | 576 |
| 祥茂公 | 518 | 670 | 518 | 源记 | 188 | 240 | 188 |
| 丰记 | 600 | 780 | 600 | 和记 | 160 | 205 | 160 |
| 义孚同 | 630 | 820 | 630 | 裕兴昌 | 170 | 220 | 170 |
| 公晋和 | 506 | 656 | 506 | 义隆德 | 155 | 200 | 150 |
| 裕德源 | 504 | 654 | 504 | 永记 | 679 | 879 | 679 |

续表

| 商号 | 缫车数目 | 工人数目 | 出丝数目以石计 | 商号 | 缫车数目 | 工人数目 | 出丝数目以石计 |
|------|------|------|------|------|------|------|------|
| 双聚兴 | 488 | 632 | 488 | 广顺利 | 184 | 238 | 184 |
| 裕记 | 369 | 477 | 369 | 同泰顺 | 372 | 482 | 372 |
| 义昌 | 316 | 416 | 316 | 同兴隆 | 226 | 298 | 226 |
| 东兴玉 | 224 | 395 | 224 | 福盛长 | 225 | 298 | 226 |
| 泰安 | 283 | 367 | 283 | 利记 | 428 | 548 | 428 |
| 祥记 | 239 | 310 | 239 | 长生利 | 232 | 310 | 232 |
| 顺记 | 296 | 383 | 296 | 成和昌 | 300 | 390 | 300 |
| 信记 | 200 | 260 | 200 | 益兴德 | 194 | 347 | 194 |
| 东德记 | 352 | 457 | 352 | 总计 | 11988 | 15635 | 11909 |

资料来源：王守中、郭大松：《近代山东城市变迁史》，山东教育出版社2001年版，第256页。

除缫丝业外，清末烟台还建立了其他一些工业，只不过规模较小，具体情况见表1—18。

表1—18 清末烟台其他工厂公司建立情况一览表

| 成立年份 | 名称 | 资本（千元） | 经营性质 | 创办人 | 备注 |
|------|------|------|------|------|------|
| 1905 | 华商电灯公司 | 210 | 商办 | 孙克选 | |
| 1905 | 北洋烟草厂分厂 | 20 | 官商合办 | | |
| 1905 | 仁增盛烟草厂 | 56 | 商办 | 孟昭颜 | |
| 1905 | 隆盛烟草厂 | 14 | 商办 | 王廷彬 | |
| 1905 | 恒利纸烟厂 | 70 | 商办 | 易怀远 | |
| 1905 | 中安烟草公司 | 28 | 商办 | 唐世鸿 | |
| 1906 | 协成铁工厂 | | | | 修理机器零件 |

资料来源：汪敬虞编：《中国近代工业史资料》（第2辑下册），科学出版社1957年版，第880、912页。

民国前期烟台的工业，不少行业步入国内先进行列，取得较大进步和发展。工业的进步和发展，主要表现为棉纺业、面粉业、火柴业、罐头食品业、钟表业、酿酒业、烛灶业、精盐业、电业等一批近代工业行业的兴起和发展，以及一些传统手工业如发网、花边、丝织、榨油、砖瓦等行业的技术革新与改造，或采用机器生产等方面，其中有的行业或生产技术、已居省内乃至国内领先地位，有关情况具体见表1—19和表1—20。

### 表1—19　民国时期烟台主要轻工业统计一览表 [1]

| 行业 | 名称 | 创办时间 | 创办人 | 资本（千元） | 经营性质 | 备注 |
|------|------|---------|--------|-----------|---------|------|
| 电力 | 生明电灯股份有限公司 | 1913 | 张本政 | 600 | 商办 | |
| | 烟台电灯公司 | 1913 | | 120 | 商办 | |
| 肥皂业 | 福利肥皂公司 | 1913 | | 15 | 商办 | |
| | 源盛泰 | 1921 | | 80 | 独资 | |
| 钟表业 | 钟表制造公司 | 1915 | | 100 | 商办 | |
| | 烟台宝时造钟厂 | 1915 | 李东山 | 25 | 商办 | 中国首家机械造钟工业 |
| | 烟台永康造钟公司 | 1927 | | 25 | 商办 | |
| 石粉业 | 福新石笔工厂 | 1915 | | 10 | 合资 | 制粉笔 |
| 火柴业 | 胶东中蚨公司 | 1915 | 王子超 | 100 | 商办 | |
| | 昌兴火柴无限公司 | 1926 | 王益受 | 50 | 商办 | |
| 制革业 | 瑞祥公皮铺 | 1927 | | 1.5 | 商办 | |
| 其它 | 制伞公司 | 1915 | | 20 | 商办 | |

---

[1]　汪敬虞编：《中国近代工业史资料》（第2辑下册），科学出版社1957年版，第912页；陈真等编《中国近代工业史资料》（第1辑），第38—52页；王大为：《烟台近代城市建设发展与历史城市保护研究》，武汉理工大学博士学位论文，2013年。

表 1—20  1920 年后烟台主要食品工业统计一览表 ①

| 行业 | 成立时间 | 名称 | 资本（元） | 经营性质 | 地址 | 备注 |
|------|---------|------|-----------|---------|------|------|
| 酿酒业 | 1920 | 醴泉啤酒公司 | 150000 | 商办 | | |
| 罐头业 | 1916 | 东亚罐头厂 | 20000 | 商办 | 广仁路 | 全年营业额 80300 元 |
| | 1921 | 德丰 | 10000 | 商办 | 南鸿街 | 营业额 44000 元 |
| | 1921 | 福兴 | 100000 | 商办 | 南鸿街 | 营业额 55800 元 |
| | 1926 | 振东 | 15000 | 商办 | 北大街 | |
| 精盐业 | 1919 | 烟台通益精盐公司 | 100000 | 商办 | | 所制精盐年均 30—40 担，年缴盐税约 100 万余元 |
| 面粉业 | 1916 | 茂兰福面粉公司 | 300000 | 商办 | | |
| | 1922 | 瑞丰面粉公司 | 297000 | 商办 | | 工人有 68 人，年产面粉 185 000 包，总产值 481000 元。 |
| | 1926 | 芝罘面粉厂 | 100000 | 商办 | | |
| 面碱业 | 1921 | 同春合 | 2100 | 独资 | 西南河街 | |
| | 1930 | 蚨顺成 | 1900 | 合资 | 南大街 | |
| | 1933 | 天义成 | 3000 | 合资 | 大关西街 | |

　　从全国范围来看，烟台还很少有大规模的新式民族资本企业，但烟台的民族工业在全国的地位却相当重要。烟台工业现代化程度较高，机器设备应用普遍，经营方式灵活多样，管理手段具有制度性和规范性。

---

　　① 王大为：《烟台近代城市建设发展与历史城市保护研究》，武汉理工大学博士学位论文，2013 年。

## 第三节 近代山东城市文化教育事业的发展

### 一、济南文化教育事业的发展

济南开埠后，文教事业有了新的发展。主要表现在一些新的学堂、报纸、图书馆和博物馆的创办上。

教育上，开埠后新创办的中等以上程度的学堂见下表1—21。

表1—21 清末创办的中等以上学堂一览表

| 名称 | 创办时间 | 学堂性质 | 创办人 | 经费来源 |
|---|---|---|---|---|
| 山东客籍高等学堂 | 1904.10 | 官办 | | 藩库额领常年经费11200两，垦务局增领常年经费6800两，各州府县捐款约11000两，学生学费约5500两。 |
| 山东省城官立自费师范学堂 | 1905.5 | 官办 | 朱钟琪 | 一方面靠学费，每生每年缴银60两，政府补助常年经费2000两。 |
| 山东省城政法学堂 | 1906 | 官办 | 吴廷斌 | 以课史馆原有银6000两、钱7680串为底款，余由藩库、运库筹拨，每年开支以3万两为限。 |
| 山东省城农林学堂 | 1906 | 官办 | 王景禧 | 由省筹款局每年拨给常年经费3万两，校中有42名自费生，每人每年缴膳费40两，共收1680两。 |
| 山东第一公立自费师范学堂 | 1906 | 私立 | 郑用行 | 常年经费由学费充用，每生每年缴费60两，学童郑用行自捐3000两。 |
| 山东优级师范学堂 | 1907 | 官办 | | |
| 山左公学 | 1906 | 私立 | 刘恩锡 | 经费主要靠捐款和学费维持，政府给予少量补贴。 |
| 八旗奉直学堂 | 1906 | 私立 | 八旗直奉同乡 | 主要靠同乡捐款与学生学费。 |

续表

| 名称 | 创办时间 | 学堂性质 | 创办人 | 经费来源 |
|---|---|---|---|---|
| 豫省公立中小学堂 | 1906 | 私立 | 河南会馆 | 学校经费，由同乡捐款。 |
| 山东女子师范学堂 | 1909 | 官办 | | |
| 山东工业学堂 | 1911 | 官办 | | |

资料来源：根据王守中、郭大松：《近代山东城市变迁史》，山东教育出版社2001年版，第300—303页绘制而成。

以上是清末11所中等以上程度学校的创办概况，加上济南开埠前创办的山东高等学堂、山东师范学堂、省立专门医学学堂和济南府官立中学堂，一共14所。

济南开埠后，创办了一系列报刊，成为社会一种新的风气。据统计，1905年至1911年，济南先后有《官话日报》《山东官报》等报纸杂志创刊。随着报刊的兴起，阅报所与发报处的设立提上日程。1905年在布政司街设立第一所阅报馆，甚受欢迎。1906—1907年间，上海商务印书馆在济南有全省书局、书业德、书业公司、艺德堂、聚和堂、同文真记书局、京都翰文斋、振兴书局、维新书局等9处作为《东方杂志》分销处。

除了报刊出版发行外，济南一批图书馆和博物馆设立。山东省图书馆是济南新建设的最大的图书馆，由山东提学使罗正钧禀请巡抚袁树勋批准成立的。博物馆当属济南的广智院，原为1877年由基督教牧师怀恩光创建于青州，1905年迁到济南。

民国前期，济南的文化教育有了很大的进步，突出表现在近代教育体制走向成熟，社会教育兴起和文化事业不断发展。南京国民政府成立以后，先后颁布了壬子·癸丑学制、壬戌学制以及一系列教育法令法规，废除清朝旧学制，推行新式教育，编撰科学教材，推广女子教育和社会教育，促进近代教育体制形成并逐渐成熟。济南作为山东省会城市，有着得天独厚的优越条件，近代学校教育体制已基本臻于完善。

综观济南这一时期的教育，"有政府、私人、传教士或教会机构开办的各类学校。政府兴办的学校种类齐全；私人开办的学校有小学和中学；教会学校则从幼稚园到大学都有。"① 以政府为主创办的学校，高等和师范教育占有绝对优势，具体情况见表1—22。

表1—22　民国前期济南高等及师范教育发展概况一览表

| 学校名称 | 建校时间 | 性质及经费来源 | 备注 |
|---|---|---|---|
| 山东公立工业专门学校 | 1912 | 省立、省府拨款、学费 | 前身为济南中等工业学堂和高密中等工业学校，1926年并入山东大学 |
| 山东公立农业专门学校 | 1912 | 省立、省府拨款、学费 | 前身为山东高等农业学堂，1926年并入山东大学 |
| 山东公立商业专门学校 | 1912 | 省立、省府拨款、学费 | 初称山东高等商业学校，1926年并入山东大学 |
| 山东公立法政专门学校 | 1913 | 省立、省府拨款、学费 | 前身为山东官立法政学堂，公立法律学堂和私立山左法政学堂亦先后归并，1926年并入山东大学 |
| 山东省立医学传习所 | 1915 | 省立、省府拨款、学费 | 次年停止招生进行改建 |
| 山东公立医学专门学校 | 1916 | 省立、省府拨款、学费 | 前身为山东省立医学传习所，改建成立学校后初称省立医学校，1923年经部核准称公立医专，1926年并入山东大学 |
| 山东矿业传习所 | 1918 | 省立、省府拨款、学费 | 1920年停止招生进行改建 |
| 私立女子医学校 | 1918 | 私立、私人集资、学费、省府补助 | 1927年停办 |
| 山东公立矿业专门学校 | 1920 | 省立、省府拨款、学费 | 前身为山东矿业传习所，1926年并入山东大学 |
| 山东大学 | 1926 | 省立、省府拨款、学费 | 系合并工、农、商、法政、医学、矿业6个专门学校而成 |
| 省立第一女子师范学校 | 1909 | 省立、省府拨款、学费 | 初称山东女子师范学堂 |

---

① 王守中、郭大松：《近代山东城市变迁史》，山东教育出版社2001年版，第391页。

续表

| 学校名称 | 建校时间 | 性质及经费来源 | 备注 |
|---|---|---|---|
| 国立山东高等师范学校 | 1912 | 国立、经费来源不详 | 前身为山东优级师范学堂 |
| 省立第一师范学校 | 1914 | 省立、省府拨款 | 前身为国立山东高等师范学校 |
| 师范讲习所 | 1914 | 私立、私人集资、学费、省府补助 | |
| 历城师范讲习所 | 不详 | 县立、县府拨款、省府补助 | |

资料来源：周传铭：《济南快览》，齐鲁书社 2011 年版，第 165 页；王守中、郭大松：《近代山东城市变迁史》，山东教育出版社 2001 年版，第 392—393 页。

除了高等及师范教育外，新式正规中小学教育体制也逐步建立健全起来。根据壬癸学制，中小学学制统一为小学 6 年，初中 3 年，高中 3 年，趋于建立起与新式大学配套的中小学教育体制。据不完全统计，民国前期济南及近郊中学共计 36 所，详见下表 1—23。

**表 1—23　民国前期济南中小学教育发展概况一览表**

| 学校名称 | 建校时间 | 性质及经费来源 | 备注 |
|---|---|---|---|
| 正谊中学 | 1913 | 私立，私人集资、学费、省府补助 | |
| 育英中学 | 1913 | 私立，私人集资、学费、省府补助 | |
| 省立第一中学 | 1914 | 省立，政府拨款、学费 | |
| 省立第一女子中学 | 1916— | 省立，政府拨款、学费 | |
| 济南中学 | 1924 | 私立，私人集资、学费、省府补助 | |
| 东鲁中学 | 不详 | 私立，私人集资、学费、省府补助 | |
| 崇实女中 | 1925 | 私立，私人集资、学费、省府衬助 | |
| 薇垣小学 | 1905 | 私立，私人集资、学费、省府补助 | 晚清专收书吏子弟，民国后面向社会招生 |

| 学校名称 | 建校时间 | 性质及经费来源 | 备注 |
|---|---|---|---|
| 义务小学 | 1905 | 私立，私人集资、学费、省府补助 | |
| 商埠小学 | 1912 | 私立，私人集资、学费、省府补助 | |
| 模范小学 | 1914 | 省立，省府拨款、学费 | |
| 一师附属小学第一部 | 1914 | 省立，省府拨款、学费 | |
| 竞进女小 | 1914 | 省立，省府拨款、学费 | |
| 一师附属小学第二部 | 1915 | 省立，省府拨款、学费 | |
| 莪雅小学 | 1916 | 省立，省府拨款、学费 | 初为县立，省府略予补助，后因"办法良善，改归省立" |
| 制锦小学 | 1916 | 省立，省府拨款、学费 | 初为县立，省府略予补助，后因"办法良善，改归省立" |
| 新育小学 | 1916 | 省立，省府拨款、学费 | |
| 女一师附属小学 | 1918 | 省立，省府拨款、学费 | |
| 师范讲习所附属小学 | 1920 | 私立，私人集资、省府补助、学费 | |
| 成德小学 | 1920 | 私立，私人集资、省府补助、学费 | |
| 化育男子小学 | 1921 | 私立，道院慈善事业 | |
| 化育女子小学 | 1921 | 私立，道院慈善事业 | |
| 明德小学 | 1924 | 私立，私人集资、省府补助、学费 | |
| 普育小学 | 1924 | 私立，私人集资、省府补助、学费 | |
| 历城县第一小学 | 未详 | 县立，县府拨款、省府补助、学费 | |
| 历城县第二小学 | 未详 | 县立，县府拨款、省府补助、学费 | |
| 历城县第三小学 | 未详 | 县立，县府拨款、省府补助、学费 | |
| 历城县第四小学 | 未详 | 县立，县府拨款、省府补助、学费 | |

| 学校名称 | 建校时间 | 性质及经费来源 | 备注 |
|---|---|---|---|
| 历城县第一女子小学 | 未详 | 县立，县府拨款、省府补助、学费 | |
| 历城二区第一小学 | 未详 | 县立，县府拨款、省府补助、学费 | |
| 历城二区第二小学 | 未详 | 县立，县府拨款、省府补助、学费 | |
| 历城二区乡立女子小学 | 未详 | 乡立，乡政府拨款、学费、省府补助 | |
| 历城二区乡立第一小学 | 未详 | 乡立，乡政府拨款、学费 | |
| 历城二区私立小学 | 未详 | 私立，私人集资、学费 | |
| 奉直小学 | 未详 | 私立，私人集资、学费、省府补助 | 专收河北、辽宁在济人员子弟 |
| 扶轮学校 | 未详 | 公立，经费来源不详 | 直属交通部，为津浦路职工子弟学校 |

资料来源：周传铭：《济南快览》，齐鲁书社 2011 年版，第 167 页；王守中、郭大松：《近代山东城市变迁史》，山东教育出版社 2001 年版，第 395—398 页。

相对于高等、师范、普通初中及高中教育来说，民国前期济南的中等专业及职业教育起步较晚，发展缓慢。究其原因，这与当时社会需求及人们的认知有密切关系。据统计，具有一定规模和发展稳定的中等专业及职业教育，尽管享有政府经费补贴，但补助额度较少。如，省立模范职业学校在模范工业讲习所时期，年经费为 8000 元，至 1926 年时未增一分；省立染织工业学校，1920 年以前还在讲习所时期，年经费 7500 元，直至 1926 年，仅增加 3500 元。这种情况，还不如一些中小学的经费补助多。中等专业及职业学校发展概况具体见表 1—24。

表 1—24　民国前期济南中等专业及职业教育发展概况一览表

| 学校名称 | 建校时间 | 性质及经费来源 | 备注 |
|---|---|---|---|
| 医学研究所 | 1912 | 私立，私人集资、其他不详 | 1916 年曾进行扩充，后不知何时停办 |
| 省立女子职业学校 | 1913 | 省立，省府拨款、学费 | 女子蚕业讲习所与女子职业学校合并而来 |
| 省立模范职业学校 | 1916 | 省立，省府拨款、学费 | 初称模范工业讲习所 |
| 省立第一职业学校 | 1918 | 省立，省府拨款、学费 | 初称乙种工业学校 |
| 省立第三职业学校 | 1918 | 省立，省府拨款、学费 | 初称模范乙种商业学校 |
| 省立染织工业学校 | 1919 | 省立，省府拨款、学费 | |
| 私立女子医学校 | 1920 | 私立，私人集资、学费、省府补助 | |
| 私立铁路传习所 | 1922 | 私立，私人集资、学费、省府补助 | |
| 私立美术学校 | 1923 | 私立，私人集资、学费、省府补助 | |
| 私立国学研究社 | 未详 | 私立，私人集资、学费、省府补助 | 名为研究社，实为学校，常年上课 |
| 私立甲种商业学校 | 未详 | 私立，私人集资、学费、省府补助 | |

资料来源：周传铭：《济南快览》，齐鲁书社 2011 年版，第 169 页；王守中、郭大松：《近代山东城市变迁史》，山东教育出版社 2001 年版，第 401 页。

这一时期，济南除政府和私人创办的各类学校外，外地人兴办的教育也有较大发展，包括小学、中学、大学等共计 18 所。具体见表 1—25。

表 1—25　1927 年外人在济南兴办的各类学校一览表

| 学校名称 | 班级数 | 学生数 | 备注 |
|---|---|---|---|
| 齐鲁大学 | 16 | 269 | |
| 济美中学 | 5 | 130 | |
| 翰美女中学 | 5 | 100 | |
| 进德中学 | 不详 | 不详 | |
| 英文学校 | 13 | 171 | 基督教青年会办 |
| 外国语学校 | 不详 | 不详 | 日人办，教授日语 |

续表

| 学校名称 | 班级数 | 学生数 | 备注 |
|---|---|---|---|
| 共和医学校 | 5 | 69 | |
| 坤范女学校 | 7 | 62 | |
| 工艺女学校 | 13 | 57 | |
| 懿范女学校 | 不详 | 不详 | |
| 平民学校 | 20 | 538 | 城关各处共设 20 个分校 |
| 新学制小学 | 5 | 95 | |
| 两级小学校 | 6 | 85 | |
| 正德小学校 | 5 | 160 | |
| 蒙女小学校 | 4 | 40 | |
| 基督教小学校 | 不详 | 不详 | |
| 三育学校 | 不详 | 不详 | |
| 青年会小学校 | 不详 | 不详 | |

资料来源：周传铭：《济南快览》，齐鲁书社 2011 年版，第 171 页；王守中、郭大松：《近代山东城市变迁史》，山东教育出版社 2001 年版，第 402—403 页。

南京国民政府成立以来，对社会教育十分重视，先后通过各省筹划社会教育办法。济南与全国其他城市一样，社会教育在 1913 年以后逐渐展开，政府先后开办一些社会教育机构，具体见表 1—26。

表 1—26　民国前期济南的社会教育机构一览表

| 机构名称 | 成立时间 | 性质及经费（元） | 备注 |
|---|---|---|---|
| 通俗图书馆 | 1914 | 省立，省府年拨款 2496 | |
| 通俗画编辑处 | 1914 | 省立，经费额不详 | 20 年代后撤销 |
| 通俗讲演所 | 1914 | 县立，历城县年拨款 1000 | 初称通俗教育讲演会 |
| 社会教育经理处 | 1915 | 省立，省府年拨款 9024 | 初期年度经费 7000 元 |
| 通俗教育固定讲演所 | 1915 | 省立，省府年拨款 3960 | 初称模范通俗讲演会 |
| 通俗教育固定讲演所 | 1915 | 省立，省府年拨款 4744 | 初称巡行四道教育讲演团 |
| 武术传习所 | 1919 年前 | 私立，经费额不详 | |
| 通俗教育研究会 | 1919 年前 | 私立，经费额不详 | |
| 通俗教育讲演所 | 1919 年前 | 私立，省府年补助 900 | |

| 机构名称 | 成立时间 | 性质及经费（元） | 备注 |
|---|---|---|---|
| 评书词曲社 | 1919 年刖 | 私立，省府年补助 200 | |
| 农民讲习所 | 1919 年前 | 私立，经费额不详 | |
| 易俗社 | 1919 年后 | 私立，经费额不详 | |
| 第一公共体育场 | 1926 | 省立，省府年拨款 1284 | |

资料来源：周传铭：《济南快览》，齐鲁书社 2011 年版，第 172 页；王守中、郭大松：《近代山东城市变迁史》，山东教育出版社 2001 年版，第 405 页。

据统计，1934 年社会教育较快发展，一方面各学校附设之问字处、阅报所、阅报牌、民众识字处、壁报等共计五十三处，具体如下表 1—27，另一方面在公共场所设立了阅报所及阅报牌，如表 1—28。

表 1—27　1934 年济南市各校附设社会教育情况一览表

| 名称 | 地址 | 主管人 |
|---|---|---|
| 第五初级附设问字处 | 东城根街八号 | 殷宪章 |
| 第五初级附设阅报牌 | 东城根街八号 | 殷宪章 |
| 第八小学附设阅报牌 | 洛口 | 孔缦卿 |
| 第二实验附设阅报牌 | 双龙街 | 徐方平 |
| 第三实验附设阅报牌 | 三和街 | 景伯言 |
| 第三小学附设阅报牌 | 离明街 | 王伯都 |
| 第七小学附设阅报牌 | 经七路纬九路 | 周克俊 |
| 第一初级附设阅报牌 | 北坛庄 | 王俊升 |
| 第四初级附设阅报牌 | 青龙街 | 朱景东 |
| 第八小学附设阅报牌 | 洛口 | 孔缦卿 |
| 第十一初级附设阅报牌 | 马家庄 | 梁建业 |
| 第五小学附设阅报牌 | 经五路纬三路 | 弓怀沄 |
| 第十一小学附设阅报牌 | 刘家庄 | 吕学劼 |
| 第十三初级附设阅报牌 | 药山张庄 | 戴兆凤 |
| 第十六初级附设阅报牌 | 林家桥 | 彭百源 |
| 第二小学附设阅报牌 | 正觉寺街 | 任熹 |
| 第九小学附设阅报牌 | 官扎营 | 张秀芬 |
| 第四小学附设阅报牌 | 太平街 | 秦福楫 |

资料来源：罗腾宵：《济南大观》，齐鲁书社 2011 年版，第 158 页。

表 1—28　1934 年济南社会教育一览表

| 名称 | 地址 | 主管人 |
|---|---|---|
| 第一民众读书阅报所 | 中山公园 | 李云峰 |
| 第二民众读书阅报所 | 体育场 | |
| 第三民众读书阅报所 | 济南商场 | |
| 第四民众读书阅报所 | 讲演所 | |
| 第一阅报牌 | 经二路纬五路 | |
| 第二阅报牌 | 经三路纬五路 | |
| 第三阅报牌 | 经三路纬六路 | |
| 第四阅报牌 | 经二路纬六路 | |
| 第五阅报牌 | 经三路纬三路 | |
| 第六阅报牌 | 经二路纬一路 | |
| 第七阅报牌 | 经四路纬一路 | |
| 第八阅报牌 | 麟祥门内 | |
| 第九阅报牌 | 杆石桥 | |
| 第十阅报牌 | 后营坊 | |
| 第十一阅报牌 | 趵突泉 | |
| 第十二阅报牌 | 坤顺门外 | |
| 第十三阅报牌 | 胶济车站 | |
| 第十四阅报牌 | 津浦车站 | |
| 第十五阅报牌 | 十王殿 | |
| 第十六阅报牌 | 馆驿街 | 李云峰 |
| 第十七阅报牌 | 普利门外 | |
| 第十八阅报牌 | 西关青龙街 | |
| 第十九阅报牌 | 山水沟 | |
| 第二十阅报牌 | 正觉寺街 | |
| 第二十一阅报牌 | 西门城马路口 | |

资料来源：罗腾宵：《济南大观》，齐鲁书社 2011 年版，第 157 页。

　　民国前期，济南的报刊、书店等文化事业，也取得较为明显的进步。据调查合计出版各类报纸杂志近 50 家。[1] 足以反映当时济南报纸杂志的出版发行盛况，也说明当时民众的阅读能力和经济状况。1927 年济南出版的各报纸杂志见表 1—29。

----

　　[1]　王守中、郭大松：《近代山东城市变迁史》，山东教育出版社 2001 年版，第 409 页。

## 表 1—29 1927 年济南报纸杂志发行一览表

| 报刊名称 | 主要内容及规模 | 备注 |
|---|---|---|
| 简报 | 要闻、内政、时论、广告，日出 1 张，行销 1000 份 | |
| 大东日报 | 新闻、时论等，日出 1 大张，行销 300 份 | |
| 济南日报 | 新闻、时论、广告等，日出两张行销 2800 份 | 日本人办日文报纸 |
| 齐美报 | 内外要闻，日出 1 小张，行销 200 份 | |
| 大民主报 | 新闻、时论等，日出两大张，行销 1000 份 | 挂中、美台办招牌 |
| 山东法报 | 新闻、侧重法律事务，日出两张，行销 400 份 | |
| 平民日报 | 专刊游戏文字，日出两大张附 1 小张，行销 700 份 | |
| 大风日报 | 原为教会办《世界真理日报》，1926 年改组，内容不详，行销 2000 份 | |
| 新鲁日报 | 省府宣传报，日出两大张附新语一小张，行销 500 份 | |
| 山东新报 | 新办报纸，内容及日出张数未详，行销 300 份 | |
| 山东晚报 | 不详 | |
| 商务日报 | 主刊商情，日出 1 大张，行销 300 份 | |
| 鲁声报 | 内容不详，日出两大张，行销 200 份 | |
| 山东新报 | 日文报纸，内容及日出张数未详，行销 1700 份 | 旅济日人经办 |
| 山东公报 | 公文、政令，日出 1 册，页无定数 | 非营业性质 |
| 山东教育公报 | 省教育厅公告、政令及教育界事，月出 1 册，页无定数 | 非营业性质 |
| 山东实业公报 | 本省实业有关事项及农业统计，月出 1 册，页无定数 | 非营业性质 |
| 山东市政公报 | 有关市政各项事宜，月出 1 册，页无定数 | 非营业性质 |
| 山东财政旬刊 | 省内财政事项，月出 3 册，页无定致 | 非营业性质 |
| 山东新鲁月刊 | 省府宣传报，月出 1 册，为新鲁日报集刊 | |
| 山东教育月刊 | 省内教育事项，月出 1 册，页无定数 | 非营业性质 |
| 山东教育周报 | 省内教育事项，每周 1 册，页无定数 | 非营业性质 |
| 山东自治周刊 | 地方自治各事，每周 1 册，页无定数 | 非营业性质 |
| 山东警察周刊 | 省内警务各事项，月出 4 册，页无定数 | 非营业性质 |
| 统计月刊 | 省内各种统计事务，月出 1 册，页无定数 | 非营业性质 |
| 道德月刊 | 道院※宗教事务，月出 1 册，页无定数 | 是否营业性质不详 |
| 实业学会杂志 | 省内实业有关事项，刊出期限不详 | 是否营业性质不详 |

续表

| 报刊名称 | 主要内容及规模 | 备注 |
|---|---|---|
| 道德杂志 | 道院宗教事务，刊出期限不详 | 是否营业性质不详 |
| 哲报周刊 | 道院宗教理论研究、宣传刊物 | 是否营业性质不详 |
| 哲报旬刊 | 道院宗教理论研究、宣传刊物 | 是否营业性质不详 |

资料来源：周传铭：《济南快览》，齐鲁书社 2011 年版，第 172—173 页；王守中、郭大松：《近代山东城市变迁史》，山东教育出版社 2001 年版，第 410—412 页。

济南的书业也有了较大进步，不仅书店数量增多了，而且在规模和书籍种类方面也有较大变化。20 世纪 20 年代中期，各类书店达 19 家之多，具体见表 1—30。

表 1—30　民国前期济南书业概况一览表

| 书店名称 | 经营项目 | 备注 |
|---|---|---|
| 商务印书馆 | 上海本馆及各大书局出版之图书，兼出版业务 | 本部在上海 |
| 教育图书社 | 各种文明进步书籍、教育图书及仪器、文具 | |
| 山东官书局 | 各省刊行的图书、军事书籍、古籍 | 民国后改民营 |
| 艺德堂 | 古籍、旧式文具，上海各处新书 | 1921 年始增售新书 |
| 世界书局 | 学校用书、医书、古籍、小说，兼出版业务 | 总局在上海 |
| 成文新书局 | 新、旧小说及各类杂书 | |
| 中华书局 | 上海总局出版各类书籍 | 教育图书社代办 |
| 双和堂 | 古籍及旧式文具 | |
| 天成堂 | 古籍及旧式文具 | |
| 艺文书局 | 新出小说、图画等 | |
| 福聚堂 | 旧式文具，上海国民书局印行之书 | |
| 蓬莱书局 | 各种破损书籍 | |
| 文海堂书局 | 日文书籍及日本产文具 | 1915 年后停办 |
| 启明印书社 | 不详 | 1915 年后停办 |
| 日新书局 | 不详 | 1915 年后停办 |
| 维新书局 | 不详 | 1915 年后停办 |
| 书业德 | 不详 | 1915 年后停办 |
| 双利堂 | 不详 | 1915 年后停办 |
| 武学馆书局 | 不详 | 1915 年后停办 |

资料来源：王守中、郭大松：《近代山东城市变迁史》，山东教育出版社 2001 年版，第 414—415 页。

## 二、青岛文化教育事业的发展

德国占领青岛后，致力于把青岛建设成为其在远东的商业根据地，因此除加强经济发展外，也非常注重发展文化教育事业。教育方面，青岛的学校分为两种，一种是为德国开办，一种为中国人开办。为德国儿童开办的学校称为"帝国政府学校"，起初是由青岛的德国公民团体组建。随着德国人相继增多，为了解决子女受教育问题，从1902年4月1日起，德国总督府接管该校，改办成一所九年制学校。1902年4月，德国天主教修女们为解决外埠来青的德国子女寄宿问题，建立了一所较高级的女子学堂和一所欧人幼稚园。这所学校除英语课和法语课由英国人和法国人担任外，其他课程则都由德国人讲授。

德国海军当局为提高租借地内中国人的教育水平，开办学校招收学生。据调查，这些学校，都是我国原有的私塾改设的，每校学生多者70人，少者40人，教员4人或3人。每周授课30—32节，学制五年。[1] 1908年德国与中国政府谈判，在青岛筹设"特别高等专门学堂"，亦称德华大学，由中德合办。该校1909年10月25日开学，到1913年学生达400多人，先后毕业200多人。

各教会团体在青岛也为中国儿童开办了一些学校。据统计，基督教的信义会、同善会和天主教的圣言会三派，在青岛共为中国居民开办小学16所，中学2所，女子学校2所，神学院2所。

自1914年至20年代末30年代初，青岛的文化教育事业发展分为两个时期：第一个时期为日本殖民地统治时期；第二个时期为收回后政权自主时期。日本占领青岛进行殖民统治，阻滞了青岛初等学校教育事业的发展。自1914年至1917年的四年间，公立小学毕业学生最多的1917年也仅12名，尚远不及第一次世界大战前的德国占领时期。日本占领后期虽有所恢复和发展，但显然恢复较慢，发展迟缓，毕业生最多的1921年，亦不过171名，

---

[1]　王守中、郭大松：《近代山东城市变迁史》，山东教育出版社2001年版，第224页。

说明日本侵占青岛以后，学校教育缺乏连续性。①1912 年至 1927 年青岛公立初等学校历年毕业生情况见表 1—31。

表 1—31　1912—1927 年青岛公立初等学校历年毕业生人数统计一览表

| 归属 | 年份 | 毕业生人数 | 备注 |
|---|---|---|---|
| 德占时期 | 1912 | 30 | 中华民国成立 |
|  | 1913 | 19 |  |
|  | 1914 | 6 | 第一次世界大战爆发 |
| 日占时期 | 1915 | 0 |  |
|  | 1916 | 6 |  |
|  | 1917 | 12 |  |
|  | 1918 | 90 | 第一次世界大战结束 |
|  | 1919 | 143 |  |
| 日占时期 | 1920 | 144 |  |
|  | 1921 | 171 |  |
|  | 1922 | 133 | 中国收回青岛 |
| 中国收回时期 | 1923 | 455 |  |
|  | 1924 | 480 |  |
|  | 1925 | 456 |  |
|  | 1926 | 644 |  |
|  | 1927 | 763 |  |

资料来源：王守中、郭大松：《近代山东城市变迁史》，山东教育出版社 2001 年版，第 488 页。

相对初等教育来说，民国前期青岛中高等教育变化虽巨，但迂回徘徊多，实质性进展少。日本占领期间，教育非但无发展可言，甚至较德占时期有所衰退。中国收回后短短五年，渐已显露出明显发展的进步趋势，通过这一时期青岛中高等教育变化发展，即可管窥一斑，具体见表 1—32。

表 1—32　1914—1927 年间青岛中高等教育发展变化概况一览表

| 学校名称 | 创办时间 | 创办人 | 备注 |
|---|---|---|---|
| 德华中学 | 德占时期 | 德国天主教会 | 1914 年日德战争停办 |

---

①　王守中、郭大松：《近代山东城市变迁史》，山东教育出版社 2001 年版，第 487 页。

| 学校名称 | 创办时间 | 创办人 | 备注 |
|---|---|---|---|
| 青岛特别高等学堂 | 德占时期 | 中德合办 | 1914 年日德战争停办 |
| 礼贤中学 | 德占时期 | 德国、瑞士同善会 | 原名礼贤书院，1923 年改现名 |
| 明德中学 | 德占时期 | 美国长老会 | 1923 年因学潮停办 |
| 李村特科师范 | 日占时期（1915） | 青岛日本当局 | 仅招一班，两年毕业后停办 |
| 青岛学院 | 日占时期（1916） | 青岛日本商人 | 主要招收日籍学生，兼收少量中国学生 |
| 礼贤甲种商业学校 | 日占时期（1919） | 周学熙捐款设 | 1923 年周氏停止捐款后停办 |
| 私立青岛中学 | 1923 | 刘子山 | 1924 年刘氏停止捐款后停办 |
| 女子职业学校 | 1923 | 青岛中国青年会 | 1925 年因经费不继停办 |
| 公立职业学校 | 1923 | 胶澳商埠局 | 1925 年秋因故停办 |
| 私立胶澳中学 | 1924 | 陈雪南等 | 1926 年秋经费不继改请公立 |
| 私立师范讲习所 | 1924 | 张鸣銮等 | 1926 年首批学生毕业后停办 |
| 私立青岛大学 | 1924 | 高洪恩等 | |
| 青中女校 | 1924 | 私立青岛中学兼设 | 不久即随青岛中学停办 |
| 私立文德女中 | 1924 | 美国长老会 | 原在胶州，1924 年秋迁青岛 |
| 青岛医学校 | 1924 | 青岛病院附设 | 招收日籍学生，兼收中国学生 |
| 公立女子中学校 | 1925 | 胶澳商埠局 | |
| 公立中学校 | 1926 | 胶澳商埠局 | 前身为私立胶澳中学 |
| 私立胶东中学 | 1926 | 美国教会 | 本期尚未申请立案 |

资料来源：王守中、郭大松：《近代山东城市变迁史》，山东教育出版社 2001 年版，第 491 页。

随着工商业特别是文化教育的渐趋普及和提高，在中国收回后青岛报刊呈现出迅猛发展的势头。据查在德日占领时期，中国收回前，仅有中、日文报章各一种，接收以后，新闻事业，日渐发达，先后有《胶澳月报》《青岛公民报》《青岛时报》《平民自治报》《中华报》等问世。20 世纪 20 年代末至 30 年代初，青岛计各类报纸 20 余种。同时定期刊物亦颇发达，如观象台刊出之《观象月报》《海岸半月刊》《天文报告》，教育局刊行之《教育半月刊》《民众学校教育概况半年刊》，胶济铁路刊出《铁中月刊》《铁路月刊》《胶济铁路运动统计月报》，以及其他有关部门刊出的《农村生活周刊》《警务旬刊》

《港务统计月报》《乡村建设月刊》等你，总计多达 20 余种，足以反映青岛文化教育事业的发展和民众知识水平的提高。①

### 三、烟台文化教育事业的发展

民国前期烟台文化教育事业取得了较大进步，在学校教育与社会教育等方面也呈现出与济南、青岛等城市明显不同的特点。

很早外国教会就在烟台开办新式学校，但在民国以前处于相对落后状态。清末新政后，尽管山东走在兴办新式教育的前列，但政府在烟台开办的学校仅有道台主持设立的一所中学和一座海军学堂，私立各类学校只有一两处。综观民国前期烟台的学校教育，进步是相当可观的，其学校教育见表1—33。

表 1—33　民国前期烟台学校教育一览表 ②

| 学校名称 | 性质 | 经费来源 | 学生数 | 备注 |
|---|---|---|---|---|
| 海军学校 | 公立 | 国家拨款 | 不详 | 前身为清末海军学堂 |
| 水产学校 | 公立 | 省政府拨款 | 48 | 前身为水产传习所 |
| 蚕丝学校 | 公立 | 东海关茧绸税捐拨付 | 不详 | 华洋丝业联合会设 |
| 私立甲种商业学校 | 私立 | 校董捐助、省政府补助、学费 | 89 | |
| 会文学校 | 教会办 | 教会筹措、教徒捐款、学费 | 200 | 1920 年与实益学馆合并 |
| 实益学馆 | 教会办 | 同上 | 220 | 1920 年与会文学校合并 |
| 益文学校 | 教会办 | 同上 | 425 | 前身为会文学校、实益学馆 |
| 先吉中学 | 私立 | 学董自筹 | 200 | 20 年代末与东海中学合并 |

---

① 王守中、郭大松：《近代山东城市变迁史》，山东教育出版社 2001 年版，第 497 页。

② 王守中、郭大松：《近代山东城市变迁史》，山东教育出版社 2001 年版，第 561—564 页。

| 学校名称 | 性质 | 经费来源 | 学生数 | 备注 |
|---|---|---|---|---|
| 东海中学 | 私立 | 不详 | 不详 | 20年代末与先去中学合并 |
| 卫灵女中 | 教会办 | 教会自筹、学费 | 40 | |
| 培真女中 | 教会办 | 马茂兰实业会出资、学费 | 60 | |
| 崇德女中 | 教会办 | 教会自筹、学费 | 200 | |
| 真光女中 | 私立 | 基督教徒及其他人捐助、学费 | 60 | |
| 私立养正国民高等小学 | 私立 | 校董出资、学费 | 280 | |
| 模范高等小学校 | 私立 | 慈善机构广仁堂拨付、学费 | 75 | |
| 崇正国民高等小学 | 教会办 | 教会出资、学费 | 150 | |
| 彭城国民学校 | 私立 | 校董捐助、学费 | 165 | |
| 振华国民学校 | 私立 | 同上 | 95 | |
| 新民国民学校 | 私立 | 学费，其他不详 | 40 | |
| 养性学校 | 私立 | 同上 | 89 | |
| 华兴学校 | 私立 | 同上 | 126 | 附设英文夜校 |
| 养俊工艺学校 | 私立 | 私人捐助 | 140 | 体操、武术为主课 |
| 平寿国民学校 | 私立 | 潍县同乡会出资 | 90 | |
| 长广国民学校 | 私立 | 莱阳同乡会出资 | 52 | |
| 萃文国民学校 | 私立 | 文登同乡会出资、学费 | 45 | |
| 崇文国民学校 | 私立 | 私人捐助、学费 | 96 | |
| 焕文国民学校 | 教会办 | 教会出资、私人捐助、学费 | 100 | 1924年始增设中 |
| 敬义高初等小学 | 私立 | 学董捐助、学费 | 100 | |
| 守先小学 | 私立 | 同上 | 65 | |
| 普济学校 | 私立 | 同上 | 70 | |
| 广东学校 | 私立 | 广东旅烟同乡筹集 | 40 | |
| 育才日夜学校 | 青年会办 | 学费，其他不详 | 65 | 夜校4班学英文 |
| 成美小学校 | 私立 | 同上 | 82 | 1923年后改称信义小学 |

续表

| 学校名称 | 性质 | 经费来源 | 学生数 | 备注 |
|---|---|---|---|---|
| 广仁学校 | 私立 | 慈善机构广仁堂出资 | 70 | |
| 国学专佟馆 | 私立 | 私人捐款 | 不详 | 在胶东各县设6所分馆 |
| 第一女子国民学校 | 私立 | 同上 | 80 | |
| 东明女子国民学校 | 私立 | 同上 | 40 | |
| 端本女子国民学校 | 私立 | 不详 | 30 | |
| 崇德女子学校 | 教会办 | 教会出资、学费 | 不详 | 20年代后期改称崇德女中附小 |
| 卫灵女子学校 | 教会办 | 同上 | 40 | 20年代后期改称卫灵女中附小 |
| 广仁女子学校 | 私立 | 慈善机构广仁堂出资 | 不详 | |
| 橄榄枝女学校 | 教会办 | 教会出资 | 35 | |
| 培真女子学校 | 教会办 | 马茂兰实业会出资、学费 | 70 | 20年代后期改称培真女中附小 |
| 信育小学 | 私立 | 葡萄山会堂出资 | 20 | 中国人自办教会创办 |
| 护士训练学校 | 教会办 | 教会出资，其他不详 | 不详 | |
| 毓璜顶幼稚园 | 教会办 | 教会出资 | 不详 | 附设幼师训练班 |
| 信义小学 | 私立 | 私人捐资、学费 | 不详 | 前身为成美小学、改名后附设幼稚园 |
| 启喑学校 | 教会办 | 国内外捐献、教会出资 | 47 | 附设启喑师资训练班 |

说明：①本表所列学生数，除极少数外，均为1923年在校学生数。

②教会开办的小学、幼稚园，凡不明具体称谓或不能断定为民国前期及民国以前设立者，均未列入。

③天主教会和基督教会内地会专为全国各地来华外人子女开设的学校及幼稚园，亦未列入。

根据以上统计，不同规模的各类学校共计48所，至20年代后期实际尚存有46所学校，其中中学和中等专业学校14所，小学32所，1923年在校学生除不详者外约4000人，至20年代末发展到4800—5000人。在所有的46所各类学校中，确知为民国以前设立者，只有7所，即海军学校、会文学校、实益学馆、卫灵女子学校、新民国民学校、私立养正国民高等小学和启喑学校，如是则民国前期内新设各类学校39所。①

烟台社会教育也有所发展。烟台具有社会教育性质的机构，最早的是传教士郭显德于清末创设的博物院。据博物院入门处每日入院人数统计，数十年间达300余万人，每年来院参观者约7.5万至10万人，其社会教育的作用可以想象。民国前期烟台设立的社会教育机构，主要为私立通俗教育讲演所、平民教育学校和益工会等。这些机构对普及知识、开展民众教育等都起到了良好的作用。平民教育学校在20世纪20年代初兴办，这是一种普及教育，首期开班便招收学生2000名，设男生班70个，女生班30个，计100班，每班学生20人，利用各类学校及工厂和个别私人住宅授课。益工会则主要是针对女性的社会机构，教授手工、习字，演讲道德，召开各类演讲、交流大会，开办夜校，倡办卫生会等，大大提高了城市妇女的生活素养和社会意识。"即使从各种标准来看，在教育、宗教以及社会事业等方面，烟台所取得的成绩都是不能被忽视的。事实上，随着学校数量的增加，必然会导致市民接受学校教育机会的增加，以及文化知识的普及。此外，还会在更多有利的方面产生深远影响。"②

近代城市进程中，近代报业是促进烟台社会文明进步的重要方面之一。近代烟台人了解西方社会的重要途径之一就是通过阅读报纸。烟台最早的报纸是1894年由德商沙泰公司创办的英文报纸《芝罘快邮》，这既是山东境内出版最早的近代铅印报纸，也是山东最早的一份外文报纸。此后一些报纸陆续创办，如1917年，仁德洋行出版发行《芝罘每日新闻》，传教士马茂兰创办了《烟台日报》等等，在烟台创刊的报纸达十几种。③

---

① 王守中、郭大松：《近代山东城市变迁史》，山东教育出版社2001年版，第565页。

② 王大为：《烟台近代城市建设发展与历史城市保护研究》，武汉理工大学博士学位论文，2013年。

③ 王大为：《烟台近代城市建设发展与历史城市保护研究》，武汉理工大学博士学位论文，2013年。

# 第二章　近代山东城市社会结构变动与
　　　下层社会群体的构成

近代以来，促进城市社会变化的因素是多方面的，其中人口因素是最重要的因素之一。大量人口的增加，改变了城市的人口结构，并对城市发展产生了重要作用。大量人口的增加，致使城市劳动力市场呈现饱和状态，无业人口增多，沦落为下层社会群体，又成为制约城市发展的不安定因素，并产生诸多城市社会问题。

## 第一节　近代山东城市社会结构变动

### 一、近代山东城市人口变迁

济南城市近代转型有多方面的表现，人口变化是其中重要的标志之一。开埠以来，经过几十年的发展，济南的人口规模、人口结构、职业状况及相应的社会结构等均发生变化。济南人口数量的变迁与济南城市社会发展之间存在着紧密的联系，也是济南经济社会发展的一个重要标志。

开埠以前，历朝济南地区人口数量的变化是比较大的。据金亨渊博士研究，至北宋中期（1102—1106 年），济南地区人口已达 214067 口人。元末由于战乱人口有所下降，到至元二年（1336 年），下降到 164885 口人。明朝统一后，社会稳定，人民安居乐业，济南人口增长迅速，嘉靖五年（1526

年）已达 2102935 口人。① 清朝入关后，济南人口增长迅速。据记载，1772年，济南城内共 6117 户，25946 口人。乡区共 6394 户，23188 口人。城内外人口共计 49134 人。这一年济南人口状况见表 2—1。

**表 2—1　1772 年济南人口统计一览表**

|      | 户数  | 人口  | 户均人口 |
|------|-------|-------|----------|
| 内城 | 6117  | 25946 | 4.24     |
| 乡区 | 6394  | 23188 | 3.63     |
| 合计 | 12511 | 49134 | 3.93     |

资料来源：鲍德威著，张汉、金桥、孙淑霞译：《中国的城市变迁：1890—1949 年山东济南的政治与发展》，北京大学出版社 2010 年版，第 222 页。

1837 年的户籍登记，具体见表 2—2。从这些数字可以看出，自 1772 年以来，济南的人口翻了一倍，年平均增长率是 1.5%。同时这年的数据也显示，历城的农业人口是济南城市中心人口的五倍，所以尽管济南的人口持续增长，济南仍处于一个农业主导的区域中。

**表 2—2　1837 年济南人口统计一览表**

|        | 户数   | 人口   | 户均人口 | 增长率（1772—1837 年） |
|--------|--------|--------|----------|------------------------|
| 历城县 | 144520 | 603177 | 4.17     | —                      |
| 济南卫 | 25374  | 127717 | 5.04     | 1.5%                   |

资料来源：鲍德威著，张汉、金桥、孙淑霞译：《中国的城市变迁：1890—1949 年山东济南的政治与发展》，北京大学出版社 2010 年版，第 223 页。

1904 年是济南城市发展史上重要的、具有里程碑意义的一年，这一年胶济铁路全线通车，清政府又将济南确定为自开商埠，济南也成为内陆省会第一个开埠的城市。以上两个条件，使济南进入由传统城市向现代城市转型的发展新阶段。在这转型过程中，"最能表现济南城市化色彩的是人口的众

---

① 金亨洌：《近代济南经济社会研究——以近代济南商业发展为中心（1895—1937)》，南京大学博士学位，2006 年。

多，和不断地增加的趋势。"①

根据 1914 年警察部门户籍的统计，济南人口继续增加，不过这一时期增长率仅为 0.9%，具体见表 2—3。这一年的数据是按照城市中的不同区域进行划分的，新的商埠已经拥有可观的人口。

表 2—3　1914 年济南人口统计一览表

| | 户数 | 人口 | 户均人口 | 性别比（男／女） | 增长率（1837—1914） |
|---|---|---|---|---|---|
| 内城 | 12990 | 56574 | 4.36 | 1.91 | |
| 外城 | 17806 | 70186 | 3.94 | 1.45 | |
| 商埠区 | 2556 | 11159 | 4.37 | 2.44 | |
| 乡区 | 28829 | 108071 | 3.75 | 1.22 | |
| 合计／平均 | 62181 | 245990 | 3.96 | 1.47 | 0.9% |

资料来源：叶春墀：《济南指南》，大东日报社，1914 年，第 417 页。

到 1919 年，济南人口数量发生了一些新的变化，具体见表 2—4。数据显示，1919 年济南总人口为 202316 人，与 1914 年总人口比减少 43684 人。虽然表面上看，这一年的人口以数万人的规模递减，然而却呈现商埠区人口的快速增长、周围农村人口日益向城市集中的趋势。1914 年至 1919 年短短五年时间，商埠区人口增长了两倍。尽管济南总人口呈下降趋势，如果 1919 年仅仅统计内城、外城、商埠区域人口，济南的人口增长率是 4.4%。在城乡区划分不变的情况下，城市人口的增长有两个途径，一是出生率高于死亡率，二是农村人口的流入。显然，济南人口的增长，很大部分是后一个原因造成的。

①　张玉法：《中国现代化的区域研究——山东省（1860—1916）》，台湾"中央研究院近代史研究所"，1982 年，第 702 页。

表 2—4　1919 年济南人口统计一览表

|  | 户数 | 人口 | 户均人口 | 性别比（男／女） | 增长率（1837—1914） |
|---|---|---|---|---|---|
| 内城 | 12666 | 54804 | 4.33 | 1.8 | -0.6% |
| 外城 | 17722 | 84769 | 3.79 | 2.0 | 3.8% |
| 商埠区 | 8356 | 32304 | 3.87 | 2.60 | 21.3% |
| 乡区 | 7535 | 30439 | 4.04 | 1.40 | — |
| 合计／平均 | 46279 | 202316 | 4.37 | 1.94 | -3.9% |
| 不含乡区 | 38744 | 171877 | 4.4 | 2.02 | 4.4% |

资料来源：毛承霖修：《续修历城县志》（卷 4），1924 年，第 1—3 页。

随着工商业的发展，城市人口逐年增加。据 1930 年统计，迁入 4949 人，迁出 3303 人，迁入比迁出高 48%。1933 年，济南人口继续呈现增长的趋势，具体见表 2—5。

表 2—5　1933 年济南人口统计一览表

|  | 户数 | 人口 | 户均人口 | 性别比（男／女） | 增长率（1837—1914） |
|---|---|---|---|---|---|
| 内城 | 14493 | 71543 | 4.94 | 1.71 | 1.9% |
| 外城 | 21108 | 105618 | 5.00 | 1.61 | 1.6% |
| 商埠区 | 14957 | 80233 | 5.36 | 2.36 | 6.6% |
| 乡区 | 46310 | 170378 | 3.68 | 1.32 | — |
| 合计／平均 | 96868 | 427772 | 4.42 | 1.60 | 5.3% |

资料来源：何炳贤：《中国实业志·山东省》，实业部国际贸易局，1934 年，第 7—10 页。

到 1942 年，济南人口继续增加，人口情况见表 2—6。

表 2—6　1942 年济南人口统计一览表

|  | 户数 | 人口 | 户均人口 | 性别比（男／女） | 增长率（1837—1914） |
|---|---|---|---|---|---|
| 内城 | 13356 | 81253 | 6.08 | 1.47 | 1.4% |
| 外城 | 25010 | 130053 | 5.20 | 1.54 | 2.3% |
| 商埠区 | 32510 | 164056 | 5.05 | 1.69 | 5.1% |

| | 户数 | 人口 | 户均人口 | 性别比（男／女） | 增长率（1837—1914） |
|---|---|---|---|---|---|
| 乡区 | 42626 | 200459 | 4.70 | 1.35 | — |
| 合计／平均 | 113502 | 575821 | 5.07 | 1.50 | 3.3% |

资料来源：《济南市志公报》，1942年，第44—45页。

  整个20世纪济南人口处于增长上升的趋势。究其原因，美国学者鲍德威认为，首先，也可能是最首要的原因，是来到济南的移民的增加，原因是济南相对安全，有较好的学校，不断增加的政治和经济社会发展机会，所以富裕的家庭被吸引到济南来。普通老百姓出于希望在济南的交通业、商业和工业发展中寻找工作机会，也聚集到济南来。同样还有来自山东其他地区的农民和工人阶层的逃难者，他们由于自然或人为的灾难而前来济南避难。这一增长甚至在日据济南时期仍在持续。另一个解释是公共卫生的改善。西医的引进，传教士、日本和中国投资者兴建的医院，警察监管下的更多的公共卫生工作，以及城市工务局营建的较好的污水处理和供水系统，这些都必然使得济南成为一个比18世纪晚期的城市更适宜居住的健康城市。① 这两个阐释原因还是比较合理的。

  同样，通过分析济南人口的来源，也能说明这个问题。自1904年济南开埠以来，城市工商业发展，外来移民在总人口中的比重越来越大。据1933年统计，济南的居民除本市以外，计有山东、江苏、浙江等29个省市，其中本市籍居民为185199人，仅占总人口的42.56%，外地人口则占57.44%。② 到1936年，济南市本籍人为186846人，占总人口的比重为42.25%，外籍人口的比重则占到57.75%。济南居民来源遍及全国除西藏、

---

① 鲍德威著，张汉、金桥、孙淑霞译：《中国的城市变迁：1890—1949年山东济南的政治与发展》，北京大学出版社2010年版，第226—227页。

② 金亨烈：《近代济南经济社会研究——以近代济南商业发展为中心（1859—1937）》，南京大学博士学位论文，第134—135页。

新疆外的 30 个省市。①尽管济南的外来人口来自全国各地，但数量分布不均，呈现明显相对集中的趋势。国内移民以山东本省、河北、江苏、浙江、安徽等为主，1933 年，以上 6 省籍人口已占总人口的 56.46%，而来自北部边陲的绥远、察哈尔的各仅有 3 人。从中可以发现，迁入人口数量的多少，与该省市距离的远近有着密切的关系，距离济南越近，则迁入的人口越多。②

随着济南城市的扩展及城市功能的扩大，各行业所需人才增多，济南人口也呈现出多元化的特点。1927 年山东警察厅对各区现居人口职员进行调查，在所列的"官吏、公务员、军人、警士、教员、学生、农业、矿业、工业、商业、牧畜业、渔业、律师、医生、新闻记者、劳力、娼妓、其他"等19 种职业均有大量移民存在。③据 1914 年，济南计有律师 49 人，其历城籍仅 2 人，占 4.08%，来自山东其他各县的为 32 人，占总数的 65.3%，来自外省市的计有 13 人，占 26.53%。④到 1927 年，济南计有律师 374 人，其中济南（含历城籍）本地的有 37 人，占 9.89%，山东其他各县为 309 人，占全体律师的 82.62%，其他省籍为 28 人，占 7.49%。⑤另据 1932 年统计，济南市政府的 80 名职员中，历城籍仅 5 人，占 6.25%，山东其他各县占27.35%，其余 56 人来自全国 11 个省市，占 66.4%。⑥

青岛自 1898 年开埠以后，呈现人口逐年稳增之趋势。据德国人 1897 年调查全区人口为 83000 余人，1924 年调查为 189411 人，1927 年我国调查为 322148 人，其中市内人口 1902 年仅 14905 人，而 1913 年则增至 53312

① 金亨洌：《近代济南经济社会研究——以近代济南商业发展为中心（1859—1937)》，南京大学博士学位论文，第 135 页。
② 山东省会警察局编：《山东省会警察概况》，1937 年，第 158 页。
③ 山东省警察厅编：《山东省警务报告书》，1927 年。
④ 叶春樨：《济南指南》，大东日报社，1914 年，第 148—150 页。
⑤ 周传铭：《济南快览》，济南世界书局，1927 年，第 137—148 页。
⑥ 济南市政府秘书处编：《济南市政月刊》（第四卷第三期），1931 年，第 116 页。

人①，1927 年为 91500 人，1933 年达到了 179033 人②，足以反映青岛人口增长之速度。

另据郭谦博士研究发现，青岛开埠后，青岛城市人口增长迅速，截至1918 年已达 78804 人，1920 年增长到 83772 人。1922 年青岛主权回归后，本埠人口逐渐增多，1927 年达 91500 人，1932 年为 145500 人，1933 年达到179033 人，较之 1927 年增长了近一倍。③同样看出青岛人口快速发展概况，也从另一侧面反映了青岛经济的进步与繁荣。

烟台"自辟商埠后，工商业盛，人口亦因之顿繁，五方杂处，转徙频仍，但人数则有增无已"④。据统计，截至 1891 年，烟台从业人口已达 35000 人，而 1909 年则增长到 95000 人，18 年间增长了 60000 人，平均每年增长 300多人。⑤进入 20 世纪 20 年代以后，烟台人口增长速度更快，到 1932 年为135311 人，1933 年为 139512 人。⑥而到抗战前烟台城市人口已增至 144602人，显然人口城市化的进程更快了。⑦

## 二、近代山东城市社会结构的重建

在封建社会中，城市居民主要是以贵族和各级官僚为主的政治统治和社会管理层。漫长的演变过程中，城市居民始终以身份来确定自己的社会

---

① 张玉法：《中国现代化的区域研究——山东省（1860—1916）》，台湾"中央研究院近代史研究所"，1982 年，第 696 页。
② 《胶海关十年报告（1892—1901）》，转引自郭谦：《民国时期统治者对城市下层社会的社会调控——以山东为例》，山东大学博士学位论文，2007 年。
③ 郭谦：《民国时期统治者对城市下层社会的社会调控——以山东为例》，山东大学博士学位论文，2007 年。
④ 何炳贤：《中国实业志·山东省》，实业部国际贸易局，1934 年，第 56 页。
⑤ 郭谦：《民国时期统治者对城市下层社会的社会调控——以山东为例》，山东大学博士学位论文，2007 年。
⑥ 何炳贤：《中国实业志·山东省》，实业部国际贸易局，1934 年，第 56 页。
⑦ 郭谦：《民国时期统治者对城市下层社会的社会调控——以山东为例》，山东大学博士学位论文，2007 年。

位置，从而形成了一种固化的社会阶层结构。郭谦、毕牧都认为，依据身份等级划分，封建城市的居民由特权等级、平民等级和贱民等级三个基本阶层构成。统治阶层中的贵族和官僚都属于特权等级，作为整个城市居民基本构成的士、工、商、手工业者、学徒、帮工、苦力等属于平民等级，在劳工阶层中从事低贱职业的理发匠、戏子、奴婢、娼妓等人又都属于贱民等级。随着资本主义工商业的发展和城市工业化的推进，社会地位和社会资源的获得逐渐转变为通过不同的职业来实现，而且工业的发展最终会使城市的全部居民都最大限度地被纳入到正规化的职业体系中去。近代山东城市诸如济南、青岛、烟台等，在开埠通商后，城市行业布局发生明显变化。①

城市化打破单一的就业结构，一方面产生市政管理人员、律师、西式医生等新的职业。另一方面，随着城市化，各种服务业、修理业以及小商小贩等行业遍布在城市的各个角落。这些职业为城市下层社会的人们提供了谋生的手段。有按摩业、有理发业……在城市人口中，还有从事烟馆、赌场、妓院、巫术、卜卦等色情或迷信的非正当行业者。②

近代工业化带来了城市社会结构的深刻变革。城市人口的职业分布，又能体现出城市工业化中职业拓展和细化的特质。1927 年济南的从业人口有96785 人，占总人口的 32.55%。其职业分布是：议员、官吏 173 人，公务员1842 人，教育 116 人，医生 264 人，新闻记者 40 人，律师 24 人，矿业 19人，工业 30268 人，商业 10057 人，牧业、渔业 15 人，苦力 31719 人，娼妓 438 人，其他 21810 人。③ 到 1930 年代中期，济南基本形成由纺纱业、面粉业、染织业、化工业、机械制造业和卷烟业 6 个行业构成的近代城市工业

---

① 郭谦：《民国时期统治者对城市下层社会的社会调控——以山东为例》，山东大学博士学位论文，2007 年；毕牧：《民国时期山东城市下层社会变迁研究》，山东大学博士学位论文，2012 年。

② 郭谦：《民国时期统治者对城市下层社会的社会调控——以山东为例》，山东大学博士学位论文，2007 年。

③ 济南市史志编纂委员会编：《济南市志（第 1 册）》，中华书局 1997 年版，第 495—496 页。

体系，新行业、新技术的出现，使城市社会职业日益分化，居民的职业结构愈加多样化。① 具体见表2—7。

表2—7　1932年济南城市居民职业构成一览表

| 职业 | 政界 | 军界 | 学界 | 工界 | 矿界 | 商界 | 其他 | 合计 |
|---|---|---|---|---|---|---|---|---|
| 人数 | 4586 | 6371 | 1438 | 16024 | 57 | 76238 | 187233 | 291947 |
| 占调查人口总数的比例% | 1.57 | 2.18 | 0.49 | 5.49 | 0.02 | 26.11 | 64.13 | 100 |

资料来源：胶济铁路管理委员会：《胶济铁路经济调查报告（分编六）》。

　　到1946年，济南市区有575933人。其职业分类是：工业31611人，矿业386人，交通运输业7438人，商业89612人，公务人员16067人，教育事业3103人，医疗业1064人，工程师业228人，会计师业322人，律师业90人，新闻业254人，宗教事业1421人，社团事业380人，侍从21861人，庸役8462人，苦力33607人，伶业450人，就业学生53216人，家庭管理者80913人，妓女702人，慈善机构收容2073人，身体残废不能生产者746人，不事生产者39079人，失业15612人，囚犯933人，农业59960人。② 郭谦认为，这一时期的济南城市职业呈现为进一步拓展和细化，城市下层社会群体所占比重也在逐步增大，由此引发了一系列社会问题。③

　　1898年以前青岛、李村附近48个乡镇中居民的职业类别见表2—8，足以反映出职业种类少、职业结构单一的特点。

---

　　① 毕牧：《民国时期山东城市下层社会变迁研究》，山东大学博士学位论文，2012年。

　　② 济南市史志编纂委员会编：《济南市志（第1册）》，中华书局1997年版，第496—497页。

　　③ 郭谦：《民国时期统治者对城市下层社会的社会调控——以山东为例》，山东大学博士学位论文，2007年。

表2—8　1898年以前青岛、李村附近48个乡镇中居民的

职业类别一览表 [①]

| 职业类别 | 人数 | 职业类别 | 人数 | 职业类别 | 人数 |
|---|---|---|---|---|---|
| 泥匠石匠 | 30 | 兽医 | 4 | 说书艺人 | 8 |
| 铁匠 | 34 | 扎纸裱糊匠 | 8 | 教书塾师 | 41 |
| 染匠 | 10 | 皮革制造匠 | 15 | 僧道 | 12 |
| 木匠 | 98 | 吹鼓手 | 47 | 占卦算命 | 11 |
| 锡匠 | 8 | 唱戏武技 | 45 | | |

1920年代末1930年代初，青岛的职业结构分化迅速，社会职业日趋复杂化和多样化，1932年青岛的职业构成情况见表2—9。[②]

表2—9　1932年青岛市民职业分类情况一览表

| 职业 | 数量（人） | 职业 | 数量（人） |
|---|---|---|---|
| 公务员 | 3697 | 渔业 | 1585 |
| 军人 | 209 | 交通业 | 870 |
| 警士 | 3243 | 律师 | 40 |
| 教职员 | 1302 | 医生 | 317 |
| 学生 | 5583 | 新闻记者 | 92 |
| 农业 | 74582 | 劳力 | 30172 |
| 工业 | 52602 | 娼妓 | 873 |
| 商业 | 36163 | 其他 | 42391 |
| 矿业 | 13 | 无职业 | 18759 |

资料来源：青岛市政秘书处：《青岛市政统计汇编（民国二十一年度）》，青岛档案馆档案A000474，转引自毕牧：《民国时期山东城市下层社会变迁研究》，山东大学博士学位论文，2012年。

自烟台开埠后，随着贸易的扩大与工商实业的兴起，大量外来商人到烟台投资，吸引周边人口陆续到烟台从事各类行业。在城市转型的背景下，烟台人口的职业结构也发生了明显变化，具体见表2—10。

---

[①]　赵琪主编：《胶澳志》第一册，青岛华昌印刷局，1928年；崔玉婷：《抗战以前青岛华人社会阶层分析》，《文史哲》2003年第1期；江林泽：《青岛工人状况研究》，山东大学硕士学位论文，2015年。

[②]　毕牧：《民国时期山东城市下层社会变迁研究》，山东大学博士学位论文，2012年。

表 2—10  1891 年烟台人口职业结构统计一览表 [1]

| 行业或职业 | 个数 | 从业人数 | 占总从业人数百分比 |
|---|---|---|---|
| 商店、油坊等 | 1660 | 9620 | 29.6 |
| 客栈 | 50 | 260 | 0.8 |
| 鸦片业 | | 320 | 1.0 |
| 娼妓业 | | 745 | 2.3 |
| 私人公寓 | 435 | 2175 | 6.7 |
| 海关及衙门雇员 | | 350 | 1.1 |
| 洋行本地雇员 | | 230 | 0.7 |
| 教育者 | | 250 | 0.8 |
| 小摊贩 | | 5500 | 16.9 |
| 港内驳运舢板 | | 2400 | 7.4 |
| 装卸工及杂工等 | | 10650 | 32.8 |
| 其他 | | 1315 | 4.0 |
| 总计 | | 32500 | 100 |

20 世纪后，"振兴实业"思潮兴起，烟台新式工业开始发展。航运业、缫丝业、烟草业、汽机厂、烟草厂、铁工厂、电灯公司等不断发展。工业门类也日趋增多，化学工业、饮食工业、纺织工业、机械工业、公用电汽业、木料加工、印刷造纸业等，改变了过去单一的经济结构。烟台 1933 年的人口构成中，从事商业者 61320 人，工业者 47465 人，渔业 463 人，农业 4840 人，学生 15541 人，其他 1883 人。[2]

1932 年威海卫人口职业分布为：农业 98494 人，商业 10157 人，渔业 44 人，学界 3155 人，工界 10707 人，其他 743 人，无业 76810 人，合计 19630 人。[3]

---

[1]  王大为：《烟台近代城市建设发展与历史城市保护研究》，武汉理工大学博士学位论文，2013 年。

[2]  何炳贤：《中国实业志·山东省》，实业部国际贸易局，1934 年，第 66 页。

[3]  何炳贤：《中国实业志·山东省》，实业部国际贸易局，1934 年，第 57 页。

## 第二节　近代山东城市下层社会群体的构成

下层社会群体是"指在社会生产生活中由于群体的力量、权力相对较弱，因而在分配、获取社会财富时较少较难的一种社会群体"①。他们一般处于城市社会的下层，生活较为贫困、抵御风险能力比较差。这是传统社会和近代社会城市下层社会群体共同的特性，即低层次性、贫困性和脆弱性。

在自给自足的传统社会，城市居民按照身份等级，可以分为贵族、官僚组成的特权阶层，士、工、商、学徒、帮工、苦力、手工业者组成的平民阶层，以及戏子、奴婢、娼妓、隶卒等组成的贱民阶层。除了上述三大基本阶层外，社会上还有为数不少的失去土地无以为生的农民、没有职业的城市居民，以及生活无依、被迫游荡的灾民、难民、乞丐，他们组成了城市社会的最底层——游民阶层。费正清曾在《剑桥中华民国史》中这样描述清代城市居民的社会分层，"这些城市是清王朝上层权贵、禁军统领、富商巨贾以及名工巧匠的居住地。在这些城市的人口中，还有在野的名门豪绅、中小商人、官署衙门胥吏、劳工和脚夫，以及没什么文化的僧侣、术士，赋闲的小产业主、落榜举子、退伍军官。此外还有一批诸如流浪汉、季节工和无业游民之类的人。"②其中，灾民、难民、游民、贱民、学徒、帮工、苦力、失业者等均属于下层社会群体，此外，因年龄、身体等生理因素导致生活无依的鳏寡孤独残疾者亦属于典型的下层社会群体。

近代以来，资本主义工商业在山东各城市逐步兴起，城市行业布局随之发生了明显变化，除了传统社会发展而来的传统行业外，城市中还出现了很多新兴行业，如新闻业、出版业、针织业、花边业、发网业、电力工业、机械工业等，城市职业的种类越来越多，分工也越来越细化，城市居民被最大

---

① 沈飞：《城市弱势人群的治安需求唤起与治安防控参与》，《法制博览》2017年第6期。

② 费正清：《剑桥中华民国史》（第一部），上海人民出版社1991年版，第37页。

限度地纳入到正规化的职业体系中，以至于"每一种谋生手段，甚至包括乞丐和行乞，都带有职业的性质"①。随着城市化的推进和工商业的发展，城市居民的社会地位、政治地位、社会资源的获得，越来越需要不同职业来实现。于是，职业分层成为了近代城市社会分层的基本标准。

学者李明伟在《清末民初中国城市社会阶层研究（1897—1927）》中，将近代城市居民按照职业类别大致分为九层：第一，外侨、清朝贵族、大官僚、军阀、豪绅巨富；第二，外国银行、洋行的董事、高级职员和买办；第三，大型工厂、商店和银行的投资者、经营者、社会名流；第四，银行、公司和大型工厂、商店的专业职员、高级雇员；第五，中小工厂、商店投资者和经营者、出版商、主编、律师、医生、教授、一般政府职员、公司职员；第六，小企业主、店主、高级店员、中间商、包工头、行帮头、工头、技术工人；第七，手工业者、商贩、店员、学徒；第八，工厂、商店和手工作坊的半熟练工人和非熟练工人、矿山、运输、建筑、装卸等行业的工人和季节工、临时工、小摊贩等；第九，自谋生计者、苦力、娼妓、乞丐、难民等。② 其中，第七、八、九类占近代山东城市人口的绝大多数，他们地位低下、收入微薄、生活艰难，处于城市社会的下层，乃名副其实的下层社会群体，尤其娼妓、乞丐、季节工、临时工等等，处于城市社会最底层，生活毫无保障。

在借鉴上述社会分层标准的基础上，我们可以将近代山东城市下层居民分为以下群体：第一，劳工群体：主要由产业工人、手工业工人、店员工人、学徒等构成；第二，自谋生计群体：以小手工业者、小商贩、手艺人等为主；第三，苦力群体，主要包括马车夫、人力车夫以及建筑、运输、装卸、清洁等行业的季节工、临时工等；第四，游民群体，主要包括乞丐、娼

① ［美］帕克著，宋俊岭等译：《城市社会学》，华夏出版社 1987 年版，第 13 页。

② 李明伟：《清末民初中国城市社会阶层研究（1897—1927）》，社会科学文献出版社 2005 年版，第 99 页。

妓、戏子、算命、看相、巫婆、兵痞流氓等。① 此外，与传统社会类似，近代社会同样存在着生理性下层社会群体，即因年龄、身体等生理因素导致生活无依的鳏寡孤独残疾者。总而言之，近代山东城市下层社会群体包含城市下层社会的众多群体，而工人、娼妓、乞丐、人力车夫则构成了其主体部分。

## 一、劳工群体

劳工群体即工人群体，是指分布于近代工商企业或传统手工业中的、不占有生产资料、依靠出卖劳动力、赚取工资为生的被雇佣人群，包括机器工厂中的产业工人、手工业作坊中的手工业工人、商店中的店员工人及学徒，他们构成了城市下层社会的主体，也是城市下层社会群体的一部分。

### （一）产业工人

产业工人是工人阶级的骨干和主体，专指"现代工厂、矿山、交通运输等企业中从事集体生产劳动，以工资收入为生活来源的工人"②，如煤矿工人、纺织工人、铁路工人等等，从某种意义上而言，他们是外国资本主义侵略和洋务运动的产物，是伴随中国资本主义发展而在近代城市中新兴的职业群体。

早在19世纪40年代，中国的第一批产业工人就诞生于西方列强在华创办的企业中，19世纪70年代以后，随着中国民族工业的勃兴，产业工人的队伍日益庞大，辛亥革命前夕，因资产阶级领导的抵制美货和收回利权运动的推动，中国民族工业出现了一个短暂的发展高潮期，辛亥革命后，纺织

---

① 参见于景莲：《民国山东城市下层社会物质生活状况研究（1912—1937）》，山东大学博士学位论文，2011年；毕牧：《民国时期山东城市下层社会变迁研究》，山东大学博士学位论文，2012年。

② 李玉赋：《新的使命和担当——新时期产业工人队伍建设改革方案解读》，中国工人出版社2017年版，第25页。

业、面粉业得到进一步发展,"1912 年至 1919 年建成厂矿 470 余个,加上原有企业的扩建,新增资本达 1.3 亿元以上,相当于辛亥革命前 50 年的投资总额"①,中国产业工人随之迅速成长壮大起来,"辛亥革命以前,中国近代产业工人大约有 60 万人,到 1919 年五四运动前,已达 200 万人左右"②

如前所述,中国的产业工人最早诞生于晚清时期的外国在华企业,而这些企业多建在东南沿海以及长江流域各口岸,中国民族资本主义工业兴起后,也大多在交通枢纽之地建厂,所以中国的产业工人自诞生之日起,在地域分布上就非常集中且不平衡,他们主要集中于东部沿海的或交通便利的大城市,如上海、武汉、青岛、天津等,其他地区的产业工人极少甚至没有,如新疆、西藏、云南、贵州等。除了在地域分布上具有上述特征外,产业工人在行业分布上也具有集中性和不平衡性,他们多集中在大城市的铁路、矿山、纺织、面粉等行业。山东产业工人的情况也大致如此。在行业分布上则主要集中于纺织业、漂染业、煤矿业、饮食品业、日用品业、交通运输业等。

山东的第一批产业工人诞生在烟台开埠至甲午战争期间。③甲午战败后,清政府允许民间设厂,激发了一批商人、地主、官僚投资新式企业,产业工人的数量也开始日渐壮大。"民国初年,济南、青岛、烟台三埠,工业勃兴"④,"欧战以来,尤为蓬勃"⑤。然而,随着第一次世界大战的结束,外国资本重回山东市场,以及北洋军阀政局动荡,尤其张宗昌的横征暴敛,再加上日本出兵山东,使得山东各地经济进入 20 世纪 20 年代后一度衰败,1922 年至 1927 年间,山东各个部门都很少有新工厂设立,民族工业基本处于停滞状态。1930 年中原大战结束后,韩复榘出任山东省政府主席,山东社会

---

① 严中平等编:《中国近代经济史统计资料选辑》,科学出版社 1955 年版,第 165 页。

② 齐涛主编:《中国史教程(近代卷)》,山东大学出版社 1991 年版,第 291 页。

③ 山东省总工会编:《山东工人运动史》,山东人民出版社 1988 年版,第 43 页。

④ 何炳贤主编:《中国实业志·山东省》(辛),民国实业部国际贸易局,1934 年,第 637 页。

⑤ 《辛亥革命与民族资本主义的发展》,《文汇报》1961 年 11 月 14 日。

经济有了较大恢复和发展。直至 1935 年以后又出现了衰败的趋势。在山东近代城市化的过程中，截至 1949 年，人口超过 50 万的大城市只有两个——济南和青岛，下面我们以这两个城市为例，来了解一下近代山东民族工业的发展及产业工人的概况。

济南最早的产业工人产生于洋务运动中创办的官办企业——山东机器局，1904 年开埠后至辛亥革命前，济南各式近代企业相继涌现，清光绪三十一年（1904 年），济南第一家近代民营企业——济南电灯公司成立，此后，大公石印馆、泺源造纸厂、志成砖瓦公司、金启泰铁工厂、津浦铁路大厂、小清河轮船公司等新式工业纷纷出现，据统计，这段时间，济南新建近代工业企业 11 家[1]，产业工人 2000 余人[2]。民国建立后，济南的工业有了快速发展，这与一战爆发，西方列强无暇东顾，以及山东政局相对稳定有关，据统计，1912—1917 年间，济南历年创设资本额在五千元以上的工业企业 66 家，资本总额达 16439000 元。[3]1919 年时，济南已有大小各类工厂百余家，产业工人约 4000 余人。加上手工业工人、人力车夫等，共有三四万人之多。[4]1923 年济南已成为全国六大面粉生产基地之一，当时全市共有面粉厂 11 个（其中民族资本厂家 10 个，日商 1 个）。可以说，济南的面粉业在这时达到了鼎盛。除面粉业外，济南的新式企业还涉及纺织、机械、电力、煤炭、造纸、化工、火柴、印刷、建材、医药等领域。韩复榘任山东省政府主席后，尤其"九一八"事变后，"实业救国"的浪潮再次兴起，济南的工业得以迅速恢复，到 1933 年，"济南有工厂工业 172 家，计有 25 业，其中以面粉、棉纱两业最大，皮革，织布，肥皂，火柴等次之。"[5]截至 1930 年代中期，济南基本形成由纺纱业、面粉业、染织业、化工业、机械制造

---

① 王守中、郭大松：《近代山东城市变迁史》，山东教育出版社 2001 年版，第 295 页。

② 济南市总工会：《济南工人运动史》，中国工人出版社 1992 年版，第 2 页。

③ 何炳贤主编：《中国实业志·山东省》（丁），民国实业部国际贸易局 1934 年，第 18—36 页。

④ 济南市总工会：《济南工人运动史》，中国工人出版社 1992 年版，第 2、52 页。

⑤ 胶济铁路管理局车务处：《胶济铁路经济调查报告汇编·济南》，文华印刷社 1934 年，第 9 页。

业和卷烟业 6 个行业构成的近代城市工业体系。迄于 1934 年，在济南各类工业企业中，约有 20% 的厂家使用蒸汽动力；23.3% 的厂家以柴油为动力；56.7% 的厂家则以电力为动力。[1] 由此可见，机器工业已在济南的工业结构中占主导地位。随着济南近代工业的发展，产业工人的队伍日益壮大起来，1927 年，济南全市工人约一万左右[2]，1928 年统计有产业工人三万人左右，另有手工业工人和运输工人约四五万人[3]，后因济南惨案导致很多工厂停办，大批工人失业，人数减至数千人。及至 1932 年时，据济南市政府调查，分布在面粉、饮食加工、纺织、电力、机械、化工、卷烟等机器工业企业中的工人共有 8212 人。[4]

近代青岛的经济形势与济南一样，资本主义工业得以迅速发展。德国占领青岛后，创办了一大批以电力和蒸汽为动力的新式企业，涉及电器、机械等领域，进入民国以后，尤其一战期间，青岛涌现了大批近代化企业，譬如，实业家周学熙创办的华新纱厂，该厂 1913 年开始筹建，受战事等原因，直至 1922 年才全面投产，是年该厂纱锭总数达 3.2 万枚，工人 2000 余名。1923 年日本钟渊纱厂首先在厂内安设机器织布机，其他纱厂亦紧随其后，纷纷添设动力机。"截止到 1925 年，青岛各纱厂共有动力织布机 1015台，1930 年增至 4865 台，1935 年达 7316 台。"[5] 纺纱业的发展带动了染织业的进步，1918 年，昌邑人董希尧从日本订购蒸汽发动机、立式烘干机等，在青岛开设了双盛潍染厂，专门从事机器印染。华新纱厂也从国外订购先进的织布机和印染设备，分别于 1935 年成立织布厂，1936 年成立印染厂，从而日益发展为华北最大的纺织印染企业。此外，青岛在机器制造业和机器修理业领域发展也非常迅速，民元至 1920 年，青岛设立的各种铁工厂有 9

---

① 济南市政府秘书处：《济南市政月刊》1937 年 10 月第 7、8 期合刊。

② 周传铭：《济南快览》，齐鲁书社 2011 年版，第 229 页。

③ 山东省地方志编纂委员会：《山东史志资料（第 2 辑）》，1984 年，第 89 页。

④ 济南市政府秘书处：《济南市政月刊》1936 年第 7 期、第 8 期；1937 年第 2 期、第 3 期。

⑤ 郭谦：《民国时期统治者对城市下层社会的社会调控——以山东为例》，山东大学博士学位论文，2007 年。

家，位列山东各地之首：省会济南有 8 家，潍县 3 家，博山 5 家，威海 4 家，济宁 4 家，全省共 33 家。① 及至 30 年代初，青岛共有中外资铁工厂 47 家。除了上述行业外，青岛在面粉业、化工业、火柴业等领域也都发展很快，并具有了一定规模。据统计，到 20 世纪 30 年代初，在青岛的所有工业企业中新式机器工业有 101 家，资本总额达 22653 万元。（见表 2—11）随着青岛工业企业的发展，其产业工人也与日俱增，据 1933 年统计，全市产业工人总数达 42717 人，1942 年扩大至 47709 人。②

表 2—11　20 世纪 30 年代山东各主要城市机器工业发展概况 ③

| 城市 | 现代机器工厂数 | 资本总额 |
| --- | --- | --- |
| 青岛 | 101 | 226530 |
| 济南 | 236 | 8580 |
| 烟台 | 13 | 3857 |
| 潍县 | 30 | 994 |
| 周村 | 12 | （空白） |
| 济宁 | 11 | 819 |
| 龙口 | 4 | 137 |
| 泰安 | 3 | 113 |
| 博山 | 6 | 90 |
| 威海 | 4 | 53 |

　　烟台、潍坊、周村、济宁、威海等主要城市的近代工业，如同青岛、济南的近代工业，都有了较大发展，这些城市同样是产业工人比较集中的地区。1933 年，据实业部国贸局的调查，山东各类工业企业除规模过小的家庭手工业和外资经营者外，已有 10624 家，总资本共计 4315 万余元。④ 产业工人的数量随之有了较大幅度的增长。从全省范围来看，1924 年《北京晨报》曾报道山东全境各业工人计有十余万人。另据 1930 年中共山东省委

① 参见吕伟俊主编：《民国山东史》，山东人民出版社 1995 年版，第 233 页。

② 严中平等编：《中国近代经济史统计资料选辑》，科学出版社 1955 年版，第 110 页。

③ 参见王守中、郭大松：《近代山东城市变迁史》，山东教育出版社 2001 年版，第 633 页。

④ 《民国山东通志》编纂委员会：《民国山东通志》（第三册·卷 18 四民志），山东文献杂志社 2002 年，第 1765 页。

报告，此时山东产业工人约有 15 万人。各业工人具体分布如下：矿工 25000 人，纺织工人 30000 人，码头工人 15000 人，铁路工人 5000 人，面粉业工人 3000 人，卷烟和火柴业工人 5000 人，铁厂工人 5000 人，邮电、汽车、自来水、电气业等约有工人 10000 人，其他如车夫、市政等工人在 5 万以上。[①] 除去我们归入苦力群体的码头工人、人力车夫，"产业工人约为 12 万人"[②]。此外，西方列强在华创办的近代企业中也雇用了大批中国人。据统计，仅青岛一地二三十年代在外商投资兴办的企业中的工人数量即达 21357 人。[③]

## （二）手工业工人

手工业工人是指完全没有生产资料或仅有很少的手工工具，以出卖劳动力为生的手工业劳动者。[④] 在现代产业工人出现之前，手工业工人是社会上主要的劳工群体，他们一般收入很低，工作极不稳定，在社会地位与工资待遇上，与产业工人、店员工人类似。实质上，手工业工人在历史上是一个过渡形态，既不是完全意义上的小资产阶级，也不是完全意义上的工人阶级，而仅仅是介于这两者之间的一个游离阶层。在先进的资本主义国家里，随着大机器工业的迅速发展，手工业工人日益为现代工人阶级"并吞"掉，成了对社会影响甚微的"残余"者。[⑤] 但是，半殖民地半封建社会的特殊国情，使得中国的近代化产业举步维艰，发展不足，因此，产业工人只占劳动群体的一小部分，"而数量占最大多数的还是全省各地的手工业工人，像棉纺业、丝织业、花边业、发网业、条编业、草帽辫业以及五金业等各业中的从业工

① 山东省档案馆、山东省社会科学历史研究所合编：《山东革命历史档案资料选编（第 2 辑）》，山东人民出版社 1981 年版，第 143 页。

② 于景莲：《民国山东城市下层社会物质生活状况研究（1912—1937）》，山东大学博士学位论文，2011 年。

③ 《民国山东通志》编纂委员会：《民国山东通志》（第三册·卷 18 四民志），山东文献杂志社 2002 年，第 1766 页。

④ 张镜源主编：《党务工作知识手册》，中国人事出版社 1994 年版，第 291 页。

⑤ 刘星星：《中国手工业工人与中国现代工人运动》，《江汉论坛》1984 年第 2 期。

人，常常以数万数十万计"①。

山东省的手工业历史悠久、素来发达，如省会济南的纺织业、铁器业发展迅速，早在明朝时，济南就已成为全国三十三个手工业比较发达的城市之一。进入近代后，尤其烟台、青岛、威海、济南等城市开埠后，外国商品大量倾销山东各地，猛烈排挤着传统手工业产品，以纺织业为主的传统手工业日渐衰落。正如《山东通志》记载："比户皆纺织。前由章丘、昌邑、蒲台、齐东各县商人分运附近诸省，自洋布洋线入口，而此业大衰。"② 不过，有些手工业部门，如陶瓷业、阿胶业、中药加工业、毛笔制墨业等，因外国商品并未涉及这些领域，所以在开埠通商后，没有受到多少影响，继续发展。

民国成立以后，尤其一战期间及战后，山东的手工业与民族工业一样，得到了很大程度的发展，特别是手工织染业。因使用洋纱织布，成品价格比洋布要便宜，再加上战争期间，洋布进口锐减，而国内需要增加，所以，手工纺纱织布虽曾因洋布输入备受打击，但在民国时期的农村依然非常普遍，潍县"有人自天津购机数架，四乡推广传习技术……在民四、五年间约有五百台左右，民十三年间……布机台数达五万台以上"③。此外，民国时期发展迅速的传统手工业还有榨油业。自1876年至1911年，山东约有榨油工场83家，到1914年猛增至6448家，从业人数达25819人（见表2—12）。与此同时，采用机器为动力的手工工厂开始出现，1929年颁布的《工厂法》规定，"使用发动机器并雇工30人以上者为工厂……以雇工10人（或稍少）以上而不足工厂标准者为手工工厂"④，烟台的缫丝工人多用机械，民国时烟台的缫丝业非常发达，据统计，1918—1919年间，烟台就有缫丝厂42家，可惜的是，因为日本控制了柞蚕贸易,42家工厂后来仅剩5家。⑤ 由上可见，

---

① 张玉法：《中国现代化的区域研究——山东省（1860—1916）》，台北"中央研究院近代史研究所"1982年，第639页。

② 宣统《山东通志》卷四一《疆域志·物产》。

③ 彭泽益：《中国近代手工业史资料（第3卷）》，生活·读书·新知三联出版社1958年版，第210页。

④ 吴承明：《市场·近代化·经济史论》，云南大学出版社1996年版，第71页。

⑤ 何炳贤：《中国实业志·山东省》，实业部国际贸易局，1934年，第56页。

从整体上而言，传统手工业大部分行业都衰落了。

表 2—12　山东省榨油业统计 [①]

| 时间 | 厂数 | 职工数 |
|---|---|---|
| 1914 | 6448 | 25189 |
| 1915 | 4229 | 23793 |
| 1916 | 5670 | 21154 |
| 1917 | 10610 | 74727 |
| 1918 | 7674 | 28018 |
| 1919 | 8242 | 30265 |
| 1920 | 8739 | 56437 |

　　除了传统手工业日渐衰落，部分旧有手工业得到恢复、发展外，山东境内还出现了一些新兴的手工行业，并且日渐发展，甚至盛极一时，如草辫业、发网业等等。草辫为织造草帽的原料，由麦秆编织而成，山东草辫业肇始于 19 世纪中期的烟台，至民国初期"臻于极盛"，济南教养所还曾专门聘请教师，传授草辫编结技术，可见其兴盛程度。1921 年，济南草帽辫生产厂家、作坊已达二十多个 [②]，而山东其他地区"产此殆遍""其产额最多之区……以莱州府之潍县及沙河为最，约占山东产额二分之一" [③]。发网业发轫于烟台，由德国人引入，劝民仿造编结，贩卖至国外，因德国的势力范围在山东，因而山东首先成为全国发网业中心。"民国初年全省发网的出口量为2000 罗，到 1921 年时猛增到 60 万罗之多，为民国初年的 300 倍" [④]，"民国十年前后，青岛、烟台、济南各地仅经营发网的企业就发展到 110 余家，在业工人达七、八万人" [⑤]。发网业 1921 年达到鼎盛后迅速衰落，从业者日渐

---

　　① 何炳贤主编：《中国实业志·山东省》，实业部国际贸易局，1934 年，第 154 页。

　　② 安作璋主编，刘春明本卷主编：《济南通史(近代卷)》，齐鲁书社 2008 年版，第 275 页。

　　③ 彭泽益：《中国近代手工业史资料》(第 2 卷)，生活·读书·新知三联出版社 1958 年版，第 408—409 页。

　　④ 何炳贤主编：《中国实业志·山东省》，实业部国际贸易局，1934 年，第 118 页。

　　⑤ 彭泽益：《中国近代手工业史资料》(第 3 卷)，生活·读书·新知三联出版社 1958 年版，第 41 页。

减少，仅烟台失业者就达 70% 以上①。

总而言之，纺织业、榨油业、五金业、生活供应业等手工业行业，与老百姓的生活密切相关，因而地域分布相对分散，与之相对应的，其从业人员涉及领域广、分布地域散、从业人数多。据统计，到 1933 年，济南共有手工业分皮类、五金、食料、丝织、制造业、棉织业、建筑业、广告业 8 大业，下分 44 个小类，总计 1745 家，手工业工人 15274 人。②1936 年，济南的传统手工业工人则有 7909 人。③"1933 年（青岛）有手工业户 1523 家，员工 13734 人"；1934 年"共计 1327 户，工人总数共计 10939 人，男性者 4782 人，女性 6157 人"④。从全省范围看，1933 年，"对于全省 106 个县市中 43 个县市 66 个行业的调查显示，手工业家数为 78999，拥有职员 18501 人，工人 801782 人，艺徒 66191 人，总计 886474 人。"⑤如果将山东省全部县市计算在内的话，山东的手工业工人确是一股人数众多、影响颇大的社会力量。

## （三）店员工人

店员工人是指各类商店的雇员。"他们一般不占有生产资料，生活来源的全部或者主要部分是依靠向店主出卖劳动力的工资。"⑥烟台、青岛、济南等城市相继开埠后，对外贸易有了长足的发展；再加上胶济铁路、津浦铁路建成通车，省内交通网络日益发达便利，使得山东各大城市的商业户数不断增加，直至张宗昌督鲁前期，山东商业一直呈现上升趋势，从而形成了为数众多的店员工人。不过，近代山东商业发展的情况比较复杂，与

---

① 彭泽益：《中国近代手工业史资料》（第 3 卷），生活·读书·新知 三 联出版社 1958 年版，第 42 页。
② 胶济铁路管理局车务处：《胶济铁路经济调查报告汇编·济南》，文华印刷社 1934 年，第 13—15 页。
③ 济南市政府秘书处：《济南市政月刊》1936 年第 7 期、第 8 期；1937 年第 2 期、第 3 期。
④ 《青岛民报》1933 年 9 月 8 日，第 6 版；1934 年 7 月 30 日，第 6 版。
⑤ 沈云龙主编：《近代中国史料丛刊》，台湾文海出版社 1966 年版，第 894 页。
⑥ 《毛泽东选集》第一卷，人民出版社 1991 年版，第 10 页。

当时政局的变化密切相关，山东商业出现了衰落、恢复多次变化，店员工人的数量也随之出现起伏。北洋军阀统治末期的军阀混战、政局动荡，以及张宗昌的横征暴敛，沉重打击了山东各地的工商业，尽管有些为军阀、官僚服务的商业部门，如首饰、茶社、戏院、饭馆等依然兴旺，尤其在军阀、官僚聚集的省城济南更是如此，但从整个行业来看，山东近代商业在张宗昌督鲁期间、"五三惨案"以及中原大战中快速衰落了，正如1928年3月7日的《晨报》所报道的，"自近年军兴以来，商业状况日渐衰颓，而尤以民国十六年为最甚，各商家赔累有堪者，十居八九。统计十六年一年中，倒闭之中、上商号共有七百五十余家。小商家倒闭者，则触目皆是，不可胜计。"①直至韩复榘主政山东后，因政局稳定、交通恢复、人口增长等原因，山东的商业再次复苏，并有相当程度的发展。据1934年调查，山东全省除青岛、威海卫、济南、烟台、周村各地不计外，全省商业市镇共计856处，所有商店约二万二千数百家（潍县未详）。市镇分布以潍县为最多，计有二十三处。②按照巫宝三在《中国国民所得》中的估算，平均每店从业人员为5.24人，减去店主后平均从业人员为4.24，那么当时商店的店员工人约有9—10万人。如果再加上青岛、济南、烟台等商业中心的店员工人，数量之庞大可想而知。1935年以后，受战事等原因，山东商业急剧衰败。

济南地处胶济、津浦铁路交会处，便利的交通条件及地理位置，使其"俨然成为华北之重要商场"③，"举凡周围各县，莫不以此为销售市场"④，其商业随之迅猛发展起来。据记载，截至1919年4月，济南及历城县商号

---

① 《民国山东通志》编纂委员会：《民国山东通志》（第三册·卷14商业志），山东文献杂志社2002年，第478页。

② 《民国山东通志》编纂委员会：《民国山东通志》（第三册·卷14商业志），山东文献杂志社2002年，第1405页。

③ 《民国山东通志》编纂委员会：《民国山东通志》（第三册·卷14商业志），山东文献杂志社2002年，第1377页。

④ 胶济铁路管理局车务处：《胶济铁路经济调查报告汇编·济南》，文华印刷社1934年，第15页。

有：洋行二十五家、书坊十三家、中药铺七十八家、西药房十一家、皮货店二十八家、估衣店二十四家、碎货铺十六家、南纸铺九家、棉花行九家、杂货铺五百八十七家、香货铺九家、绸缎庄一百二十七家、布店六家、笔铺九家、当铺九家、茶叶铺十家、洋货铺一百六十二家、京货铺二十二家、铁器铺十七家……各种公司及其他营业三百九十二家①，总计"有各类商号2000余家，其中有的商号拥有店员三四十人"②。另据《历城县乡土调查录》记载，1928年济南有商号8999家③，此后，因受五三惨案及频繁战事的影响，济南的商业一度衰落，直至20世纪30年代初有所恢复，及至1932年，济南有商店3554家，总计有店员36381人。④日本发动侵华战争后，尤其济南沦陷后，济南的商业日渐衰落，不过，据1938年济南商会工商业调查统计，当时"济南尚有商店从业人数19954人"⑤。抗战胜利后，因国民党政府苛捐杂税繁多，加之通货膨胀严重、物价飞涨，以致商品市场衰退。

　　青岛、烟台均为港口城市，对外贸易比较发达，开埠后迅速成为商业中心。据统计，1932年青岛市内外大小商铺有4370家⑥，及至1933年达到了7608家⑦，商业从业人数为40691人⑧，而烟台1933年有大小商铺3500余家⑨，较1918年增加了500余家。据1933年的统计，其他拥有较多商铺的城市还有：周村全镇共有商店1766家，其完全以买卖为业的商店计有727

---

①　林修竹：《山东各县乡土调查录》（卷一），山东省长公署教育科印行1920年，第13—14页。

②　山东省总工会编：《山东工人运动史》，山东人民出版社1988年版，第52页。

③　孙宝生：《历城县乡土调查录》，历城县实业局，1928年，第88页。

④　胶济铁路管理局车务处：《胶济铁路经济调查报告分编·济南》，文华印刷社1934年，第15—17页。

⑤　济南市志编纂委员会：《济南市志资》（第七辑），1983年，第169页。

⑥　《青岛民报》1933年9月25日。

⑦　巫宝三：《中国国民所得》（下册），中华书局1947年版，第262页。

⑧　魏镜：《青岛指南》，平原书局1933年，第13页。

⑨　胶济铁路管理委员会编：《胶济铁路经济调查报告分编·福山县》，文华印刷社1934年，第14页。

家；潍县坊子共有商店 237 家，其中以杂货铺为最大，土产业次之，炭业又次之；泰安全县十二个重要市镇共有商店 470 余家。抗战期间山东商业仍甚为普遍，其分布状况如下：周村有 1700 家，龙口有 173 家，博山有 80 余家，泰安有 878 家，淄川有 149 家，济宁有 192 家。① 鉴于上述城市商业的兴盛，其从业人员亦不在少数。

### （四）学徒

根据学艺的行业领域，学徒可以分为商业学徒和工业学徒，工业学徒又可分为工厂学徒和手工业学徒；根据学艺的范围，学徒可以分为技术性学徒和管理型学徒；另外，学徒还有官学徒和私学徒之分，如 1924 年中共山东省委负责人撰写的《青岛政治经济状况》记载的，"铁路工厂中的青年工人，半是学徒。学徒分为两种：一是官学徒（亦名艺徒）；一是私学徒。"② 不管是哪一类学徒，均以获得经商营工的经验和技能为目的，因为近代中国的新式教育，尤其职业教育发展滞后，无法满足资本主义工商业对职业培训的需求，故而，具有职业技能培训功能、盛行于封建社会行会手工业时代的学徒制度沿袭了下来。

近代中国学徒制度最先开始于列强在华创办的企业，后来随着中国民族资本主义工商业的发展，学徒制度被广泛运用于各行各业，尤其以"洗染、成衣、印刷、制革、制皂、五金、地毯、钱铺、药店、粮食等工厂商店为最"③。学徒要想投师学艺，按照惯例"须由其父兄具保证金，俗谓之压柜礼，所学商业之大小为金额，多者百金以上，少亦数十金，或数十百串不等"。④可以说，学徒拜师或进厂必须缴纳的保证金，是压在学徒身上的沉重负担，

① 《民国山东通志》编纂委员会：《民国山东通志》（第三册·卷 14 商业志），山东文献杂志社 2002 年，第 1420—1423、1438 页。

② 山东省档案馆、山东社会科学院历史研究所合编：《山东革命历史档案资料选编（第 1辑)》，山东人民出版社 1981 年版，第 22 页。

③ 刘明逵、唐玉良：《中国近代工人阶级和工人运动》第 7 册，中共中央党校出版社2000 年版，第 739 页。

④ 彭泽益：《中国工商行会史料集》上册，中华书局 1995 年版，第 528 页。

为了凑齐数额不菲的保证金，学徒不得不东挪西借，而对雇主或企业而言，保证金可以增加运营资本，招收学徒即可获得无偿劳力，因此，为了最大限度地榨取学徒，以获取巨大的利润，雇主或资本家往往会延长学徒满师期限，学徒的学艺期限因行业而异，一般为三年时间，有些行业如漆工、木工需要四年，满师后，还需要帮师一、二年，事实上，很少有学徒能按时满师。此外，因学徒工作时间长，又无须支付工资，变成了"披着合法外衣的雇佣劳动制度"①，雇主或资本家凭借该制度可以轻易雇佣到廉价劳动力，正如时人所言，"（学徒制度）目的多在劳动榨取，工业教育，杳无可言。"② 当然，在某些行业或企业，如新式手工业，雇主和学徒之间并不完全是雇佣与被雇佣关系，他们之间还残存着传统的师徒契约关系，"被罩上了一层温情脉脉的亲缘、乡谊的面纱"③。

鉴于近代学徒制度实乃雇佣制度的性质，近代学徒成了工人阶级中的一个特殊群体，没有任何生产资料，只能靠出卖劳力为生，不过，他们所受的剥削压迫比正式工人还更残酷：一是工作时间没有定数，一般比正式工人要长，"在师傅或店主家里居住期间，店里的一切琐事自己都有份，有时甚至店里或师傅家里的家务活计也必须干"④，济南的理发行靠的是手艺，以拜师收徒的方式传承，学徒"第一年多干杂活，扫地、挑水、劈火头、洗衣、做饭，有的还看孩子、端洗脚水、倒夜壶等"⑤；二是工资待遇低，除了日常必需的生活费用外，几乎没有任何收入，前述的济南理发行，学徒没有工钱，满师后如果跟着师傅干的，只能拿一半工资；三是人身自由受到限制，如有的企业规定，"学徒夜晚不得出门"⑥，"工徒入厂后，概不准请假，如遇本人疾病，及家中有正当要事，须由父兄来厂说明，方可请假，但须论事酌量给

---

① 赵入坤：《雇佣关系与近代中国》，安徽人民出版社 2010 年版，第 172 页。

② 方显廷：《天津地毯工业调查》，南开大学经济研究所 1930 年，第 98 页。

③ 王翔：《中国近代手工业史稿》，上海人民出版社 2012 年版，第 155 页。

④ 山东省总工会工运史研究室、青岛市总工会工运史办公室：《青岛惨案史料》，工人出版社 1985 年版，第 283 页。

⑤ 孙常印主编：《济南旧习俗》，黄河出版社 2002 年版，第 267 页。

⑥ 济南市志编纂委员会：《济南市志资料》（第一辑），1981 年，第 22 页。

假"①，此外，学徒被虐待打骂的现象时有发生，如"（济南）成丰面粉厂铁工部监工张敏斋，对徒工打骂无常，工人望之畏惧"②，而入厂时签订的"卖身契"——习艺合同，却使得学徒的生老病死，概不与师傅、雇主相关。由此可见，近代学徒制度下的学徒，无论从社会地位、工资待遇，还是前途出路，实际与童工类似，事实上，手工业及新式工厂中的学徒有时与童工混用。如1924年有关济南的调查报告中曾提及，"学徒仅是一种获取廉价童工的制度"③，"在商店里我们称为学徒，在工厂里通常都称为童工"④。

可以说，学徒、童工是工人阶级中的特殊群体，更是工人阶级中的下层社会群体，他们学艺期满毕业后，雇主或企业会遣散而另招学徒，"失业者必须另谋生计而同业竞争愈烈"⑤，"唯有东拼西凑，开设作坊，自为雇主，用学徒帮同工作……其作坊既小，工作情形，更不如彼原来工作作坊，学徒待遇，当必随之更苦"⑥。当然，学徒也是下层社会中最容易实现上升性纵向流动的群体，尤其是德国占领青岛时期引进的徒工学校制度培养的学徒，该制度将理论与实践结合起来，以期将学徒培养为技术骨干，不仅如此，他们的待遇也比传统学徒制度下的学徒要好得多，如青岛华新纱厂曾选拔青年工人参加技术培训班，以期将学徒培养为企业的技术骨干；济南东元盛铁工厂技术工人占多数，在他们的指导下，学徒工"在繁杂的劳动实践中，学得多，学得快，学得扎实，很快具有了较高的技术水平"⑦，像这样的学徒更容易向中层社会、上层社会流动，如于景生、孙加寿等；济南成通纱厂的工人经过

---

① 《苏州丝绸档案会编》上，江苏古籍出版社1995年版，第622页。

② 济南市志编纂委员会：《济南市志资料（第2辑）》，1981年，第23页。

③ A.G.帕克指导，齐鲁大学社会学系编，郭大松译：《济南社会一瞥（1924年）》下，《民国档案》1993年第3期。

④ 《职业生活》第1卷第14期，参见于景莲：《民国山东城市下层社会物质生活状况研究（1912—1937）》，山东大学博士学位论文，2011年。

⑤ 《中国地毯业之沿革与制法及其销路》，《中外经济周刊》1824年第8期。

⑥ 方显廷：《天津地毯工业调查》，南开大学经济研究所1930年，第82—83页。

⑦ 中国人民政治协商会议山东省济南市委员会、文史资料研究委员会：《济南文史资料（第5辑）》，1984年，第56页。

三个月的养成，合格后转为学徒工，跟着老工人边学边干，熟练操作技术。当然，我们主要讨论的还是处于下层社会的学徒。

近代以来，尤其民国时期，山东主要城市的商店、手工业及新式工厂中，聚集了大量的学徒工。据统计，1932年，青岛手工各业1327户，共计雇工10939人，其中有学徒2600人，占总人数的23.8％；1933年，济南手工织布业中的学徒占29％；有些行业或企业的学徒甚至成为生产劳动的主体，其数量比正式工人还要多，如青岛机器制造业的5家工厂，工人数134人，而学徒数则为176人；只印刷业1家工厂，有正式工人43名，学徒44人；而潍县的鲁股份有限公司，全厂30余工人悉由学徒升任。①

## 二、自谋生计者群体

自谋生计者群体是指"那些依靠小本生意或简单手艺谋生的人群，他们不被他人雇佣，也不雇佣别人，主要从事独立的个体劳动或家庭劳动"②，包括小商贩、手艺人、小手工业者等，他们所从事的职业多以服务性行业为主，如理发、缝补、照相、修理、打铁、镶牙、弹棉花。尽管与律师、经纪人、自由撰稿人等"自由职业者群体"类似，从事的也是相对"自由"的职业，但"自谋职业者群体"却无法与处于城市社会中上层的前者相提并论，自谋职业者往往因缺乏资金、知识及技艺简单而收入微薄，他们几乎没有任何抵御风险的能力，在灾害频发、战乱不断的民国时期，稍有不顺便可能停业破产，如1930年随着外国资本的入侵，许多"小商家不是倒闭，就是赔本"，至1933年底，"只烟台一个小商埠，八年之间倒闭了五十多家。村镇之商家，去年年底，有十之八九收不齐欠账"③。总而言之，自谋生计者群体多属于城

---

① 参见于景莲：《民国山东城市下层社会物质生活状况研究（1912—1937）》，山东大学博士学位论文，2011年。

② 毕牧：《民国时期山东城市下层社会变迁研究》，山东大学博士学位论文，2012年。

③ 山东省档案馆、山东社会科学院历史研究所合编：《山东革命历史档案资料选编（第3辑）》，山东人民出版社1981年版，第222页。

市社会的下层社会群体，不过，也有极少数自谋生计者凭借着勤奋、努力以及一些运气，脱离城市下层社会而进入中层社会。

1.小商贩。近代小商贩又可分两类：

(1)街畔摊售。资本较少，小本经营，虽然是在街头或集市上露天经营，但有固定地址。专事零售者，其货物或要么直接摆在地上，要么摆在简易架子上，大都扯个白布蓬儿遮阴，通称为"地摊"或"浮摊"。门面较小、资本较少、专事零售的夫妻小店，俗称"小铺"，大都是"自东自伙自掌柜"①，作为自谋生计者，他们比街畔摊售或流动商贩资本略厚，但经济状况、社会地位等差不多，本文将其归入此类。济南大观园始建于1931年，创建者虽想将其建设成专供有钱人吃喝玩乐的"销金窝"，最后却发展为平民购物消闲的娱乐场所，商场中的买卖一般是小本经营，多数没有什么资金。"30年代末到40年代中期，大观园的商业曾一度呈现畸形繁荣。这时商场里的商贩迅速增加，经营各种服务行业者日益增多，除去原来为数较多的剧场、书场、杂耍场之外，还有饭馆、百货、绸布、鞋帽、照相、镶牙、理发、中西医药、图书文具、烟酒糖茶、干鲜果店、台球社、咖啡馆、酒吧间、卖野药的膏药店以及专治花柳病的诊所等等，约在200户左右，各种小摊小贩也接近此数。"②20世纪20年代青岛市内"浮摊货贩之流亦不下一、二千人"③。20世纪二三十年代，在诸城县"昌城、西老庄一带的村庄中各类小商贩络绎不绝。春季卖糖石榴、泥孩子、爆竹焰火和各种糖果的小商贩串街转巷，夏秋季卖瓜果食品以及其他杂玩的，冬卖烧肉、卤鸡、猪肉、驴肉、芝麻糖的天天不断。"④

(2)走街串巷、肩挑叫卖。此类小商贩又称流动商贩、行商小贩、肩挑小贩或货郎子，他们多是无力开设店铺的贫苦人，要么自己制作，要么批发商品，沿街叫卖，赚些辛苦钱养家糊口。济南专门建有发货市或发菜市，

① 宋厚永：《荣成民俗》，泰山出版社2003年版，第163页。
② 山曼主编：《济南城市民俗》，济南出版社2001年版，第102页。
③ 赵琪修、袁荣叟：《胶澳志》，台湾文海出版社1982年版，第388页。
④ 政协诸城县委员会文史资料委员会：《诸城文史资料（第11辑）》，1990年，第68页。

如"城内西关城顶，每早济南市各小贩往购者，颇多鲜果、糖果""小北门外，济南市各小菜贩每日均往整发，再到各菜市零售或赴街头叫卖"①。货郎就是流动商贩的典型代表，他们是"一种走街串巷，专卖妇女、儿童日常用品的小贩，主要靠挑担卖货。挑子一头设货架，胭脂、香粉、丝线、针、小孩玩具、小镜子等。另一头是货箱，里边盛货，走到一处设摊时以箱子当座位。"② 当然，流动商贩也不全是卖东西的，还有"换洋火"的，即"用废旧物品换钱物"的③，或者修理各种器物的，也常见剃头挑子走街串巷，并伴有响器发出的"铮铮……"之声，以招揽顾客，而且不同行当往往使用不同的吆喝或响器。此类商贩据统计约有60％的人数集中在城镇，约有40％分散在农村。④

各地定期的集市也是流动商贩的聚集地。"(济南) 山水沟集是市区最大、最有名的集市，农历每旬的二、七为集期，五天一个集。逢集这天，人们一早便来占地方，摊点遍及沟崖上下，有的甚至设到附近的街巷。……大集上多是土产杂品和旧货小摊，有捡破烂和换洋火的担子、车子；有称作'自卖头'的包袱地摊，出卖自家的估衣和自作的针线；……集上也有其他生意，如相面点痣的、拔牙的、割鸡眼的、卖老鼠药的等。"⑤"(济南泺口)'四九'集，又称'大寺集'，是个综合性大集，集市摆摊有2里多长，每逢集日，河北人、城里人、四邻八项的人都来赶集，规模特大"⑥，"(威海) 天后宫庙会期限一到，则远近小商贩多预备卖品，应期而至，分摊设肆于庙之前后左右，待逛会人选择购买。"⑦

2. 小手工业者。小手工业者是一种生产规模较小，经济地位较低的独立

① 罗腾霄：《济南大观》，齐鲁书社2011年版，第321页。
② 高善东主编：《邹鲁民俗》，齐鲁书社2016年版，第110页。
③ 山曼主编：《济南城市民俗》，济南出版社2001年版，第118页。
④ 《民国山东通志》编纂委员会：《民国山东通志》(第三册·卷18四民志)，山东文献杂志社2002年，第1743页。
⑤ 山曼主编：《济南城市民俗》，济南出版社2001年版，第86—87页。
⑥ 山曼主编：《济南城市民俗》，济南出版社2001年版，第132页。
⑦ 《天后宫庙会花絮》，《黄海潮报》1935年4月26日。

的手工业者。他们多是从事服务业、修理业的各类手艺人，如裁缝、木匠、漆匠、木匠、弹匠、修锁、配钥匙等等，也称"匠人"或"手艺人"。毛主席在分析小手工业者的阶级属性时指出，根据他们的经济条件，小手工业者属于半无产阶级。①小手工业者一般不雇佣工人，有时也雇佣辅助性的学徒，但仍以本人的手工劳动为主。时人曾这样描述资金少、门面小的夫妻店，"住在一个很小的店，他的家就附在里面，俗说叫作连家店，他们每天的收入，仅能够供给一家的生活；但是因为事情的烦琐，于是添一个学徒"②。除了夫妻店外，还有各种摆摊的或走街串巷的手艺人。新中国成立前济南的南门小市、山水沟大集，常见固定的地摊剃头挑子，早来晚走，白天干活，也有剃头挑子走街串巷者。大观园外商场有焊锡壶、打洋铁、配钥匙、修伞、补锅、掌鞋等许多小店铺。

### 三、苦力群体

苦力群体是指"无固定收入而纯恃出卖体力为生的社会底层劳动者群体"③，主要包括脚夫、轿夫、扛夫、杂役、船工、粪夫、清道夫、挑水夫、人力车夫，以及散布在建筑、运输、装卸等工矿业中的、从事最脏、最累、最苦劳动的季节工、临时工等等。毛泽东在论述苦力群体时认为，"其经济地位和产业工人相似，惟不及产业工人的集中和在生产上的重要。"④苦力群体是城市最贫穷的血汗劳动者，乃名副其实的下层社会群体，具有"分散性、流动性较强"⑤的突出特点，分散性是因为该群体所从事的职业非常繁

---

① 福州大学政治经济学教研组编：《政治经济学小词典（初稿）》，湖北人民出版社1960年版，第24页。

② 朱兆鸾：《改良学徒生活之我见》，《生活》第1卷第15期，1925年4月。

③ 忻平：《从上海发现历史——现代化进程中的上海及其社会生活》，上海人民出版社1996年版，第155页。

④ 《毛泽东选集》第一卷，人民出版社1991年版，第8页。

⑤ 郭谦：《民国时期统治者对城市下层社会的社会调控——以山东为例》，山东大学博士学位论文2007年，第47页。

杂，人员分散在各个行业中，并且数量庞大；流动性是因为该群体收入极不稳定，基本生活难以维持，有人一旦获得机会，就会另谋生计，流向其他工作。正是由于苦力群体的上述突出特点，使得该群体的人数向无确切数据可考，只有零星统计资料。

苦力群体多数来自破产农民。在天灾人祸打击下被迫离乡的他们，很大一部分流入了繁华的城市，然而，除了赤手空拳，他们身无长物，更何况"民族工业枯萎的情况下，原来的工人已经一批一批地被抛于十字街头，离村的农民自然不容易找到工作的"①，为了维持最低的生活需求，他们迫不得已从事最简单、最低级的体力劳动，因此，破产农民"到都市中最可能之出路，莫若充作苦力"②。此外，被机械工业淘汰的手工业者、失去固定生活来源的失业者以及大量的城市贫穷市民，也是苦力群体的重要来源。个体手工业者因规模小、资金少，设备落后，在激烈的市场竞争中，被资本雄厚、技术先进的外国在华企业和民族资本企业淘汰出局，而近代的乱世使得城市工商业发展严重滞后，以致大量城市居民无业可就，即使谋得差事的工人，也经常处于失业、半失业状态，"到了卖无可卖，当无可当的时候"③，城市中的苦力工作便成了他们最有可能的选择。民国时期山东城市中的苦力群体大致如上所述，他们主要由人力车夫、脚行工人构成。

1. 人力车夫。人力车夫（亦称"洋车夫"）是随着人力车的引进而出现的庞大社会群体。人力车俗名"洋车""黄包车""盖创自日本，西洋无此也"④，故又名"东洋车"。大约在 1874 年法国人米拉将其由日本引进上海，由于拉人力车不需要专门技术，只要身体状况不算太坏，有些力气就可以来做，因此，生活无着的破产农民，"备受生活之鞭的驱使"，"投奔都市

---

① 许涤新：《农村破产中农民的生计问题》，《东方杂志》第 32 卷第 1 期，第 52 页。

② 吴至信：《中国农民离村问题（续）》，《东方杂志》第 34 卷、第 22、23、24 号合刊，1937 年 12 月。

③ 老舍：《骆驼祥子》，人民文学出版社 1981 年版，第 2 页。

④ 周传铭：《济南快览》，齐鲁书社 2011 年版，第 86 页。

里""除当兵外,只得拉车了"①,而城市中的贫民及失业者"到了山穷水尽的时候""大半去做车夫"②。故而,发展至 20 世纪 20 年代,人力车已成为中国各大、中城市的重要交通工具,正如《第一次中国劳动年鉴》中所说,"今日国内各商埠、都会,以至各城镇,几莫不赖以为交通之利器"③,人力车夫随之成为民国城市社会中的重要群体。

在民国山东的各个城市中,济南和青岛是人力车夫最集中的地区。据 1914 年《济南指南》记载,人力车有两种,一为皮轮车,一为铁轮车。铁轮车之流行,已有十余年,皮轮车始见于一二年前,而现在到处皆是,以至十分之九。④ 由此可见,济南人力车大约出现在 1904 年开埠前后,至 1929 年时,济南已有人力车 10617 辆,1933 年时更发展到 12700 辆,⑤ 及至 1947 年前后,济南人力车日盛,"专搞运输的人力车全市有万余辆"⑥。与数量庞大的人力车相对应的,是济南拥有的人力车夫乃全省之最,据统计,1924 年济南有人力车夫 10000 名⑦,1928 年 5 月前达到"一万五、六千人"⑧,此后,因受济南惨案及政局动荡的影响,济南人力车夫的数量一度骤减,直至韩复榘出任省政府主席,山东局势稳定下来后,"本市人力车夫,日渐增多",根据《关于山东形势和党的工作的报告》的统计,1932 年济南人力车夫约有三万人之多,而据齐鲁大学学生强一经的调查,他们多是外地人,"大都是

---

① 蔡斌咸:《从农村破产中挤出来的人力车夫问题》,《东方杂志》1935 年 8 月第 32 卷第 16 号,第 36 页。

② 《新青年》第 7 卷第 1 号。

③ 王清彬:《第一次中国劳动年鉴(第一编)》,北平社会调查部 1928 年,第 613 页。

④ 叶春墀:《济南指南》,中国文联出版社 2004 年版,第 116 页。

⑤ 济南市志编纂委员会:《济南市志(第 2 册)》,中华书局 1997 年版,第 288 页。

⑥ 孙常印主编,秦若轼著:《济南旧习俗》,黄河出版社 2002 年版,第 187 页。

⑦ A. G. 帕克指导,齐鲁大学社会学系编,郭大松译:《济南社会一瞥(1924 年)》下,《民国档案》1993 年第 3 期。

⑧ 山东省档案馆、山东社会科学院历史研究所合编:《山东革命历史档案资料选编(第 1 辑)》,山东人民出版社 1981 年版,第 403 页。

来自泰安、长清、平阴、章丘等济南周边地区"[1]。

早在 1901 年时青岛就出现了两轮人力车，至 1913 年时，"（青岛）每日有 800 辆至 850 辆人力车营业"[2]，1930 年，青岛全市总共有 60 多家人力车行，拥有 2000 多辆人力车、5000 多车夫。[3] 至 1932 年，青岛营业人力车增加到 2524 辆[4]，人力车夫增加到 8000 多人[5]。尽管青岛与济南均是人力车夫集中的地区，但后来因青岛市政府对人力车数量进行严格限制，其人力车夫的数量远远少于济南。除了上述两大城市外，威海、烟台、周村、潍县等地也存在大量人力车，譬如，烟台 1914 年从上海购入人力车，至 1925 年时发展到 100 多辆，1935 年时达到 3000 多辆，抗战胜利后，因战争打击以及经济萧条而锐减至 400 辆。[6]

2. 脚行工人。脚行又称起卸行、搬运行，乃传统社会专门从事搬运工作的机构，由脚夫和行头组成，脚夫即脚行工人、搬运工人、装卸工人，是近代城市中人数较多的苦力群体，他们主要通过人力肩挑背扛，或者通过交通工具独轮小车，在工地、码头、车站、栈房等地搬运装卸，赚辛苦钱养家糊口。据 1914 年《济南指南》记载，"小车，凡搬运货物及载重致远，均须此种车，每车可坐二人，最多可坐四人"[7]，"所谓小车者，即一人单独推行之独轮车也，俗名'二把手'。附郭之民，多用以输送洋车所不能载之笨重物品，如煤、如米及木器杂具等。……专营此业之劳动界，亦在五千人以上也。"[8] 青岛 1932 年有"载货一轮、二轮人力车分别为 400 辆、2000 辆，搬

①　聂家华：《对外开放与城市社会变迁——以济南为例的研究（1904—1937）》，齐鲁书社 2007 年版，第 321 页。

②　于景莲：《民国山东城市下层社会物质生活状况研究（1912—1937）》，山东大学博士学位论文，2011 年。

③　山东省档案馆、山东社会科学院历史研究所合编：《山东革命历史档案资料选编（第 2 辑）》，山东人民出版社 1981 年版，第 225 页。

④　何炳贤主编：《中国实业志·山东省》（丙），实业部国际贸易局 1934 年，第 27 页。

⑤　实业部中国经济年鉴编纂委员会：《中国经济年鉴》，商务印书馆 1934 年，第 675 页。

⑥　参见毕牧：《民国时期山东城市下层社会变迁研究》，山东大学博士学位论文，2012 年。

⑦　叶春樨：《济南指南》，中国文联出版社 2004 年版，第 116 页。

⑧　周传铭：《济南快览》，齐鲁书社 2011 年版，第 90 页。

运工人 7000 人"。①

码头工人是近代随着各大沿海沿江城市开埠而新兴的群体，与传统社会的脚行工人类似，凭借人力或简单工具在码头为轮船装卸货物。"济南市之水码头分黄河和小清河区"，黄河与小清河都曾是航运非常繁忙的水道，"黄河码头以市北之洛口镇商船云集为最发达，……小清河码头以黄台桥为要区"②。民国建立后，随着黄河大桥的建成和津浦铁路的通车，洛口成为水陆交通中心，据 1934 年《中国实业志·山东省》记载，"每日进出洛口的船只达到二万艘次"。"沿黄各县由水路运输的粮食和农副产品，几乎全在洛口卸载，再由洛口直接发送济南，或沿津浦、胶济铁路运往各地。济南及外地由铁路运来的煤炭和工业产品、日用百货等亦有洛口装船水运至沿黄各地"③，洛口最繁华的"上关八街"码头装卸货物最多，其货多为粮食，同样繁华的下关装卸的多为盐和木材。可以说，当地经济的发展全靠黄河码头，以及码头上工作的船工和搬运工。船工又称船花子，意思是跟叫花子差不多，可见其生活之苦。洛口的搬运工来自外地的人能占一半，"长清、平阴、泰安来的人又占多数"④，码头工人都会受把头和黑帮的盘剥，如船工、搬运工挣的钱，把头一律抽三成。济南市区小清河最重要的船只停靠处是黄台板桥码头。至 1913 年时，黄台港已成了铁路、水路联运及小清河、黄河联运枢纽，常年来往于码头的船只有 300 多艘，码头工人主要三帮：卸盐帮、卸煤帮、卸杂货帮。当时装货卸货都要走跳板，跳板搭在船与陆地之间，宽处有半米，窄处只有 40 公分，架起来有三层楼高，人走在上面颤颤晃晃的。可是搬运工都赤着脚，扛着货包在上面一溜小跑。⑤青岛、烟台的码头工人相较于济南而言更多，但劳动条件却也好不到哪里去。"烟台码头的苦力总在

①　于景莲：《民国山东城市下层社会物质生活状况研究（1912—1937）》，山东大学博士学位论文，2011 年。

②　罗腾霄：《济南大观》，齐鲁书社 2011 年版，第 100 页。

③　安作璋主编：《济南通史（近代卷）》，齐鲁书社 2008 年版，第 253 页。

④　山曼主编：《济南城市民俗》，济南出版社 2002 年版，第 138 页。

⑤　参见山曼主编：《济南城市民俗》，济南出版社 2002 年版，第 143 页。

几千人以上"。① 烟台码头的搬运工"从船上扛或抬着 100 公斤的货物，经过狭窄陡峭的桥板运到舢板上，遇到风浪稍有不慎就会掉到海里，到岸后再扛四、五百米远爬上二层楼高的货垛或煤堆"②，青岛一二号码头，除去大车就是苦力，三号码头的工人"用简陋的劳动工具铁锨、条筐、杠棒及大小搬运车通过人力来扛、抬、拉完成的"③。

## 四、游民群体

"游民群体是指在城市居民中游离于基本社会结构之外的各个边缘群体，他们一般无固定职业、无固定生活来源，以正当或不正当的方式谋生"④，主要包括乞丐、娼妓、算命、看相、巫婆、神汉、赌棍、拾荒者、城市土匪、兵痞流氓、江湖艺人等等。如前所述，涌入城市的破产农民、失业的原城市居民，想要在天灾人祸不断、民族工商业举步维艰的社会背景下，谋得一份正当职业确实不易，为了养家糊口，他们很多人沦为苦力，甚至找不到谋生出路，沦为乞丐、流氓、拾荒者等无业游民，正如毛泽东所说，"中国的殖民地和半殖民地的地位，造成了中国农村中和城市中的广大的失业人群。在这个人群中，有许多人被迫到没有任何谋生的正当途径，不得不找寻不正当的职业过活，这就是土匪、流氓、乞丐、娼妓和许多迷信职业家的来源。"⑤ 据统计，青岛 1925 年无业游民达 97311 人，占青岛总人口的 34.3%。而威海卫 1932 年无业者达 76810，占威海卫总人口的 39%

---

① 《烟台码头劳工生活的写真——具有神圣不可侵犯的精神，组织严密非局外人所得知》，《东海日报》1936 年 8 月 13 日，第 3 版。

② 于景莲：《民国山东城市下层社会物质生活状况研究（1912—1937）》，山东大学博士学位论文，2011 年。

③ 于景莲：《民国山东城市下层社会物质生活状况研究（1912—1937）》，山东大学博士学位论文，2011 年。

④ 聂家华：《对外开放与城市社会变迁——以济南为例的研究（1904—1937）》，齐鲁书社 2007 年版，第 322 页。

⑤ 《毛泽东选集》第二卷，人民出版社 1991 年版，第 645—646 页。

强。① 由此可见，游民群体数量庞大。

根据游民的谋生方式与城市社会之间的相互关系，大致可以将其分为四个较具典型特征的组成部分，"乞丐（卜卦、算命、把戏中的很多一部分都可以纳入这一群体）、娼妓、流氓（兵痞、开烟馆、拆白党等可被列入）、土匪"②。下面我们就近代山东各主要城市的乞丐与娼妓做下简单介绍。

1. 乞丐。乞丐又称"叫花子"或"要饭的"，专指以乞讨为生的人。"乞讨，本是一般民众沦落到无以为生时才不得已而为之的最后选择……即使一时不得已而做了乞丐，一旦有可能，他也会很快去做其他的职业。但在近代畸形发展的城市里，当下层民众都普遍面临贫困而难以维持生计之时，乞讨却反而成为可能比做苦力、当工人更好的谋生方式"，乞丐随之成为"民国时期城市游民中的最主要组成部分"。③

作为山东省的省会所在地，济南民国时"市内乞丐充饬，殊碍观瞻"，据统计，1927 年以行乞为生者 537 人，1931—1946 年，市内行乞者人数常年在 1000 人左右，④ 为此，济南市社会局筹建了"教养兼施"的贫民收养所，尽量收容因老病无依、残废不能自立而沦为乞丐者，并物色技师训练因失业而行乞者，以期助其获得再就业的一技之长。工商业发达的青岛也是乞丐聚集之地，为了收容、救助这些乞丐，青岛市社会局 1929 年成立乞丐收容所，分残废、习艺、妇女、童稚四组，收入乞丐、残老、孤儿和谋生无着的游民，1931 年 10 月，乞丐收容所改组，并入青岛感化所，该所 1933

---

① 郭谦：《民国时期统治者对城市下层社会的社会调控——以山东为例》，山东大学博士学位论文，2007 年。

② 鲍成志：《近代中国城市游民阶层的形成及其特征》，《苏州铁道学院学报（社会科学版）》2000 年第 1 期，何一民主编：《川大史学·专门史卷二·城市史》，四川大学出版社 2006 年版，第 262 页。

③ 鲍成志：《近代中国城市游民阶层的形成及其特征》，《苏州铁道学院学报（社会科学版）》2000 年第 1 期，何一民主编：《川大史学·专门史卷二·城市史》，四川大学出版社 2006 年版，第 262、256 页。

④ 济南市史志编纂委员会：《济南市志（第 5 卷）》，中华书局 1997 年版，第 208 页。

年新收 736 人，截至 1934 年 11 月，"累计收容游民 4800 余人，感化回籍者 2112 名"①。

2. 娼妓。娼妓是中国社会由来已久的罪恶与弊端。何为娼妓呢？"曰，凡女子以售身或献身为惯事者，不论公私，不论所求所护为何，皆娼妓也"②，有公娼与私娼、集娼与散娼、艺妓与色妓之分。自管仲设女闾三百，开中国娼妓之先河算起，官妓、公娼在国家制度层面存在了两千多年，因传统社会"官妓""营妓"的性质，娼妓服务对象有限，故而人数也十分有限。然而，到了近代，尤其民国建立后，由于政治、经济诸方面的影响，新兴城市经济的畸形繁荣及人口性别结构的严重失衡，造就了娼妓业的迅猛发展，妓院的规模和妓女的数量已非传统社会可以比拟，此外，为了适应近代城市中不同阶层的需要，娼妓的等级也比古代多很多，如济南的妓馆有堂、班、妓户、隐寓四等。可以说，妓女"是中国传统城市提供给女性谋生的最主要的职业，妓业往往在那些经济发展迅速、地位位置重要、人口流动频率较高的城市异常繁荣"③"19 世纪的上海卖淫市场已经从一个由小群高级妓女主导的，以满足 19 世纪城市精英的需要为目的的奢华市场，演变为一个为城市工商阶级中日益增多的未婚男人提供性服务的市场"④。上述论断对近代山东的娼妓业同样适用，近代山东的娼妓业主要集中于济南、青岛、烟台、威海、潍县等经济发达、商旅众多的大、中城市。

省会济南 1904 年开埠通商后，娼妓业获得快速发展，"济南娼妓在民二以前，完全属于半公半私，为营业自由之时代……盖自民六以后，商务渐盛，南妓相继北上，本地妓户为维持营业计，亦不得不舍城内旧有之香

① 《青岛市社会局业务特刊》（1933 至 1934 年）；《青岛日报》1935 年 1 月 6 日第六版，1 月 10 日第 6 版。参见于景莲：《民国山东城市下层社会物质生活状况研究（1912—1937）》，山东大学博士学位论文，2011 年。
② 《何为娼妓》，《晶报》1936 年 6 月 14 日；周越然：《风俗随谈》，北方文艺出版 2017 年版，第 155 页。
③ 王凯：《民国时期城市妓女群体初探》，吉林大学硕士学位论文，2007 年。
④ 贺萧：《危险的愉悦：20 世纪上海的娼妓问题与现代性》，江苏人民出版社 2003 年版，第 17 页。

巢，另营商埠之金屋……日德宣战，倭寇于东，兵随娼转，娼借军威。是为东洋娼入济市之嚆矢。……当时与日本娼妓生连带之关系者，尚有一朝鲜馆与之俱来"斯时济南之乐业，可谓极一时之盛也"。① 据统计，1924 年，济南有注册领照的妓户共 530 家，妓女 1080 人②；1927 年"全市公娼数目达一千八百人，以上共计妓馆有五百三十家，一等一百六家，二等七十三家，三等六十二家，四等三百三十五家，至私娼则无数可稽也"③。尽管济南从 1931 年开始了废娼运动，但妓馆仍遍地皆是，到 1934 年，"济南市书寓妓女，计甲等二百六十四人，乙等四百二十五人，丙等四百五十六人，丁等五人，每月统计有减无增，计共有妓女一千五百五十六人"④。及至 1937 年，济南仍有乐户（即妓院）267 家，妓女 803 人。其中，一等乐户 58 家，妓女 185 人；二等乐户 49 家，妓女 217 人；三等乐户 140 户，妓女 370 人；四等乐户 20 户，妓女 31 人。⑤ 济南娼妓业的兴盛，除与"商务渐盛"有关外，还与男女比例失调有关，据统计，20 世纪 20 年代，济南户口逐年增加，"其中，男女比例，男子百五十人，约相当于女子百人，其中已结婚之男子有九万五千余人，女子有九万二千余人，未婚之男子尚有八万人，女子亦近三万人，是其剩余之鳏男尚有五万人，此娼妓之营业所以日盛也"⑥。

青岛作为近代山东的一个特殊城市，其娼妓业的繁荣毫不逊色于济南。早在德、日占领期间，青岛的娼妓业就已经很具规模了，只是此时处于无人管制的较为混乱的状态中，并且"以外国妓女为多，其中又以俄妓为主，此外还有日本、朝鲜等国的妓女，他们群居于聊城路、临清路、夏津路等处，和第三公园附近一带，本国妓女一般散居各处，独张艳帜，稍有身家

---

① 周传铭：《济南快览》，齐鲁书社 2011 年版，第 242 页。

② A.G. 帕克指导，齐鲁大学社会学系编，郭大松译：《济南社会一瞥（1924 年）》下，《民国档案》1993 年第 3 期，第 56 页。

③ 周传铭：《济南快览》，齐鲁书社 2011 年版，第 240—241 页。

④ 罗腾霄：《济南大观》，齐鲁书社 2011 年版，第 442 页。

⑤ 山东省会警察局：《山东省会警察概况》，1937 年，第 95 页，参见于景莲：《民国山东城市下层社会物质生活状况研究（1912—1937）》，山东大学博士学位论文，2011 年。

⑥ 引自秦晓梅：《近代山东娼妓业的兴衰》，《中华女子学院山东分院学报》2007 年第 2 期。

的妓女会流居于各旅馆客栈，而三等娼妓则散布各处，形同暗娼"。[1] 直至中国政府接管青岛以后，华籍妓女才开始逐渐增多。"青岛华妓，有南北之分，……南妓大抵来自扬州、徐州、镇江、淞江、苏州等处，北妓则以日照人为最多，其来自济南、胶州、即墨、天津等处者，已有相当数额。"[2] 据统计，1928 年，青岛有妓女 269 人，到 1931 年则增至 1169 人[3]，其中本国国籍妓女 739 人，外国国籍妓女 430 人[4]，后受废娼运动的影响，到 1939 年时又降至 657 人，其中中华妓 632 人，俄妓 25 人[5]。

山东各大城市的妓女一般分为三到四个等级，其中绝大多数是三、四等的低级妓女，如烟台 1934 年的统计，"计头等 121 名，三等 412 名，四等 128 名"[6]，再如，济南 1924 年的统计，"一等妓院 106 家，二等 27 家，三等 62 家，四等 335 家"[7]，妓女，尤其下层妓女，身处社会最底层，本就因贫穷而被迫坠入青楼，接触的嫖客三教九流，只要给钱便随客所欲，又受到老鸨的压榨剥削，生活极其悲惨，如遇生病或其他灾厄，更是苦不堪言。为此，山东省 20 世纪 30 年代曾以济南为试点，开展了一系列的废娼和救助妓女的运动，各地还成立了济良所、妓女补习学校等机构，帮助妓女脱离苦海，并传授其一技之长，以使其从良后可以自食其力。

---

① 骆金铭：《青岛风光》，兴华印书局 1935 年，引自刘曼：《近代青岛女性群体研究》，中国海洋大学硕士学位论文，2015 年。

② 魏镜：《青岛指南（第 5 编）》，平原书局 1933 年，第 31 页。

③ 胶济铁路管理委员会编：《胶济铁路经济调查报告分编·青岛市》，文华印刷社 1934 年，第 5—6 页。

④ 国立山东大学化学社：《科学的青岛》，国立山东大学哈学社，1933 年，第 45 页。

⑤ 青岛特别市社会局：《青岛指南》，1939 年。

⑥ 《烟台妓女之调查》，《东海日报》1934 年 8 月 13 日，第 3 版。

⑦ A.G.帕克指导，齐鲁大学社会学系编，郭大松译：《济南社会一瞥（1924 年）》下，《民国档案》1993 年第 3 期。

# 第三章　近代山东城市下层社会群体的
生存实态

　　要想全面了解近代山东城市下层社会群体的真实生活状态，我们非常有必要首先了解一下各个下层社会群体的收入状况，通过各种途径获得的劳动收入，是他们维持最基本的日常生活的基础，也是他们及家人活下去的保障。因此，我们在获得了各个下层社会群体的收入数据，了解了他们的收入状况后，还需要了解他们的消费与支出状况，包括教育费，医疗费，衣食住费，休闲娱乐费以及其他各项杂费等等，唯有如此，才能真正衡量各个下层社会群体的收入水平和消费水平，也才能真正看出他们的实际生活状态。如前所述，娼妓、乞丐、人力车夫以及部分工人是下层社会群体的主要组成部分，接下来我们就分别对娼妓、人力车夫、产业工人等的收支状况及娱乐休闲进行考察，至于乞丐，因其行乞于市，露宿街头，居无定所，又没有固定收入来源，除了丐头收入颇丰、衣食无忧外，大部分乞丐生活悲惨，饥一顿饱一顿，毫无保障，更谈不上什么休闲娱乐，唯有依靠政府救助，因此这里不再赘述。

## 第一节　劳工群体的生存实态

　　劳工群体是城市下层社会的主要社会群体，以产业工人和手工业工人为主力，此外，还包括学徒和店员工人等等。一般而言，劳工群体被视为一个整体，但在工资收入方面，上述几部分的差距较大：较之一般的产业工人，店员工人的收入相对好些，手工业工人的收入最低。此外，工资收入的差异还与性别、年龄、技能、行业以及地区经济发展水平相关。当然，我们在考察劳动者的工资水平时，不能仅从绝对数额上看，而应结合当时当地的消费水平及家庭生活所需费用看。

## 一、收入状况

为了更好地理解各个群体的收入状况及变化情况，我们有必要首先了解近代不同时期社会政治、经济大环境对工资收入的影响，以及由此带来的工资收入的波动。

如前所述，民国建立后，山东的城市经济日益繁荣，"济南、青岛、烟台三埠，工业勃兴"①"欧战以来，尤为蓬勃"②，但是好景不长，随着一战后外资重回山东市场，以及军阀混战、政局动荡，尤其张宗昌横征暴敛，再加上日本的经济侵略，山东各地经济自 20 世纪 20 年代开始陷入衰败。南京国民政府建立后，韩复榘出任山东省政府主席，山东的政治统治比较稳定，社会经济有较大恢复和发展，然而，国民党垄断资本对经济控制的加强，以及日本侵略者的经济渗透，使得山东各地经济 1935 年以后又出现了衰败的趋势。及至 1937 年抗日战争爆发，山东经济更加凋敝，生产萎缩、物价飞涨、通货贬值，城市居民苦苦挣扎在死亡线上。1945 年抗战胜利后，山东经济形势并没有明显好转，反而因为国民党对沦陷区的接收，生产力水平进一步削弱，1945 年 10 月开始，各种物价进一步扶摇直上，可谓一日数跃。

据统计，"物价指数以 1937 年为 100，到 1948 年 9 月高达 220285900"③，恶性通货膨胀导致劳动者的工资也在急剧增长，但其增速却远远落后于物价增速，以至于很多工人难以维持正常的生活水平，因此，这一时期工资虽然在绝对数额上较于其他时期高出很多，但工资的实际水平或购买力却急剧下降了。譬如，1946 年青岛市染织业工人中，一名纺纱女工每日工资最

---

① 何炳贤主编：《中国实业志·山东省》（辛），民国实业部国际贸易局 1934 年，第 637 页。
② 《辛亥革命与民族资本主义的发展》，《文汇报》1961 年 11 月 14 日。
③ 济南市史志编纂委员会编：《济南市志（第七册）》，中华书局 1997 年版，第 50 页。

高 2500 元，最低 1450 元。[①] 从绝对数额上看，上述女工的收入不低，然而，据调查，1947 年一个纱厂工人的工资除去本人吃饭外，月收入仅折合小米 20—35 公斤；火柴厂工人除本人吃饭外，日工资仅能买 0.5 公斤多小米。[②] 这样的工资水平想要养家糊口是非常困难的。故而，我们在考察劳动者的收入水平时，必须结合其消费状况进行。

1. 产业工人

近代劳动者的工资主要采取计时和计件两种最基本的形式。顾名思义，计时工资是指按照工作时间计算劳动报酬，这是最传统的工资形式，以时间为尺度，简单易行，便于操作，因此这一工资形式实行的范围比较广泛，在近代社会主要存在于工矿企业中，此外，根据劳动时间的不同，它又可细分为月工资、日工资、小时工资等，如莱芜煤矿工实行日工资制，平均日工资五角，另给面食半斤、豆油半斤以及少量茶盐等日用物品[③]；计件工资是指按照生产产品的数量及约定好的计件单价计算劳动报酬，实际上它是计时工资的转化形式，在近代社会计件工资主要存在于纺织业、火柴业、烟草业中，如"（1924 年济南）在家里糊火柴盒的手工工人，每糊 1000 个 6 分钱，童工在工厂装火柴，每装 170 盒挣 1 铜元，他们做这种工作每天挣 5—20 分，在家里做发网，每打 15—20 分不等，价格依市场需求而定"[④]；再如 1932 年烟台纺织业中，纺络丝 2.5 公斤报酬 3 元，结发网 1 个 1 分，火柴业中糊火柴盒 1 万个 2 角，装卸业中装卸车每车 3 角至 1 元不等。[⑤] 产业工人的收入以基本工资为主，其他提成、分红、奖金所占比例比较少。

近代山东产业工人的工资收入多少不一，要想了解其详细收入情况，就

---

① 济南市史志编纂委员会编：《济南市志（第七册）》，中华书局 1997 年版，第 50 页。

② 济南市史志编纂委员会编：《济南市志（第七册）》，中华书局 1997 年版，第 50 页。

③ 《民国山东通志》编纂委员会：《民国山东通志》（第三册·卷 18 四民志），山东文献杂志社 2002 年，第 1769 页。

④ 刘明逵编：《中国工人阶级历史状况》（第一卷第一册），中共中央党校出版社 1985 年版，第 406 页。

⑤ 烟台市地方史志编纂委员会编：《烟台市志》（上），科学普及出版社 1994 年版，第 419 页。

需要分门别类地具体分析。因为除与前述的整个社会经济的兴盛衰败密切相关外，产业工人的工资收入还深受以下几方面因素的影响：

首先，按照职务高低、是否掌握技术、是否熟练工人等，工人群体可分为多种层次，其劳动环境和工资待遇也有着天壤之别。

（1）白领阶层。与众多的劳动工人一样，不占有生产资料，以出卖劳力获得工资为生，但他们大都受过良好的教育，是企业的管理人员或公司的高级职员，他们的人数一般比较少，譬如，1930年青岛、济南的四家民族纱厂合计职员199人，工人4866人，职员与工人之比率接近一比二五。[①]这些人的收入往往比普通产业工人高出很多。如胶济铁路上的职员从民国初年以来即实行月薪制，工资额最高者五百元，最低者二十五元。1930年又按级改为最高者六百元，最低者五十元。[②] 此外，有些企业或公司的职员，除了领取工资外，还能分得花红，或入股企业，如青岛华北火柴厂的职员。另外，近代煤矿企业中常实行"大头役"制度，各类头役实际是矿井经营和生产技术的主要负责人，还有些矿山企业、港口码头存在把头阶层，他们的收入亦在普通产业工人之上。由此可见，白领阶层乃名副其实的上层工人，基本属于社会中层，当然，他们并不在本文研究的下层社会群体范围内。

（2）技术工人和熟练工人。技术工人的工资高于非技术工人，熟练工人的工资高于非熟练工人。如济南制胶业中技术性工人一年只需冬春劳动六、七个月，其月薪可达70—90元，即可赶上本市一般技工的全年工资。[③] 再如，济南1929年各面粉厂"最高技术工人的工资是普通工人的8—20倍"[④]（见表3—1）。

---

① 《中国实业志·山东省》（辛），第9页。

② 山东省地方史志编纂委员会：《山东省志·铁路志》，山东人民出版社1993年版，第86—87页。

③ 济南市志编纂委员会：《济南市志资料》（第二辑），1982年，第116页。

④ 赵群群：《近代济南工人阶层生活状况研究（1904—1937）》，山东大学硕士学位论文，2011年。

表 3—1  1929 年济南各面粉厂工人工资表 ①

| 厂名 | 工人工资 | |
| --- | --- | --- |
| | 机房工人（技术工）元 | 粉房工人（普通工）元 |
| 丰年 | 16—101 | 10—11 |
| 民安 | 17—120 | 6—14 |
| 成丰 | 22—120 | 10—15 |
| 华庆 | 14.1—84.8 | 9.5—11.5 |
| 惠丰 | 17.5—101.5 | 10—13.5 |
| 宝丰 | 25—50 | 9.5—10.5 |

其次，性别与年龄也是影响产业工人工资收入的重要因素。由于众多男性劳动者微薄的收入并不足以养家糊口，故而其妻儿往往也要出去做工方能维持生存，而资本家为了节省成本比较喜欢雇佣女工和童工，据统计，相比男工工资，女工只能拿到其 1/3 或 1/2 的工资，童工只能拿到其 1/4 到 1/3 的工资。② 相较于男工与女工，各个企业中的童工和学徒工的工资则更低。据 1924 年的调查，"做粗活的非学徒童工，工资每月为 2 元"③，学徒工则一般没有工资，根据《民国山东通志》的记载，在烟草业企业中，一般学徒工只管吃饭，每月另给一元津贴。在地毯业的学徒工，亦仅供膳宿，不给工资。在造纸业中，学徒工无工资，只供膳宿，另给一点赏金。在烛造业中，学徒亦不发工资，只按月得 0.5 至二元不等的津贴，另年终可分红利。④ 至于年终的红利，自然也不会太多，如东元盛印染厂学徒工年终仅得一吊制钱作为

---

① 济南市政府秘书处：《济南市市政月刊》，1929 年 10 月，第 1 卷 2 期；徐畅：《20 世纪二三十年代济南产业工人的收入和生活》，《兰州学刊》2015 年第 6 期。

② 赵群群：《近代济南工人阶层生活状况研究（1904—1937）》，山东大学硕士学位论文，2011 年。

③ A. G. 帕克指导，齐鲁大学社会学系编，郭大松译：《济南社会一瞥（1924 年）》下，《民国档案》1993 年第 3 期，第 54 页。

④ 《民国山东通志》编纂委员会：《民国山东通志》（第三册·卷 18 四民志），山东文献杂志社 2002 年，第 1770 页。

鞋袜钱①。由此可见，性别与年龄加大了产业工人工资收入的差距，其主要表现就是同工不同酬。

再次，不同行业的产业工人的工资收入会有所不同。从表3—2所列数据中我们非常明显地看到了各行业间收入的差距，面粉业的工人每人每月最高收入90元，电汽业最高收入85元，而织布最高收入仅为11.57元，染色最高收入则为10.5元，地毯业最高收入更低至9元，甚至比面粉业的最低收入还要低。另据《山东省志·劳动志》有关1933年工资支付情况的记载，木材制造业工人，平均每月工资8.5元，土建业工人平均每月8—12元，电器业工人平均每月30元，纺织业工人平均每月9—15元，化学业工人平均每月13.5元，印刷造纸业工人平均每月2—12元，服装用品业工人平均每月10—12元，油漆业工人平均每月13元，煤炭业工人平均每月40元。②

下面我们以济南20世纪30年代的工厂为例来看下不同行业工人的收入差距。华兴造纸股份有限公司工人最高工资每月六十元，最低者二十元，工徒津贴每人八元。成记面粉公司工人每月最高一百元，最低十二元。振兴火柴公司最高者每月二十四五元，最低者每月十余元。鲁安烟草公司每月工资最高者六十元，最低者四元。③总之，纺织、矿业、染色、地毯等行业工资相对较低，电汽、交通、机械等行业的工资总体较高。

最后，地域的差异带来工资收入的差异。因为各地社会经济发展水平不同，所以即使同一行业的产业工人，其工资收入也会因地域不同而有所不同。整理现有的相关资料可知，近代山东各大城市的工资水平以青岛为高，据记载，青岛"各项职业工资约与津、沪相仿佛"④，"（工资）较内地为进步"⑤。以印刷业工人为例，"其工资收入以青岛最高，每人每月平均十四

① 王安惠主编：《济南第二印染厂志》，1989年内部印行，第154—156页。

② 山东省地方史志编纂委员会：《山东省志·劳动志》，山东人民出版社1995年版，第224页。

③ 罗腾霄：《济南大观》，齐鲁书社2011年版，第332—336页。

④ 魏镜：《青岛指南（第一编·总论）》，平原书局1933年，第14页。

⑤ 赵琪修：《胶澳志》，台湾文海出版社1982年版，第391页。

元。济南次之,每人每月平均十元。潍县、邹平、高唐、蓬莱等地又次之,每人每月平均七至八元。济宁、德县、齐河、昌乐再次之,每人每月平均五至六元。临清、恩县、博平、东平等地最低,每人每月平均三、四元。当然还在个别地区每人每月只有一、二元的情形。"[1] 再以平均工资为例,根据济南 1927 年的统计,"(工人工资基本)月自二元起乃至二十元不等,平均工价恒在七元五角左右"[2];及至 1931 年,根据省政府实业厅对济南 20 个行业工资情况的统计(见表 3—2),20 个行业中普通工资最高者为食品业 16.66 元,另外,普通工资超过 15 元的还有 4 个行业,分别是造纸业 15.08 元,面粉业 15.08 元,机器业 15.08 元和食品业 15.08 元,其余行业的普通工资均低于 15 元,其中 7 个在 10—15 元间,8 个在 10 元以下。

### 表 3—2 1931 年济南各类工厂工资情况 [3]

| 业别 \ 工资 | 每人每月(单位:元) | | | 业别 \ 工资 | 每人每月(单位:元) | | |
|---|---|---|---|---|---|---|---|
| | 最高 | 最低 | 普通 | | 最高 | 最低 | 普通 |
| 电汽业 | 85 | 15 | 15.08 | 布机 | 14.75 | 8.5 | 11.22 |
| 纺纱 | 21 | 7.5 | 14.5 | 花边 | 8 | 5.5 | 6.75 |
| 造纸 | 60 | 9 | 15.08 | 机器 | 20.66 | 9.5 | 15.08 |
| 制胶 | 13 | 7 | 10 | 地毯 | 9 | 4.8 | 6.96 |
| 面粉 | 90 | 10.35 | 15.08 | 铸铁 | 17.83 | 7.03 | 12.18 |
| 砖瓦 | 10.02 | 6.5 | 8.26 | 发网 | 11.8 | 6.2 | 9 |
| 制革 | 17.33 | 6.33 | 11.83 | 食物 | 24 | 9.33 | 16.66 |
| 织布 | 11.57 | 7.75 | 9.66 | 印刷 | 14.83 | 8.41 | 11.62 |
| 染色 | 10.5 | 6.5 | 8.5 | 火柴 | 8.5 | 6 | 7.25 |
| 酿酒 | 12 | 6 | 9 | 烛皂 | 15 | 7.2 | 11.10 |

总起来说,济南产业工人普通工资在 10 元上下居多。同一时期青岛的

---

① 《民国山东通志》编纂委员会:《民国山东通志》(第三册·卷18 四民志),山东文献杂志社 2002 年,第 1770—1771 页。

② 周传铭:《济南快览》,齐鲁书社 2011 年版,第 229 页。

③ 山东省政府实业厅:《山东工商报告》(1931 年 10 月),第 197 页,山东省档案馆 J102-02-0015-009-001,转引自于景莲:《民国山东城市下层社会物质生活状况研究(1912—1937)》,山东大学博士学位论文,2011 年。

普通工资水平明显高于济南，据民国政府商务部 1930 年的统计，青岛产业工人平均月工资是：男工最高的 24 元，最低 8 元，普通 15 元；女工一般是 15 元。① 除了上述两个山东当时仅有的大城市外，山东其他重要城镇工厂工人的工资收入超过 15 元的并不多见，根据 1930 年省政府实业厅的统计，周村的平均工资为 10.50 元，潍县为 12 元，威海卫为 11.50 元，济宁为 8 元，日照为 4.5 元。② 除了工资外，产业工人有时会获得奖金、红利等等，尽管这些所占比例并不多。如成通纱厂在待遇方面，实行考勤奖、年终花红等，一年二十四节气都必发物品，或毛巾、肥皂、袜子、棉布等实物，或现金。再如，东元盛铁工厂为工人提供食宿，工人能够定期洗澡、理发，一年四季主食皆为细粮，职工工资最高为 30 元，最低为 15 元，年终馈送最多为 180 元，最低为 25 元。③

2. 手工业工人

与现代产业工人相比，近代山东各城市的手工业工人的工资相对较低，"每日工作时间至十六小时以上，工资不满一元的很多"④。以济南 20 世纪 30 年代的手工工厂为例（见表 3—3），在调查所涉及的 8 个行业 29 户手工工场中，织布厂手工工人的收入最低，平均每月仅 2.74 元，织带厂手工工人的收入最高，平均每月为 12.6 元，8 个行业平均月工资超过 10 元的仅有 3 个，除了上述的织带厂外，针织厂为 12 元，发网厂则刚刚超过 10 元，仅为 10.5 元，其他行业平均工资均在 10 元以下。青岛的手工业工人工资略高，据青岛市政府 1932 年的统计，青岛手工业"各业普通工资最低的为 9 元，绝大多数集中在 12—18 元之间"⑤。由此可见，手工业工人的收入远不及产业工人的收入。

① 国民政府主计处统计局：《中华民国统计提要（1935 年）》，第 277 页。
② 山东省政府实业厅：《山东工商报告》（1931 年 10 月），第 195 页，山东省档案馆 J102-02-0015-009-001。
③ 山曼主编：《济南城市民俗》，济南出版社 2001 年版，第 124、127 页。
④ 山东省档案馆、山东社会科学院历史研究所：《山东革命历史档案资料选编（第一辑）》，山东人民出版社 1981 年版，第 47 页。
⑤ 青岛市政府秘书处：《青岛市行政统计汇编》，1932 年，第 7—14 页。

表3—3　1931年济南29户手工工厂调查表①

| 业别 | 调查户数 | 资本总额（元） | 日产量 | 生产方式 | 工人数（人） | 平均月工资（元） | 每日工作时间（时） |
|---|---|---|---|---|---|---|---|
| 织布厂 | 10 | 5800 | 75匹 | 人力木机 | 256 | 2.74 | 13 |
| 毛毯厂 | 8 | 13150 | | 人工 | 168 | 5.44 | 12.30 |
| 毛巾厂 | 4 | 530 | 95打 | 人力木机 | 31 | 3.14 | 13 |
| 织带厂 | 2 | 3100 | 104打 | 人力木机 | 50 | 12.6 | 14 |
| 花边厂 | 2 | 6300 | 180打 | 电机织机 | 58 | 7.1 | 9 |
| 发网厂 | 1 | 7000 | | 人工 | 70 | 10.5 | 10 |
| 针织厂 | 1 | 5000 | 13 | 人工 | 15 | 12 | 8 |
| 制绳厂 | 1 | 200 | 250斤 | 人工 | 5 | 4.5 | 16 |
| 合计 | 29 | 400800 | | | 653 | | |

3. 店员工人

店员的工资收入从总体上来看高于手工业工人，与一般产业工人相比略好一些或大致相当。店员的工资并不像产业工人或手工业工人那样，是简单的计时工资或计件工资。为了刺激店员多做生意以提高店铺的收益，一般商店往往会将店员的工资收入与店铺的经营业绩以及店员的等级连在一起，故而店员的基本工资比较低，但有提成、奖金、馈赠、分红等各种变相的工资形式，也就是说店员的实际收入为每月工资加上提成、奖金等年终收入。在济南诸多老字号中，影响最大的是章丘孟氏创办的瑞蚨祥布店，其雇员的工资在同行中偏高，"工资分为两种：内伙计拿年工资，外伙计拿月工资。无特殊事故，工资逐年递增。店员的伙食、川资、医药费由店内酌情支给。"②此外，店员还享受年终馈赠、春节守岁费、放假娱乐费及婚丧待遇费等等。济宁的玉堂酱园工资形式也非常多，如小菜钱、筒子钱、折荤钱、卫生费、带岁钱、婚丧送礼、购货优待、蜡烛油淋钱、理发洗澡费等等。当然，店员

① 济南市社会科学研究所：《济南简史》，齐鲁书社1986年版，第554页；毕牧：《民国时期山东城市下层社会变迁研究》，山东大学博士学位论文，2012年。

② 山曼主编：《济南城市民俗》，济南出版社2002年版，第112页。

们的这些福利待遇是按照等级享受的，不同等级的工资和福利差别非常大。玉堂酱园的店员从柜头到伙计分为八级，"（其工资）一级八吊；二级六吊四；三级五吊六；四级四吊八；五级四吊，六级三吊六；七级二吊八；八级一吊六"①；而瑞蚨祥在人事上分成七个层次：东家、经理、吃股人员、内伙计、外伙计、学徒、后司。

内伙计又叫本屋徒，是指在本屋学徒出身的一部分店员，他们与店主有着千丝万缕的社会关系，有些内伙计在机缘巧合下可以开份子，成为店铺的掌柜或经理，其收入比普通店员高出很多，基本属于社会中层，未能提升的内伙计同外伙计一样，属于店铺的普通店员。据1924年的统计，瑞蚨祥内伙计最高年工资可达132元，年终馈赠40元（见表3—4）。1937年以前，瑞蚨祥年工资在100元以上的约占20%左右，大部分是五六十元至100元。②

外伙计是指非本店学徒出身的一部分店员，与店主或代理人没有任何关系，他们基本都是在其他店里学过徒的，有一定的业务知识和工作能力，但不管其能力如何，他们很难成为掌柜或经理，他们的经济与社会地位与普通产业工人类似，属于社会下层。1924年瑞蚨祥外伙计的月收入在4.6—8.1之间（见表3—4），足见其固定收入之低，除了固定收入外，外伙计也可以获得年终馈赠，年终馈赠原只是针对少数业绩优秀的店员，后来普及到除学徒以外的全体店员，其数额一般是10—50元，外伙计按照自己的营业情况和工龄长短获得年终馈赠。

店铺内的学徒一般需要学习二年到三年，期间多作洒扫一类的苦差，直至熟悉了店铺的规章制度、经营方法、待客礼节才能上柜迎客，瑞蚨祥的学徒黎明即起，收拾床铺、扫地、擦柜台，每天工作十七八个小时。学徒一般没有工资，店铺只提供膳宿，有的店铺会酌情发给学徒年终奖金或探亲川费，如瑞蚨祥的学徒1924年以后年工资为5元,3年后开始逐年增加工资(表

---

① 中国人民政治协商会议山东省委员会、文史资料研究委员会：《山东文史资料选辑（第13辑）》，山东人民出版社1982年版，第100页。

② 中国民主建国会济南市委员会，济南市工商业联合会：《济南工商史料（第四辑）》，1992年，第121页。

3—4）；玉堂酱园的学徒第一年试用期没有工资，只给四吊辛苦钱，三年后，根据其表现即所谓"安分守己""忠于店事"的，再给工资，但一般不超过三吊[①]。有的店铺会给学徒发1—2元的月薪，只是这样的店铺比较少。济南惠东药房的学徒第一年工资为每月1元，第二年每月2元，第三年每月3元，第四年每月4元。期满另定，一般每月6元、8元不等，按工龄长短和能力大小随时调整，该药房的店员工资每月20—30元，按能力大小而定。[②] 从这里也可以看出学徒工资之低。

由上可见，店员的收入与店铺盈利情况、店员的业绩及等级密切相关。当然不同行业之间的工资收入也会有所差异。近代劳工群体不管收入多寡，总算有份正当职业，即使收入非常低，但总有办法敷衍度日，总好过失业或无业。然而，近代中国的特殊国情，使工人时常面临失业或半失业的威胁。据相关记载，济南五三惨案后，各种失业人数在63000人左右。[③] 枣庄矿区失业工人五千多人，章丘矿区失业工人二千多人，博山矿区的矿工和手工业工人失业者达十之六七，周村诸纱厂倒闭，失业工人达四五千人。三十年代，胶东工人被迫失业直接间接不下二十万人。[④] 在半殖民地半封建社会的大背景下，在民族工商业举步维艰、普遍不景气的情况下，失业人员要想重新获得一份正当职业实在困难，为了维持生计、养家糊口，他们很多人沦为苦力、小贩，其他在没有任何出路的情况下沦为游民。

## 二、消费状况

劳工群体的消费主要包括衣食住等基本生活费用及教育、医疗、娱

---

[①] 中国人民政治协商会议山东省委员会、文史资料研究委员会：《山东文史资料选辑（第13辑）》，山东人民出版社1982年，第100页。

[②] 中国人民政治协商会议山东省济南市委员会、文史资料研究委员会：《济南文史资料（第8辑）》，1984年，第135页。

[③] 《济南失业工人调查》，《民国日报》1928年6月26日。

[④] 《民国山东通志》编纂委员会：《民国山东通志》（第三册·卷18四民志），山东文献杂志社2002年，第1772页。

乐、社交、交通、水费等其他杂项。其中，填饱肚子是劳工群体最重要的需求，也是其最主要的花销开支，几乎占了总收入的绝大部分，在维持了最低的生活需求后，普通劳工家庭几乎没有闲钱用作其他开支。据《胶澳志》所言，"（青岛）乡民对于衣食住三项之经费，以食为大宗，……故乡民终岁辛勤所得，十之七八用之于食，衣服所费不过二、三成，居住则更占少数。"① 另外，根据青岛 1930 年关于产业工人每月收支情况的统计，"饮食支出占总支出的 41.86%，衣着占 14%，房租占 6.85%，燃料占 8.06%，杂项19.26%"。② 根据恩格尔系数的划分标准，劳工群体基本属于温饱至贫穷间。

**表 3—4　1924 年瑞蚨祥鸿记职工工资情况表③**

| 类别 | 年工资 | 年增加额 | 年终馈赠额 | 附注 |
|---|---|---|---|---|
| 内伙计 | 132 | 12 | 40 | 最高工资 |
| | 130 | 15 | 40 | |
| | 98 | 15 | 35 | |
| | 55 | 15 | 25 | |
| | 52 | 12 | 20 | |
| | 29 | 15 | 25 | |
| | 16 | 20 | 10 | |
| | 14 | 12 | 10 | |
| | 13 | 15 | 20 | 最低工资 |
| 学徒 | 5 | 10 | | 3 年后开始增加工资 |
| | 5 | | | 学徒第一年 |
| 外伙计 | 8.1（月工资） | 0.9 | 25 | |
| | 6（月工资） | | 20 | |
| | 4.6（月工资） | 0.9 | 20 | |

劳工群体这种畸形的消费结构，与其收入过低密切相关。1927 年济南

① 赵琪修、袁荣叟：《胶澳志》，台湾文海出版社 1982 年版，第 373 页。
② 张玉刚：《中国家庭史·第五卷·民国时期》，广东人民出版社 2007 年版，第 304 页。
③ 济南市两会文史组：《济南百年老号瑞蚨祥》，参见徐华东：《济南开埠与地方经济》，黄河出版社 2004 年版，第 100 页；于景莲：《民国山东城市下层社会物质生活状况研究（1912—1937）》，山东大学博士学位论文，2011 年。

"工资月自二元起乃至二十元不等，平均工价恒在七元五角左右。……工人生活之标准，衣、食、住三者，个人平均月须七元五角，若五人以内之小家庭，月非二十元不能生活，故其生计之高，可为国中各市之冠"①。青岛按照 30 年代的物价水平，一个月每月维持生存所需要的生活费须 6 元，按每家四口人计算，伙食加上杂项开支，一个家庭的月生活费用也至少要在 20 元以上。② 然而，各类工厂工人月薪达到 20 元足以养家的还不足一半，许多家庭单靠男劳力的工资根本难以维持最低的生活需求，故而其妻儿也要工作以补贴家用，如青岛台东、台西镇，"女子则以糊洋火盒居多，老弱妇孺，则皆从事于拾煤核，打蛎等事"③。

下面我们简要从衣食住及医疗、教育等杂费几个方面了解下劳工群体的消费状况。

1. 衣食住

（1）衣。与填饱肚子相比，穿衣打扮在日常生活中的重要性要低很多，"平民所着衣服一套需二三元乃至十元为常"④，这对大多数工人家庭而言都是一比不菲的开支，微薄的工资收入仅能勉强度日，哪有余钱购买昂贵的新衣，况且破旧衣服照样可以蔽体御寒。因此，普通劳工之家在衣着方面并不讲究，实用即可，其开支也非常小，大部分是家庭妇女购买廉价布料自己缝制，而且同一件衣服往往要缝缝补补穿上好多年，破旧的大人衣服还要再改为小孩衣服，以尽量将穿着花费降至最低。此外，贫寒之家还会去购买估衣，花钱不多，还能买到合适的衣服，尤其冬天，贫寒人家买估衣的特别多。

（2）食。劳工群体的饮食较为简单，以粗粮为主食，吃饱即满足。民国时期，济南一般人家的日常饮食，多是用小米、玉米、高粱、大豆等杂粮面

---

① 周传铭：《济南快览》，齐鲁书社 2011 年版，第 229 页。

② 参见青岛市物价局《物价志》编纂委员会：《青岛市志·物价志》，中国大百科全书出版社 1996 年版，第 284 页。

③ 魏镜：《青岛指南·第六编·生活纪要》，平原书局 1933 年，第 45 页。

④ 赵琪修、袁荣叟：《胶澳志》，台湾文海出版社 1982 年版，第 77 页。

蒸窝头、贴饼子，或用小米焖干饭，喝小米稀饭、小米面粘粥，副食以豆芽、豆腐、白菜、萝卜等素菜为主，或者就着咸菜下饭，俗称"粗粮细豆饭食"，只在节日或接待亲友时，才买些细菜，添些肉食和白面馍馍。贫穷之家的生活更加艰苦，常年以粗粮为主食，以自己腌制的咸菜为副食，"逢青黄不接时，即掺上胡萝卜、豆腐渣、地瓜蔓、榆叶和野菜，或一囫囵谷或高粱，甚至加些糠壳一同磨成粉为主食"①，这就是"糠菜饭食"，遇到节日或高兴的事，到熟食店打上点肉汤，回来用肉汤煮一锅白菜，美美地吃上一顿就算是改善生活了。在青岛"市内工匠劳力以小米为主食"②，"李村乡民之食事，……通年食物以甘薯为主，……杂以粟、豆、高粱、小麦。……是为主食品。自制之腌萝卜、白菜、菠菜、韭菜、茄子及豆腐之类，类以肉杂或甘薯之干叶制以为冻，更有以盐混于洋粉皮以佐食者，是为副食品"，"贫民则以甘薯之蔓晒干磨粉，制为团子，以供常食。其他野草，凡叶之柔软者，莫不采以供食。彼东三省以高粱为常食，而此地则以高粱、小麦为高等之食品，其食品之粗劣概可知矣。"③ 待遇较好的工厂还会为工人提供食宿。如济南惠丰面粉厂建有三个食堂，"其中职员在一个食堂；技术人员在一个食堂，这个食堂只能管人员吃饱；普通工人一个食堂，这个食堂每人每月一袋面粉"，济南东元盛铁工厂也为工人提供膳食，"一年四季吃面粉，而同行业的铁工厂只是在夏季吃面粉，其他三季吃小米煎饼"④。

（3）住。劳工群体的住房可以分为两类，一是工厂提供的宿舍；一是厂外居住。济南单身男工多居住在工厂宿舍里，仁丰纱厂"建厂时在厂内东北角建造女工宿舍 52 间，每间可住 10 人，员工宿舍为三层楼房，一半为单身宿舍，一半为家属宿舍，另外还有职员宿舍两处，在男女宿舍旁，各建浴

---

① 孙常印主编，秦若轼著：《济南旧习俗》，黄河出版社 2002 年版，第 17 页。
② 赵琪修、袁荣叟：《胶澳志》，台湾文海出版社 1982 年版，第 374 页。
③ 《民国山东通志》编纂委员会：《民国山东通志》（第三册·卷 19 生活志），山东文献杂志社 2002 年，第 1803 页。
④ 中国人民政治协商会议山东省济南市委员会、文史资料研究委员会：《济南文史资料（第 5 辑）》，1984 年，第 91—92、58 页。

室2间，每周开放两次，这些条件在当时都属较为优越"①。不过，工人居住的宿舍一般比较拥挤，而且卫生条件特别差，青岛钟渊纱厂宿舍"是一排排拥挤不堪的平房，室内支着土坑，既无厕所，又无厨房，一间十平方的小屋，要睡四五个人"②，青岛火柴厂更是将30多名工人安排在同一宿舍，其拥挤程度及环境恶劣程度可想而知，"空气异常污浊，到他们住的屋里坐不上一小时，就觉得头痛"③，济南厚德贫民工厂"所有工人居于一室，殊碍卫生"④。

对大部分厂外居住的工人而言，其居住条件并不比工厂宿舍好多少。民国建立至抗日战争爆发前，山东一般中小城市普通民居多为平房，农民多住草房。潍县"草房居十分之八，瓦房居十分之二"，历城"草、瓦房不等，而以草房为多"⑤。山东几个重要城市如济南、青岛、烟台等却有所不同，以济南为例，其普通居民住宅多为"旧式的青砖小瓦、砖木结构之平房，坯墙草顶、人字屋架"，此外，随着人口的快速增长，城区还出现了大量棚户住房，"结构简易，多用炉渣或泥坯和木棒支撑，棚高不及肩，宽不过丈"⑥。"在一座较贫穷的人居住的院落里，你会发现一间屋子一个小家庭，这些屋子大约12平米，通常只有一面透光，因而尽管有些房间后墙有高高的窗户，但都很昏暗，维修也极差。这种住宅如果靠近有泉水的城区，它们的地面——砖地或更常见的泥土地，终年都是潮湿的。在雨季，墙壁潮湿至离地面数米高的地方，院落常常变成一个小水池。家里没有厨房，人们在户外用泥土做

① 山曼主编：《济南城市民俗》，济南出版社2001年版，第126页。
② 山东省总工会工运史研究室、青岛市总工会工运史办公室：《青岛惨案史料》，工人出版社1985年版，第408—409页。
③ 山东省档案馆、山东社会科学院历史研究所：《山东革命历史档案资料选编(第1辑)》，山东人民出版社1981年版，第23页。
④ 山东省政府实业厅：《山东工商报告》(1931年10月)，第197页，山东省档案馆J102-02-0015-009-001。
⑤ 《民国山东通志》编纂委员会：《民国山东通志》(第三册·卷19生活志)，山东文献杂志社2002年，第1837—1838页。
⑥ 《民国山东通志》编纂委员会：《民国山东通志》(第三册·卷19生活志)，山东文献杂志社2002年，第1837—1842页。

的炉子上做饭，炉子由一只风箱保证通风。屋内有一张木桌子，数条长板凳，这些板凳可能白天是座位，晚间当床用。屋内还有一只箱子，用来储藏家庭可能拥有的多余衣物。炊具及装饰品极少。"①

青岛的贫穷劳动者多居住在台东、台西镇。"大抵皆搭盖板房草舍，……其高度有低头而不能直立者，炕灶每相连接，杂物凌乱无序，秽浊之气，往往刺鼻"②。1932 年，为整顿市容，解决住宅问题，青岛市政府组建杂院整理委员会，规定"凡平民有能力自建者，施给官地，不收租金，免除地税，令其自建住所；无力自建者，由政府建筑住所，以最廉之租价租给住户，每间房年租金一元"。据统计，1932 年—1934 年间，"共建十一处平民院……共计一、四七三间，同期，由政府建筑的第三平民住所有二零零间，第八平民住所三五七间，共计五五七间"③，平民院均系简易平房，每间 12 平米，院内集中设置水龙头以及公共厕所。据统计，平民院共安置 4000 余户，人口达 2.1 万人，虽然它未能顾及所有贫困家庭，但一定程度上让部分贫困者解决了住房问题。

2. 医疗、教育等杂费

（1）医疗费。由于大部分工人收入微薄，居住、饮食条件极差，工作环境又非常恶劣，故而他们的身体状况并不是很好，医疗费用是必不可少的支出款项。据统计，（济南）1941 年死亡 3070 人，其中，死于天花 62 人、白喉 104 人、赤痢 178 人、疡毒 33 人、猩红热 22 人、心脏病 247 人、肺病202 人、肠胃病 405 人、呼吸器官病 269 人、产褥热 78 人。④ 尽管食物开支已占去了大部分收入，尽管医疗费用昂贵让贫苦工人无力承担，但有病求医是必须的，当时有些福利待遇稍微好些的工厂，一般建有医药室或卫生室，

① A. G. 帕克指导，齐鲁大学社会学系编，郭大松译：《济南社会一瞥（1924 年）》下，《民国档案》1993 年第 3 期，第 56 页。

② 魏镜：《青岛指南》，平原书局 1933 年，第 46 页。

③ 《民国山东通志》编纂委员会：《民国山东通志（第四册·卷 26 救济志）》，山东文献杂志社 2002 年，第 2483—2484 页。

④ 济南市史志编纂委员会编：《济南市志（第 7 册）》，中华书局 1997 年版，第 52 页。

为工人提供一定的医疗保障，这无形中为贫苦工人减轻了不少负担，比如，成丰面粉厂设有卫生室，仁丰纱厂建有医药室。相对于人数众多的贫穷劳工群体，这些卫生室或医药室可以说是杯水车薪，当然，也不是所有工人都能享受这样的医疗福利。贫穷的工人一旦生病，除了每日极力节省下一点钱，支付少量的医药费外，要么就硬扛着，要么依赖医疗救助。

（2）教育费。

如前所述，劳工群体中有很大一部分人仅能勉强度日，他们将收入的大部分用来填饱肚子，满足最低的生活需求，对于子女的教育已经是有心无力了。因此，城市下层民众中的文盲、半文盲的比例非常高，据1929年济南社会局的调查，当时全市工人不下数万而其中不识字者，十居八九①。及至1934年，济南"在6—12岁儿童中，已就学者15808人，失学者13782人，入学率53.4%。1948年市区文盲、半文盲占总人口的42%。"②另据1930年青岛社会局的调查，"在2000多个工人子女中，16岁以上仍能坚持读书者仅有3人"③。关于教育的费用，以济南为例，小学生每名每年5—15元不等，小学生中学生每名学生每年费用50—100元不等；高等学校中商业专科学校最低，每名学生每年100元，工业专科学校最高，每名学生每年325元。④鉴于当时工人微薄的月收入，根本不足以支付教育费。综上所述，除了维持最基本的生活需求，贫穷工人家"孩子不能上学，父母不能阅读，生病拿不起钱进行适当治疗"⑤。收入较好的工人阶级尚且如此，苦力群体和游民群体的生活之悲惨可想而知。

---

① 济南市社会局编：《济南市社会局十八年度工作报告》，1930年，第30页。

② 济南市史志编纂委员会编：《济南市志（第7册）》，中华书局1997年版，第52页。

③ 《青岛市社会局行政纪要（第四编·劳动行政）》，1930年，第129页。

④ 赵群群：《近代济南工人阶层生活状况研究（1904—1937）》，山东大学硕士学位论文，2011年。

⑤ 于景莲：《民国山东城市下层社会物质生活状况研究（1912—1937）》，山东大学博士学位论文，2011年。

### 三、休闲娱乐

近代山东各大城市有着丰富多彩的娱乐活动，传统的诸如喝茶、听戏，现代的诸如看电影、逛商场、去游乐园等，此外，还有看书、阅报、运动等等，但劳工群体花在休闲娱乐上的时间或金钱却并不多。

首先，一般的工人家庭少有空暇和精力去休闲娱乐。据《济南快览》统计，"全市工人约一万左右，……工作时间每日自十时至十二时不等，若小工厂在夏日之工作，每日恒在十五时以上也。……休息时间年仅十五整日。"[①] 另据 1930 年的调查，青岛平均工作时间 12 小时，是除南昌 14 小时外最多的城市之一。[②] 具体到各个工厂时间略有差别，仁丰纱厂抗日战争之前，工人每天劳动时间 11.5 小时，男工每月劳动 28 天；东元盛铁厂工人每天劳动时间 12 小时，职员为 15 小时，每年春节放假 15 天，元宵节、端午节、中秋节、重阳节各放假一天。[③] 青岛日本纱厂工作时间是"从六点钟到六点钟"[④]，有时时间更长，工人没有吃饭时间。超长的劳动时间占据了工人们一天的大部分时间，他们很难再有时间和精力去休闲娱乐，一旦有闲暇或假日，很多工人会抓紧时间休息以恢复体力。工人的节假日长短不一，前述的东元盛铁厂的工人假期比较多，而有的行业工人却鲜有假期，如制革业，一年中最多 4 天假。

其次，微薄的收入使得有精力和闲暇的工人，可以选择休闲娱乐的范围极为有限。如前面收支情况中提及的，大部分工人的工资收入在维持了基本的生活需求后所剩无几，有的甚至根本无法满足家人糊口的需要，还得东挪西借或节衣缩食方能敷衍度日，在这种情况下，他们能用于休闲娱乐的支出

---

① 周传铭：《济南快览》，齐鲁书社 2011 年版，第 229 页。

② 参见李文海：《民国时期社会调查丛编·二·城市劳工生活卷·上》，福建教育出版社 2014 年版，第 10 页。

③ 山曼主编：《济南城市民俗》，济南出版社 2001 年版，第 125、127 页。

④ 山东省总工会工运史研究室、青岛市总工会工运史办公室：《青岛惨案史料》，工人出版社 1985 年版，第 499 页。

非常少。据 1934 年的统计，"（济南）京剧院票价自五角至一元，如南北名伶临时加演，由一元增至三元，其余之评戏院由二角至五角。电影院有日常，京剧场有夜场，电影票价自一角至二角，如新片到济，由二角增至五角或七角者……民众电影化票价平民化，自一角至五分"[1]，而几乎同一时期（1933 年），山东各地手工业工人每日普通工资在 0.15—0.6 元之间，博山之陶瓷、炉料工人和临淄之制烟工人工资为最高，每日 1 元，而昌邑制鞋工人工资最低，每日仅挣 7 分钱。[2] 尽管产业工人比手工业工人收入略高，但差距并不是很多，1930 年，一名成年男工的工资在 8—15 元间浮动[3]，以每月 30 天计算，平均日工资为 0.26—0.5 元。由此可见，一般工人家庭的微薄收入并不足以支持其参与稍微高级的休闲娱乐。鉴于上述种种原因，劳工群体的休闲娱乐活动比较贫乏简单。

经济状况及体力精力的限制，使工人们只能选择低廉或者免费的娱乐方式。街头巷尾的拉呱聊天、互相吹牛即为休闲，街头往往还是戏剧表演的舞台，很多的民间艺人为了养家糊口常常走街串巷表演，这是民国时期大众喜闻乐见的形式，包括说唱、评书、快板、变戏法、捏面人、玩杂耍等等，工人们闲暇之余可以参与其中，甚至街上的婚娶丧葬都可以成为工人们休闲的方式。此外，济南街头的大鼓书场、大观园门外的杂技艺场，千佛山庙会、平民说书棚等等，也是工人们喜欢休闲娱乐的地方。有些"工人因无正当娱乐可寻，故多染有嫖赌烟酒等恶习"[4]。

---

① 罗腾霄：《济南大观》，齐鲁书社 2011 年版，第 429 页。

② 彭泽益：《中国近代手工业史资料（1840—1949）·第 3 卷》，三联书店 1957 年版，第 565 页；于景莲：《民国山东城市下层社会物质生活状况研究（1912—1937）》，山东大学博士学位论文，2011 年。

③ 工商部编印：《全国工人生活及工业生产调查统计总报告》，参见李文海：《民国时期社会调查丛编（城市劳工生活卷）上册》，福建教育出版社 2014 年版，第 5 页。

④ 李文海：《民国时期社会调查丛编（城市劳工生活卷）下册》，福建教育出版社 2005 年版，第 929 页。

## 第二节　苦力群体的生存实态

苦力群体是城市中最贫穷的血汗劳动者，相较于产业工人、商店店员等劳工群体而言，苦力群体劳动强度更大、劳动时间更长，但其收入却普遍偏低，当然，苦力群体内部不同行业的收入略有差异，此外，在不同历史时期以及不同的城市，受当时当地经济发展水平的影响，苦力群体的收入也会有一定的差别。如前所述，苦力群体所从事的职业非常繁多，主要包括人力车夫、脚夫、轿夫等，其中人力车夫是最主要构成部分。

### 一、收入状况

在苦力群体中人力车夫的收入算是比较高的，但其收入取决于每日生意的好坏，因而收入波动大，并不固定。据调查，人力车夫的收入，"较乐观的估计，至少为每日铜元40枚，至多为280枚，平均为132枚"[1]，由此可见，最高收入与最低收入的差距可达7倍或以上。另据《青岛指南》记载，人力车夫"旺季每月约可收入30元，冬季每月15元"[2]。

1.计价方式。要想全面了解人力车夫的收入状况，我们首先需要了解人力车的计价方式。人力车一般分为散车和包月车两种。拉散车指的是人力车夫从车行租车，然后到车站、码头、繁华地段兜揽生意，济南拉散车的车夫多集中在天桥、南门、院前、趵突泉、劝业所、大观园、西市场、火车站等地，这一拉车方式客源不稳定，生意时好时坏，但不管生意如何，也不管一天是否开张，人力车夫均须按照车辆成色好坏，向车主交纳租车钱。包月车指的是长期为有钱人家拉车，收入比较稳定。有的人力车夫还有自己的车辆，但是自购车辆的情况比较少，租车的占大多数，根据《济南快览》记载，

---

① 王清彬：《第一次中国劳动年鉴（第一编）》，北平社会调查部1928年，第616页。

② 魏镜：《青岛指南·第一编·总论》，平原书局1933年，第14页。

"一车之价，如系国货，虽灯铃俱全，不过百元。若为欧货或日本货，则需百二十元乃至百五十元。"① 这对当时的人力车夫而言可谓一笔巨款，拉车的那点微薄收入仅糊口都困难，更不用说购买昂贵的车辆了。在 20 世纪 20 年代的济南，"如其包月，饭食及车均归车夫自备，月约十六元。单雇车夫，饭食车辆概归雇主，不过八元至六元也"②；在 20 世纪 30 年代的青岛，人力车夫"凡包定全日者，以十小时计算，计大洋 1 元 1 角，包定半日者，以五小时计算，计大洋 7 角。临时雇用者，每里约计大洋三、四分"③。除了上述计价方式外，当时的人力车还有两种计价方式，一是按照里数，每里路铜元两枚；一是按时间，每小时铜元 12 枚，每日约京钱二千文。铁轮车较皮轮车值价约少三分之一。④

2. 资费标准。最初，车夫拉车的收费标准，政府并没有统一规定，一般都是车夫与乘客按照市场行情临时商定，但在讨价还价中易发生纠纷，于是，政府出面制定了价目表。据《济南快览》记载，"车夫既多，赁价又廉，故车价亦较各埠为贱。然近以日食昂贵之故，车夫索价，常至一倍以上，兹示其标准例如下：城关每里不过铜元八枚。商埠每经一个纬路或一个马路，铜元不过二枚至三枚。若以钟点计算，如在四钟点以上，每小时大洋一角，日计不过一元，然以入夜十二时为限。……主人赴宴，饭金二角；妓女牌局，则需一元"。及至 1934 年，济南市公安局为避免纠纷发生，"规定起止地点，及固定价目"⑤。如济南市公安局规定的千佛山一人山轿价目如下："由南圩门外至千佛山根价洋六角；由南圩门外至千佛山顶价洋一元二角；由千佛山根至山顶价洋八角；由山顶至山根价洋六角；由千佛山根至南圩门外价洋四角；由千佛山顶至南圩门外价洋一元"，此外，公安局还规定"各轿夫营业须遵守规定价目，不得额外讹索"，"除应收得工价外，不得争索酒资"，"各轿

① 周传铭：《济南快览》，齐鲁书社 2011 年版，第 86 页。
② 周传铭：《济南快览》，齐鲁书社 2011 年版，第 87 页。
③ 《青岛指南·卷三·第三编·交通纪要》，1934 年，第 14 页。
④ 叶春樨：《济南指南》，中国文联出版社 2004 年版，第 116 页。
⑤ 《山东民国日报》1934 年 8 月 26 日。

夫营业者应依讲价先后次序，不得争攘"，"如有违法本办法之规定者，经该管分局察觉或被人指告，得随时呈送本局罚办"。① 再如，济南市公安局制定的以济南站为起点的车辆路线及价目（见表 3—5）。青岛市公安局 20 世纪 30 年代亦按照道路远近及路况制定了乘车价目表，并规定车夫不能额外索要（见表 3—6）。

表 3—5　1939 年济南制订的以济南站为起点的车辆路线及价目表 ②

| 大东门 | 2 角 2 分 |
|---|---|
| 新东门 | 2 角 0 分 |
| 院前 | 1 角 7 分 |
| 大明湖 | 1 角 7 分 |
| 南门 | 1 角 8 分 |
| 大西门 | 1 角 4 分 |
| 东圩子门 | 2 角 5 分 |
| 菜市小北门 | 2 角 5 分 |
| 东坊圩子门 | 2 角 5 分 |
| 趵突泉 | 1 角 6 分 |
| 朝山街圩子门 | 2 角 2 分 |
| 普利门 | 1 角 0 分 |

表 3—6　1933 年青岛人力车夫车辆路线及价目表 ③

| 起点 | 市政府 | 青岛火车站 | 第一公园 | 第三公园 |
|---|---|---|---|---|
| 太平路一区第四分所在地 | 8 分 | 5 分 | 2 角 2 分 | 1 角 3 分 |
| 青岛邮政总局 | 1 角 2 分 | 1 角 2 分 | 2 角 5 分 | 7 分 |
| 大港栈桥 | 2 角 5 分 | 2 角 2 分 | 4 角 | 1 角 5 分 |
| 辽宁路警察第四分局第二分所 | 2 角 | 2 角 | 2 角 5 分 | |
| 青岛火车站 | 1 角 | | 2 角 5 分 | 1 角 5 分 |

①　罗腾霄：《济南大观》，齐鲁书社 2011 年版，第 419 页。

②　济南市公署秘书处编：《市民须知》，1939 年 6 月，参见毕牧：《民国时期山东城市下层社会变迁研究》，山东大学博士学位论文，2012 年。

③　《青岛市营业人力车承租价目表》，1933 年，青岛市档案馆馆藏档案 B0023，参见毕牧：《民国时期山东城市下层社会变迁研究》，山东大学博士学位论文，2012 年。

| 起点 | 市政府 | 青岛火车站 | 第一公园 | 第三公园 |
|---|---|---|---|---|
| 大港火车站 | | | | |
| 上海路二区第六分所驻所 | 1角5分 | 2角 | 3角 | 1角5分 |
| 台东镇警察第四分局 | 2角5分 | 2角5分 | 2角 | |
| 警察总局 | 8分 | 5分 | 2角5分 | 1角5分 |

3.收入状况。济南、青岛是近代人力车最集中的两大城市，其车夫的收入状况很具代表性。据《青岛市人力车夫每月收支暨负担家属生活费概况表》的统计，1929年青岛车力工资27.66元，1939年，车力工资25.53元。另据1933年出版的《青岛指南》记载，"旺季每月约可收入30元，冬季每月15元"[1]。济南人力车夫的工资与青岛相比略低，据1931年齐鲁大学强一经对济南100名人力车夫的调查发现：每天进款"4角至5角者17人，6角至7角者33人，8角至9角者25人，1元至1元余者6人，不详者10人""（拉包月车的），工资总不出15元左右，至于以外的所得，如饭钱、赏钱等，不在此内""（拉散车的），扣除赁车费，每日的进款大约在6角或7角之间"[2]。综合考虑各车的成色好坏，各地的经济发展水平以及淡旺季等因素，人力车夫每月收入平均在15元上下，如《第二次中国劳动年鉴》的统计数据为15.3元[3]。

鉴于当时其他劳动者的收入，人力车夫的收入在苦力群体中算是比较高的，20世纪30—40年代，济南"平均工价恒在七元五角左右"[4]，"泥水日工自四角至五角；运货短工自二角至五角；石头小车、地排运车每日每人约五角"[5]，"做粗活的非学徒童工，工资每月为2元"[6]，洛口黄河码头上的船工，

---

① 魏镜：《青岛指南·第一编·总论》，平原书局1933年，第14页。

② 强一经：《济南洋车夫生活调查》，见李文海：《民国时期社会调查丛编（城市劳工生活卷）下册》，福建教育出版社2005年版，第1177—1178页。

③ 刑必信：《第二次中国劳动年鉴·上册》，北平社会调查所1932年，第192页。

④ 周传铭：《济南快览》，齐鲁书社2011年版，第229页。

⑤ 罗腾霄：《济南大观》，齐鲁书社2011年版，第39页。

⑥ A.G.帕克指导，齐鲁大学社会学系编，郭大松译：《济南社会一瞥（1924年）》下，《民国档案》1993年第3期。

每月的工钱是 160 斤高粱，而"1937 年以前，在船上扛'大个'（麻包），一麻袋 200 斤，一天扛百十包，能挣一元钱，再好，能挣一袋面粉"，但洛口黄河码头上的这些搬运的工作是季节性的，"一年当中，挣钱多的时间也就三四个月，到了冬天，河南和利津的船不来了，靠河码头吃饭的人就没活干了"，因此，当时码头上流行这样一句话，"过了三月三，大米干饭也嫌酸；十冬腊月哭皇天"。① 另据 1939 年青岛《据呈复遵令调查马车人力车等劳动者工资调查表》的统计，"人力车夫，每月 18—20 元；舢板夫，每月 17—18 元；……苦力，每月 8—9 角；木匠，每月 1 元 2 角；石匠，每月 1 元 2 角……"②1941 年《潍县县公署关于劳工生活情况调查》显示，在潍县的苦力群体中，人力车夫每人每月最低收入为 45 元，最高收入为 60 元，搬运夫每人每月最低收入为 36 元，最高收入为 45 元，粪夫每人每月最低收入为 30 元，最高收入为 45 元，杂役每人每月最低收入为 24 元，最高收入为 30 元。③ 综上所述，在整个苦力群体中，人力车夫的收入水平还算不错。

### 二、消费状况

这一部分我们主要以人力车夫为例，了解下近代苦力群体的消费及生活状况。相较于产业工人、商店店员等工人群体而言，人力车夫劳动时间更长，劳动强度更大，但收入却普遍低薄，生活非常清苦，甚至有些车夫根本无力负担家人的基本生活。社会调查专家李景汉在研究北平人力车夫的消费结构时，曾指出人力车夫的收入除缴纳车租外，其他费用"百分之七十五是饭食，百分之九是煤柴，百分之八是房租，百分之五是衣服，百分之三是煤油及杂费"④。尽管北平和山东的人力车夫在收入水平、消费结构等方面不可

---

① 山曼主编：《济南城市民俗》，济南出版社 2001 年版，第 136、138 页。

② 青岛市商会：《据呈复遵令调查马车人力车等劳动者工资调查表》，1939 年 1 月，青岛市档案馆馆藏档案 B0023。

③ 《潍县县公署关于劳工生活情况调查》，山东省档案馆藏，J104-03-9-002。

④ 李景汉：《北京拉车的苦工》，《现代评论》第 62 期。

能完全相同，但他们基本的消费结构、支出比例及生活状态却差别不大，因此，上述结论对近代山东的人力车夫同样适用。

1.车租及月捐。如前所述，人力车夫自购车者比较少，租车者占了大多数，既然租车，就须向车主交纳车租，20世纪20年代，"（济南）中人以下，购车招租。营此者多为富有资财及经验之车夫。每日租金亦不划一，以车之新旧为比例，车主、车夫双方议定。新者租三角，次者一吊、一吊五、一吊二不等，虽破旧者，亦需一吊。"①1929年，青岛车夫家庭平均每月支出共33.76元，包括车租10.98元；1930年，平均每家每月支出共29.71元，包括车租10.23元。②然而，1929、1930年，青岛车夫家庭的食品、衣服、燃料、房租、杂项等生活费总支出仅为8.66、8.16，远不及车租的费用（见表3—7），可见，租车费用在人力车夫的支出中占有非常大的比例，并且每天不管生意如何，不管是否赚到车钱，人力车夫均须按照成色好坏，向车主交纳租车租，因此，很多车夫拼命工作了一天却仅能勉强度日，而家人比较多的车夫，尤其遇上淡季，则难以糊口，只能负债度日或依赖社会救助。除了交纳车租外，自购车辆者还需交纳月捐。"警厅月捐，按月五角，由车主担负。用者则不收租，仅纳牌照费一元。每遇六、七、八三个月中，常有免捐之事，盖所以体恤贫寒也。"③就连以巧立名目、横征暴敛著名的张宗昌政府，也曾下令免除济南人力车夫1927年八、九月份的与车捐，可见，人力车夫生活之不易。

---

① 周传铭：《济南快览》，齐鲁书社2011年版，第86页。

② 参见《青岛市人力车夫每月收支暨负担家属生活费概况表》，《青岛市社会局行政既要》，1931年，第126页。

③ 周传铭：《济南快览》，齐鲁书社2011年版，第86—87页。

表3—7　青岛市人力车夫每月生活费概况表 ①

| 类别 | 1929 年（元） | 百分比（%） | 1930 年（元） | 百分比（%） |
|---|---|---|---|---|
| 食品 | 4.84 | 55.89 | 5.10 | 62.50 |
| 服用 | 1.42 | 16.40 | 1.00 | 12.25 |
| 燃料费 | 0.35 | 4.04 | 10.35 | 4.29 |
| 房租 | 0.43 | 4.97 | 0.46 | 5.64 |
| 杂项 | 1.60 | 18.48 | 1.25 | 15.32 |
| 合计 | 8.66 | 100 | 8.16 | 100 |

2.衣食住。（1）食。在衣食住等日常基本生活消费中，食品开支所占比例最大，毕竟对城市社会的下层民众，尤其苦力群体而言，填饱肚子才是首要的需求。根据表3—7的数据统计可知，1929年、1930年青岛200个人力车夫的开支中，食品开支分别占到总开支的55.89%和62.50%，考虑到当时计入"杂项"的一些项目，实质上也可以算到"食品"项下，因而，"食"在人力车夫整个收入支出中占有的比例，要远远高于上表中统计的数据。当前国际上常用"食物支出占消费总支出的比重"（即"恩格尔系数"）来测定某个国家或地区的经济水平和生活水平，该比重随着家庭收入的增加而下降，即恩格尔系数越大就越贫困。当人力车夫将收入的大部分用于食品时，他就没有能力再在其他方面，譬如穿衣、居住、休闲等投入金钱，其也不过仅仅是为了糊口而拼命。

济南的贫寒之家，或乡间农民，以高粱及豆或玉蜀碎之成粉，筛去粗皮，任以二种，和水作饼，隔水蒸之，色红而味甜，佐以咸菜及葱，即为常食。②《中华全国风俗志》中也曾提及，"用发面作寸许厚饼烙之，为之锅饼，此则贫用力者食之。"③泰安居民以煎饼为主食，贫寒之家则多食用地瓜干、高粱制作的玉米煎饼，并佐以大葱、韭菜、生菜叶等。青岛贫寒之家每

———————

① 《青岛市人力车夫每月收支暨负担家属生活费概况表》，《青岛市社会局行政既要》，1931年，第126页；于景莲：《民国山东城市下层社会物质生活状况研究（1912—1937）》，山东大学博士学位论文，2011年。

② 周传铭：《济南快览》，齐鲁书社2011年版，第18页。

③ 胡朴安：《中华全国风俗志》（下册），河北人民出版社1986年版，第99页。

日两餐，以甘薯为主，杂以粟、豆、高粱、小麦，极贫之家则"以甘薯之嫩，晒干磨粉，制成团子，以供常食"①。时人曾指出，"人力车夫为劳动界最苦者"②。他们的饮食不外乎廉价的玉米面、高粱面、小米面佐以咸菜，而人力车夫常年在外拉车，要么自带家里做的窝头或锅饼，要么在沿途小贩处购买锅饼、粥饭充饥。"街头巷尾的饭摊价钱便宜，小米粥、玉米窝窝十分香甜。有时买卖好，多挣了几个钱，买上二两酒、一毛钱的猪头肉，喝上两盅，再吃顿白面馒头，那就是最美好的生活了。"③

（2）衣。一般贫民在穿衣方面不甚讲究，常常衣衫褴褛，甚至衣不蔽体。人力车夫的辛苦所得在填饱肚子后已所剩无几，故而在衣服上的开支只占很少的一部分，拉车时他们会穿统一的号衣，回家后一般穿破旧衫裤，补丁一打再打，衣服"由新而旧，由旧而破，破而后补，补而复破，必亘数年，始一更新，非年年有新置之衣服也"④，到了衣服实在不能再穿的时候，为了节省开支，很多贫寒之家会设法购买他人用过的旧衣服，即估衣。早在乾隆年间，济南的估衣行就已经相当发达了，在一些庙会和集市，尤其在趵突泉、山水沟、南门外小市上，到处都有估衣出售。据 1928 年《历城县乡土调查录》中记载，"时有估衣店 59 家"⑤。

（3）住。穷苦人家因收入微薄，多租不起房子而居住于棚户内，久而久之，在城市的郊区、乱坟场等处就形成了棚户区，如青岛的四方、沧口就是著名的棚户区。棚户区一般建筑有草房，即用草覆盖屋顶的房子，草多是麦秸、谷秆，墙多是土坯，虽然建筑简便便宜，但需要经常维修，一遇大风雨，草房随时会倒塌或漏雨。此外，棚户区内还有用竹片、废纸等搭建起来的窝棚，其门高不及肩，光线黑暗，空气污浊。总之，棚户区"周围环境十

① 李森堡：《青岛指南》，1947 年，第 348 页。
② 孙学谦：《天津指南》，中华书局 1924 年版，第 64 页。
③ 陆明远：《文化人与钱》，天津百花文艺出版社 2001 年版，第 110 页。
④ 李文海：《民国时期社会调查丛编（城市劳工生活卷）上册》，福建教育出版社 2005 年版，第 477 页。
⑤ 孙常印主编：《济南旧习俗》，黄河出版社 2002 年版，第 12 页。

分恶劣,这里没有厕所、垃圾箱,也没有排水沟,每逢下雨,污水到处泛滥,瘟疫、疾病四处传播"①。济南的穷苦人家"一般住在东、南、西面的城郊地带……这些城郊地带,主要是居民住宅和小店铺,有少量空地,为或疏或密的坟墓所占据"②,最开始的时候,穷苦人先搭个棚住下(即"窝棚"),挣了钱再租个小房子,一般房子都比较矮小、潮湿,进出都抬不起头,济南大观园建立前,这里就是一片约38亩的义地,荒坟累累,周边有百十户贫民居住的简陋棚户。单身的人力车夫多住在车厂,或多人合租月租一元的低等住房。如青岛设立的"人力车厂",一室可容纳200人寄宿,并设有食堂、浴室、电灯等设备,"一个月的住宿费加上每天的洗澡费,规定为墨银5角"③。

总之,终日在大街上忙碌奔跑的人力车夫,不仅要交车租,还要纳车捐,再加上各种克扣,所剩不多的收入,用于日常生活时,经常入不敷出,因而生活过得非常艰辛。据《青岛市人力车夫每月收支暨负担家属生活费概况表》的统计,车夫工资27.66,家属及其他收入0.72元,收入共28.38元;支出方面:生活费8.66元,家属负担14.99元,车租10.98元,支出共33.76元。④ 济南人力车夫的状况稍好于青岛,据强一经1931年对100名济南人力车夫的调查,多数人力车夫家庭基本收支平衡,当然,这与当时济南汽车比较少,人力车钱稍高有关,但在近代特殊的时代背景下,人力车夫的生活亦非常悲惨,且随着国内形势的发展每况愈下。为了能够养家糊口,人力车夫终年工作,几乎从来不会休息,终日工作尚且需要精打细算才能收支平衡、敷衍度日,如果遇到生病等特殊情况,就很难再维持全家人的生活,此

---

① 索亮:《民国时期城市贫民生活述略(1912—1949)》,吉林大学硕士学位论文,2005年。

② A.G.帕克指导,齐鲁大学社会学系编,郭大松译:《济南社会一瞥(1924年)》上,《民国档案》1993年第2期。

③ 中共青岛市委党史资料征委会办公室、青岛市档案馆:《青岛党史资料(第1辑)》,1987年,第301—302页。

④ 《青岛市人力车夫每月收支暨负担家属生活费概况表》,《青岛市社会局行政既要》,1931年,第126页;于景莲:《民国山东城市下层社会物质生活状况研究(1912—1937)》,山东大学博士学位论文,2011年。

时便唯有借债过活，或依赖社会救助，正如杜丽红所说，"其妻室子女因债务压逼不得不逃入施粥厂或流入乞丐队伍"①。

### 三、休闲娱乐

人力车夫每日的劳动时间都非常长，他们往往天不亮就到车行领车，然后赶到码头车站或繁华场所兜揽生意，如果白天生意不好、挣钱不多的话，他们往往还会夜间继续拉车。在青岛，人力车夫"分为昼夜两班"，平均日班工作10小时，夜班则为12小时。②当然，也有终日工作，不分日班、夜班的情况存在。《民国时期社会调查丛编》中对北平36个人力车夫的调查显示，他们在181天中，有174天工作日，"甚至竟在半年内，不得一日休息者"③。尽管这是对北平人力车夫的调查，但当时全国各城市人力车夫的情况大致相同，山东各城市的人力车夫工作时间也大致如此。每日奔走在大街小巷，从事着繁重的体力劳动，身体的消耗是非常大的，好不容易有了休息时间，人力车夫首先要做的是恢复体力，唯有如此，才能有力气继续赚取养家糊口之资。因此，人力车夫的休闲娱乐较为有限，而其家属为了补贴家用，也常常外出做工、要饭或去粥厂领粥，他们的休闲娱乐也极为简单。

人力车夫休闲娱乐的机会实为难得，"基本上游离于现代文明之外，'互相吹吹牛'，即为休闲，最高级的享受也就是听个戏"④。山东益都人冯毅之回忆自己的车夫生活时，曾这样描述人力车夫，"他们没有奢望、没有幻想，只求温饱。他们对于豪华的游乐场、影院、戏院是不敢想的。喜爱的是有五花八门杂艺的天桥和街头巷尾的小饭摊。到天桥去花不了几个钱就可以看到

① 杜丽红：《20世纪30年代的北平城市管理》，中国社会科学院研究生院博士学位论文，2002年。
② 《青岛民报》1937年4月18日。
③ 李文海：《民国时期社会调查丛编（城市劳工生活卷）下册》，福建教育出版社2005年版，第44页。
④ 付燕鸿：《窝棚中的生命：近代天津城市贫民阶层研究（1860—1937）》，山西人民出版社2013年版，第184页。

云里飞的滑稽表演、大金牙的洋片和粗俗逗趣的相声，以及杂耍、武术、高跷等各种各样使人心情舒畅精神愉快的民间艺术项目。"①

20世纪30年代的大观园外商场，有三五个说书棚和杂耍场；国货商场（原劝业场）南侧大楼，容纳了趵突泉商场限期迁至这里的大小摊贩，中间空地为摊贩和艺人说书、玩杂耍的场地，据统计，20世纪30年代初，这里一家唱西河大鼓的席棚，每天农工商听众多达千余人；西市场的小摊贩业户和大众娱乐场所居多，是典型的平民市场。以上所列几处皆是一般群众涉足的地方，也是人力车夫等苦力们偶尔可以去娱乐的地方。"大观园北门外东北角落，有两个小说书棚。几条板凳，围成正方形，靠墙放着一张小条桌，桌上一盏电石灯，一把茶壶，两个茶碗和一部旧小说，说书的是个半路出家，只是接着书本念，有时念《七侠五义》，有时念《彭公案》。听书的都是苦力，听一个回头要钱时，抛一分钱。"②此外，有些单身的人力车夫还喜欢聚在一起赌博、饮酒、嫖妓等。据强一经对济南100名人力车夫的调查统计：有嗜好者36人，其中庄云庆、李长林嗜好是空闲时多到游艺园听戏，剩余34人则嗜好吸烟、喝酒、赌博等。无任何嗜好者44人，嗜好不详者20人。③

综上所述，人力车夫整日在街上为生计奔波，他们以超负荷的形式赚取血汗钱，从而维持家人最低的生活需求，但繁重的劳动也会过早地摧毁他们的身体，当年老体衰、无力拉车时，他们的生活会陷入更加悲惨的境地，"一般以拉车过活的人……没有一个不遭遇着很悲惨很残酷的命运，他们的冻毙、热毙，他们的被警棍痛打、撬照会、拿坐垫、拳打、足踢，已成为普遍现象"④"人力车夫平均只能拉五六年车，最多十年。这个时期过后，他就

①　陆明远：《文化人与钱》，天津百花文艺出版社2001年版，第110页。

②　《申报》，1937年7月20日，参见李振芳：《近代济南休闲娱乐场所与市民生活》，山东大学硕士学位论文，2011年。

③　强一经：《济南洋车夫生活调查》，见李文海：《民国时期社会调查丛编（城市劳工生活卷）下册》，福建教育出版社2005年版，第1167—1178页。

④　"读者来信"，《华年周刊》1934年第4卷第2期。

不能够维持，因此人力车夫就变成了跛子、乞丐、盗匪"①。收入相对较高的人力车夫的生活尚且很难维持，收入更低的其他苦力群体，其生活的艰辛与悲惨就可想而知了。

## 第三节　游民群体的生存实态

鉴于史料的原因，本部分主要以妓女为例来分析这一弱势群体的生存实态。

### 一、收入状况

"沦落为娼的人几乎无一例外地出于贫困"②，尤其在战乱频仍、灾害不断的近代中国更是如此，天灾人祸下的"小民流离失所，家败人亡，典妻鬻女，辗转堕落平康中者，难以悉数。女子本来只有两条生路，第一'卖劳动'，第二为'卖性'。卖劳动已绝望，那么只得走入'卖性'的一途了"③，坠入青楼的这些不幸妇女要么被父母亲人卖到妓院，要么被城市流氓以介绍工作为名骗到妓院，亦或者家境贫寒、生活无依、自愿为娼，由此，娼妓与老鸨之间的关系，因沦落方式不同而分为四种：买来的、押账的（抵押或出租）、搭班的、柜上的（或本家的），其中，搭班娼妓和部分抵押娼妓可以按事先与老鸨的约定，按照一定比例分账，而其他娼妓，如买来的或出租的，其接客收入要全部上交老鸨。至于老鸨与娼妓间的分账比例，"有的与老板

---

① 蔡斌咸：《从农村破产中挤出来的人力车夫问题》，《东方杂志》第32卷第16号，1935年8月，第40页。

② 贺萧：《上海娼妓（1919—1949）》，参见上海地方志办公室编：《上海研究论丛·第4辑——上海：通往世界之桥》（下），上海社会科学院出版社1989年版，第184页。

③ 王书奴：《中国娼妓史》，团结出版社2004年版，第328页。

四六分成，也有三七分成的"①。如 20 世纪 30 年代初期，青岛搭班妓女"夜度资四六分派，妓女得四成，班主得四成，娘姨、龟役得两成。此辈妓女，衣饰均须自办，入班之初，必须向班主先借垫款，名为押账，利息甚大。故妓女搭班，名为四六分折，其实妓女所得，除衣饰、利息及其它一切应用物品外，不及二成"②。

此外，近代妓院和娼妓都有等级之分，等级不同，服务不同，收入亦不同。山东各大城市的妓院一般分为三到四个等级，妓女一般分为一等、二等、三等、四等，或者甲等、乙等、丙等、丁等四个等级。以济南为例，"商埠开而贸易兴，铁道筑而交通便，南朝金粉，北地胭脂，联袂偕来，与商埠之发达，同时增加""以前济南娼妓，密卖淫者，俗呼为篮子头，不分等级。自民国二年，省城警察厅饬令一律挂灯，以为标志。曰班曰堂曰妓户某寓，隐以三项名目，为三种等级。三年四月警厅呈请公署，核准分定四等"③"以为堂、班、妓户、隐寓四等等之区分"④，其中二等以下的多为容貌一般、年龄较大、数量众多的低级妓女。

不管是哪个等级的妓女，其收入主要来源于接客所得，而接客收入的多寡又与接客方式、妓女等级有关。近代山东娼妓的接客方式主要有：

1. 住局，即嫖客在妓院中留宿，其价格要高于其他服务。20 世纪三四十年代，济宁上等妓院"住局"10 元至 20 元⑤；济南 1944 年"住局"甲等妓院费用为 40 元，乙等妓院为 20 元⑥；如果妓女是第一次接客"住局"，嫖客除负担首饰、衣物等一切开销外，还要交给老鸨 200—300 元。

---

① 夏冬：《旧社会的济南妓院》，引自《文史精华》编辑部编：《近代中国娼妓史料》(下卷)，河北人民出版社 1997 年版，第 6 页。

② 魏镜：《青岛指南》，平原书局 1933 年，第 31—32 页。

③ 叶春墀：《济南指南》，中国文联出版社 2004 年版，第 141—142 页。

④ 周传铭：《济南快览》，齐鲁书社 2011 年版，第 241 页。

⑤ 远敏：《旧时济宁的妓院和妓女》，引自《文史精华》编辑部编：《近代中国娼妓史料》(下卷)，河北人民出版社 1997 年版，第 12—13 页。

⑥ 夏冬：《旧社会的济南妓院》，引自《文史精华》编辑部编：《近代中国娼妓史料》(下卷)，河北人民出版社 1997 年版，第 5 页。

2. 拉铺。即嫖客与娼妓间的一次临时性交易，这是近代大部分私娼或下等妓女的接客方式。20世纪三四十年代，济宁"拉铺"5元，中下等则一、二元左右；①济南"其他若三等之品位甚低，多寓居城内，夜度资二元，赏金随意。至若四等，更斯下矣，以一元之代价，而可随意之所欲为。他若城内之德花巷、墙缝、仓湾等地，均不及等，价值则以铜元计算，甚至面谈身价，计较锱铢，牛鬼蛇神，千奇百怪，是为苦力人之俱乐部"②。

3. 打茶围。有的地方也叫"上盘子"、"开盘子"。嫖客在妓院选中姑娘后，围坐在摆满瓜子、鲜果、香茶、纸烟的桌前，嬉戏弹唱、搂抱接吻，兴败即散，不留宿过夜。济南茶围"纳洋一元，献瓜子、烟卷。又有献鲜果、点心之类者，多系熟客，加赠多寡与否，在往来之交情，纳费约在三五元不等"③，"（济南）商埠之中，亦有数家仿津埠三等办法，茶围一次，给铜元四十九枚"④；德县一等妓院"茶围"每客3至5元，二等妓院须2—3元，三等妓院不卖茶围⑤；济宁上等妓院才有的"打茶围"2元⑥；青岛头等妓院茶围1元⑦。

4. 叫条子。也称"出局"或"出条子"，即妓女应嫖客之请到妓院外陪侍，包括夜局、赌局、酒局、牌局、戏局等，如若要求妓女留宿过夜，则费用必须加倍。20世纪三四十年代，青岛、烟台、济宁头等妓院出局均为2元；济南"叫条招妓侑酒或妓女至住宅令其歌唱，每次二元或数元。宿费四等三元，三等四元，二等五元，头等十元。外仆、老妈、茶壶赏费听取客便"⑧。

---

① 远敏：《旧时济宁的妓院和妓女》，引自《文史精华》编辑部编：《近代中国娼妓史料》（下卷），河北人民出版社1997年版，第12—13页。

② 周传铭：《济南快览》，齐鲁书社2011年版，第244页。

③ 罗腾霄：《济南大观》，齐鲁书社2011年版，第441页。

④ 周传铭：《济南快览》，齐鲁书社2011年版，第244页。

⑤ 孙寿昌：《旧德县妓院概述》，引自《文史精华》编辑部编：《近代中国娼妓史料》（下卷），河北人民出版社1997年版，第19页。

⑥ 远敏：《旧时济宁的妓院和妓女》，引自《文史精华》编辑部编：《近代中国娼妓史料》（下卷），河北人民出版社1997年版，第12—13页。

⑦ 魏镜：《青岛指南》，平原书局1933年，第31—32页。

⑧ 罗腾霄：《济南大观》，齐鲁书社2011年版，第442页。

总而言之，娼妓的收入与接客方式、妓院等级密切相关，当然，同等级别的娼妓，以相同的方式接客，其收入也会因地域、经济水平不同而有所差异。因此，妓女之间的收入还是有很大差距的，绝对多数属于收入微薄的下层弱势群体，仅有少数头等妓女收入稍高，但因其接客所得很多都被老鸨盘剥走了，因而生活也并不优裕。

## 二、消费状况

娼妓的支出主要包括衣食住费、捐费和医疗费以及其他类杂费开支。

1.衣食住。（1）衣。娼妓为了招揽生意、吸引嫖客，在衣着打扮方面非常讲究，开支亦非常大，一等、二等娼妓尤其如此，他们大多穿绫裹缎，满身珠光宝气，各个油头粉面，"在某种程度上，娼妓的着装竟然成为许多女性纷纷效仿的榜样"①，三、四等娼妓以及私娼、暗娼的穿着则要差很多，他们穿的一般是大红大绿的印花布，自然也没有能力佩戴较好的首饰，《王统照文集》中曾提及青岛最低等的卖淫者，"三个两个穿红裤子蓝布褂的女人""满脸厚涂着铅粉、阳脂"②。为了支付大额衣着、首饰费用，很多妓女不得不借高利贷，据时人麦倩曾1931年的调查，妓女使用押账十之八九是为了做衣服。③（2）食。妓院一般会给娼妓提供饭菜，等级越高的妓女，饭菜质量越好，而等级越低，饭菜质量越差，至于暗娼、私娼则常常食不果腹。（3）住。娼妓自然住在妓院里，近代山东的妓院都有比较固定的营业场所。济南，头等均在商埠济源里、大生里、共和里、恒善里，二等在第一楼，丙等在北岗子，丁等在洛口、南圩门外④；暗娼多集中在市内南城根、

---

① 康民强：《民国女子日常生活与女性意识研究——以都市女性为主体》，广西师范大学硕士学位论文，2008年。

② 王统照：《王统照文集》（第5卷），山东人民出版社1982年版，第323页。

③ 李文海：《民国时期社会调查丛编（底边社会卷）》下册，福建教育出版社2005年版，第503页。

④ 罗腾霄：《济南大观》，齐鲁书社2011年版，第441页。

东西更道、王府池子、二郎庙等偏僻小巷内①。潍县，北洋军阀时期妓院多分布在北关凰嘴街、东关前所街、红土湾街、后窑湾、针巷子等处。南京国民政府建立后，在东魏家巷路南建成平康一里、二里、三里，路北建有平康北里，共计30个院落。②至于妓院设备及居住条件，因等级不同而差别极大。在济南，"妓女营业发达者，夏设电扇，冬置洋炉，屋中铁床，洋式桌椅、躺床、衣架衣柜、梳妆台，并悬挂名人字画，间有置风琴及各项文具者。至三四等，屋内装饰多旧破不整之桌凳而已。"③甚至有些低等妓院房间黑暗，院落狭小，"每当春夏两季，天气炎热，臭气蒸发，差不多隔离数里的地方，就可以闻到这种臭腥气。"④(4) 行。等级高的妓女出门都有包车或者陪客人坐汽车，而等级低的妓女则没有。总之，有人身自由的、等级高的妓女，收入相对而言颇丰，他们在衣食住方面过着比较优越的生活，但因受到老鸨的层层盘剥，再除去饭费、服装、首饰、家具、电费、暖费、交通费等，收入所剩不多，有些妓女甚至赌博、抽大烟，其开销更大；没有人身自由的妓女，穿衣吃饭全由妓院承担，但其接客收入亦全部上缴。

2.捐费、照费及检查费。民国时期，登记在册的娼妓必须缴纳捐税和照费。"济南娼妓在民二以前，……为营业自由之时代……迨商埠开办，警厅加以取缔，娼妓必须挂灯以为标志，领照以分等第，无非所以防奸宄、别良莠、便稽查也。于是，妓女个人月纳三元、二元、一元、五角等之照费，以为堂、班、妓户、隐寓四等等之区分。"⑤至20世纪30年代，济南头等乐户"月捐六元，二等四元，三等二元，四等一元。妓女每名月捐，头等三元，二等二元，三等一元，四等五角。月捐以每月一日至七日为纳捐期限，逾限

---

① 夏冬：《旧社会的济南妓院》，引自《文史精华》编辑部编：《近代中国娼妓史料》（下卷），河北人民出版社1997年版，第8页。

② 潍坊市潍城区委员会文史资料委员会编：《潍城文史资料》（第8辑），内部资料1993年，第175页。

③ 罗腾霄：《济南大观》，齐鲁书社2011年版，第441页。

④ 李文海：《民国时期社会调查丛编（底边社会卷）》下册，福建教育出版社2005年版，第557页。

⑤ 周传铭：《济南快览》，齐鲁书社2011年版，第241页。

照乐户漏捐按罚规处之。凡未经领照纳捐之乐户与妓女一概不准营业"①。抗战胜利后，济南"乐户"（即妓院）纳税甲等每月 4 万元，乙等每月 3 万元，丙等每月 2 万元。②青岛 20 世纪 30 年代妓女的月捐为"一等二元，二等一元五角，三等一元"③。此外，政府为防止性病传播，设有检验机构，妓女必须按时检验身体，并交纳检验费。20 世纪 30 年代，烟台鼓妓、一等娼妓每次每人一元，二等娼妓、三等娼妓大洋五角。④济南妓女每月检验也按等级收费，"甲等妓女，每人每月 1 元，一等妓女每人每月 8 角，丙等妓女每人每月 3 角，丁等妓女免费"⑤。青岛则要求"一个星期一次，一有病状，立时令其停业，住病院里调治"⑥，至 1932 年时，青岛出台娼妓检验条例，规定"原有检验费之缴纳，嗣为体恤起见，自 1932 年 6 月 1 日起，一律实行免费检验"⑦。

### 三、休闲娱乐

"妓女的日常生活极为单调、困苦。每天中午前后起床，至下午 5 时起梳妆应客，夜愈近，生活愈忙。头等妓女陪酒唱曲应条子过班，非至午夜不止。至于三四等妓女，所谓服务，单指满足嫖客性欲，无论白天黑夜有客人即接。对所有的妓女而言，红倌人即是肉体倍遭蹂躏者，生意不好的则债台高筑，受到鸨母的冷眼甚至虐待。"⑧由此可见，只有一等、二等妓女有时

---

①　罗腾霄：《济南大观》，齐鲁书社 2011 年版，第 441 页。

②　夏冬：《旧社会的济南妓院》，引自《文史精华》编辑部编：《近代中国娼妓史料》（下卷），河北人民出版社 1997 年版，第 3 页。

③　《青岛特别市市政公报》，第 58 期，第 1 页。

④　《公安局布告通知：定期检验娼妓健康》，《东海日报》1932 年 8 月 29 日。

⑤　《山东省会警察局管理妓女检验细则（备案）》，1938 年。

⑥　谢开勋：《二十二年来之胶州湾》，上海中华书局 1920 年版，第 54 页。

⑦　《青岛民报》1933 年 1 月 21 日。

⑧　麦倩曾：《北平娼妓调查》，参见李文海：《民国时期社会调查丛编（底边社会卷）下册》，福建教育出版社 2005 年版，第 502 页。

间、有能力参与一些休闲娱乐活动，三等、四等妓女以及私娼、暗娼等终日为生计忙碌，收入一般又非常低，根本谈不上什么休闲娱乐。

民国时期正是近代中国由传统走向现代，由封闭走向开放的转型时期，当时的休闲娱乐方式可谓传统与现代并存，土洋、中西多元混合，除了传统的赶庙会、听评书、逛戏院、街头杂耍等，还有新兴的现代娱乐设施公园、商场、图书馆、博物馆、影剧院等等。妓女中也就只有一、二等妓女有条件品品茶、听听戏、看看电影、逛逛商场等，此外，她们还会学习琴棋书画、唱歌等，这既是为了提升自己的魅力，更好地招揽嫖客，同时也是妓女们的休闲娱乐方式，还有的妓女热衷赌博，她们"为了多抽嫖客的赌资，同时也是为了自己的消遣而设赌、参赌"①。

城市下层社会群体的日常生活包罗万象，虽然通过上述收支、消费、休闲等几个方面很难窥其全貌，但仍然可以部分地反映近代下层社会群体的生存状态，游离于社会底层，处于极端贫困状态的他们，成为城市发展的不稳定因素，进而为社会问题丛生埋下了伏笔，为此，积极开展对下层社会群体的社会救助就成了国家与社会的当务之急。

---

① 侯杰：《旧中国的下九流》，天津人民出版社 2004 年版，第 191 页。

# 第四章　近代山东城市下层社会群体的
社会救助

在"强邻环列，虎视鹰瞵"①的历史大背景下，被迫走上近代化之路的中国，艰难地经历着从传统走向现代，从封闭走向开放的历程，可以说，这一时期是中国"前古未有最富动荡变进性的阶段"②，其中，三十年代的民国时期更是中国遭遇最剧烈动荡的时期，异族入侵、军阀混战、灾害频发、社会动荡，以至生灵涂炭，民不聊生。

覆巢之下无完卵！地处孔孟之乡的山东也未能幸免于难，在千古未曾有过的奇变之下，一无所有的破产农民、手工业者，生活无着落的灾民、难民，迫于生计不得不背井离乡、逃荒谋生。相对于贫穷落后的农村而言，较为富裕的城市，如济南、青岛、烟台无疑成为他们的首选之地。然而，近代民族工商业发展的先天不足，致使城市产业结构极不合理，根本无力吸纳过剩的农村劳动力，于是，游民、乞丐、失业者大量出现。为了维持起码的生存，他们往往铤而走险，或偷、或抢、或盗、或娼，致使犯罪、自杀、赌博、盗窃等各类社会问题丛生。在这种情况下，积极开展对贫民、灾民、难民、乞丐、失业者、残疾者、老幼妇孺等下层社会群体的社会救济实属当务之急，随之而起的是国家和民间组织的各种救助活动。

---

① 沙健孙等:《中国近现代史纲要》，高等教育出版社 2010 年版，第 39 页。
② 钱穆:《国史新论》，生活·读书·新知三联书店 2008 年版，自序第 1 页。

## 第一节　近代山东社会救助的时代背景

从 1840 年鸦片战争开始，古老的天朝上国陷入了半殖民地半封建社会的深渊，自此，中国人民命如草芥，任人践踏。1911 年辛亥革命的炮火结束了中国两千多年的君主专制统治，也给苦难的中国人民带来了希望的曙光，可惜，中国的现状不仅没有得到丝毫改善，反而一点点地更加糟糕下去。

1912 年 3 月 10 日，袁世凯在北京宣誓就任临时大总统。然而，1916 年袁世凯死后，失去领导核心的北洋军阀，逐渐形成了直系、奉系、皖系，割据一方，同时，中国还出现了大大小小的各路军阀。在各帝国主义势力的操纵下，各派军阀相互倾轧、争权夺利，甚至殊死火拼，国家再次陷入了长期动荡之中。

军阀混战不止、匪患此起彼伏，政局动荡不安，使民众抵御灾害的能力降低，从而为自然灾害的频繁发生埋下了伏笔，正如李文海在《中国近代史大灾荒》中所言，"社会动荡、战争连绵以及种种强加于百姓的有增无减的差役负担，成为民国时期灾害孕育、迸发、蔓延乃至加剧的最大的'人祸'。"① 苦不堪言的中国人民，尤其是下层社会群体，在战争与灾害中苦苦挣扎，"就像一个人长久地站在齐脖深的河水中，只要涌来一阵细浪，就会陷入灭顶之灾。"②

### 一、战乱不止、政局动荡

"民国这些年的特征，在军事、政治方面，是内战、革命和外敌的入

---

① 李文海：《中国近代史大灾荒》，上海人民出版社 1994 年版，第 2 页、157 页。

②　R.H. 托尼，《中国的土地与劳动力》。转引自刘荣臻：《国民政府时期的北京社会救助研究——以 1927—1937 年为范围》，首都师范大学博士学位论文，2011 年。

侵。"①1916 年袁世凯死后，帝国主义各自寻找、培植自己的代理人，由此出现了各派军阀割据、混战、火拼的局面，在这段剧烈动荡的时期，中国人民经历了直皖战争、第一次直奉战争、第二次直奉战争等北洋军阀混战；经历了蒋桂战争、蒋冯战争、蒋唐战争、中原大战等国民党新军阀混战。根据粗略的统计，仅 1927—1930 年短短的 3 年时间，"动员十万人以上之内战已多至近三十次"②，民国时期的战乱频仍由此可窥一斑。

地处京津宁沪之间南北要冲之地的山东省，军事地位非常重要，同时，山东省又有青岛、烟台、威海卫等优良海港，海路、陆路交通极其便利，自然成为历代兵家必争的一块肥肉，北洋军阀时期，这里是各大军阀争夺的焦点；南京国民政府时期，这里是蒋介石嫡系和非嫡系势力争斗的地区；抗日战争时期，这里有国统区、沦陷区和抗日根据地，是国、共、日三方争夺的要地。可以说，整个民国时期，山东省变成了各派权力争斗的舞台，一幕幕规模不等的混战在此展开。我们截取 1925 年 5 月张宗昌督鲁至 1930 年新军阀混战暂告结束这一时间点，了解下这段时期山东省境内发生的较大规模的战争：

（1）1925 年 1 月—11 月的浙奉战争（又称第三次直奉战争），这是奉系军阀与直系军阀为争夺江苏、安徽地盘而进行的战争，张宗昌为直鲁苏皖防御总司令，战场主要在皖北、苏北和鲁南，此战以奉军向郯城、韩庄、临城、台儿庄撤退结束。

（2）1925 年 11 月—1926 年 1 月的鲁豫战争，这是奉系张宗昌与国民党军岳维峻为争夺山东地盘而进行的地方性军阀混战，战场主要在豫东和鲁西南。11 月—12 月初，双方在鲁西、鲁南、泰安、肥城一线激战，张军节节败退，12 月，岳维峻部由泰安偷袭济南，一度攻至济南近郊八里洼，此战最终以鲁军攻下嘉祥、巨野、曹州、郓城，岳维峻部调回河南结束。

（3）1926 年 2 月—4 月，张宗昌与直隶军务督办李景林组织直鲁联军，

① ［美］费正清：《剑桥中华民国史》（上卷），中国社会科学出版社 2007 年版，第 1 页。
② 陶直夫：《1931 年大水灾中中国农村经济的破产》，《新创造》1932 年 1 卷 2 期。

与国民军鹿钟麟部爆发战争，战场主要在冀南、天津、北京一带。1925年12月3日，李景林正式与国民军冯玉祥部开战，后败退至山东，李景林将入鲁的直军残部与张宗昌的鲁军联合，组成直鲁联军，1926年初，直鲁联军在日、英帝国主义策动下，伙同张作霖、吴佩孚对国民军实行夹击，国民军以鹿钟麟为总指挥，实施猛烈反攻，4月张宗昌进驻北京，并纵兵残民，烧杀抢掠。

（4）1927年—1928年，张宗昌对抗北伐军的战争。广州革命政府誓师北伐后，张宗昌担任安国军副总司令，率领直鲁联军南下苏皖，与北伐军作战，1927年12月，张宗昌兵败退守山东。1928年4月，蒋介石联合冯玉祥、阎锡山进行"第二次北伐"，矛头直指统治山东的张宗昌，北伐军攻势凌厉、势如破竹，接连攻下台儿庄、郯城、鱼台、郓城、巨野、兖州，逼近济南，张宗昌山穷水尽、逃亡德州。

（5）1928年的"济南惨案"。1927在北伐军占领徐州，迫近山东之际，日本借口济南形势危急，以"护侨"为名宣布出兵山东，并派遣部队开赴青岛和济南。1928年初，在南京国民政府二次北伐之际，日本再次出兵山东，5月3日，日军在济南城内沿街烧杀抢掠，制造了震惊中外的"济南惨案"，中国军民伤亡惨重。根据济南惨案被难家属联合会1929年的进一步调查，被日军屠杀者6123人，受伤者达1700余人，建筑物被毁、财产遭抢劫等损失更是无法计数，而日军非法占领之青岛、胶济铁路沿线地区的损失尚不计算在内。①《济南五三惨案亲历记》中统计的军民伤亡数据更为触目惊心，"军民死伤总数达11000余人"。②

（6）1928年的"胶东事变"。"烟台降军钟震国勾结张宗昌、方永昌叛变，复悬五色旗"③，驻守掖县的刘珍年则投靠蒋介石，改悬青天白日旗，率部赴平度、黄县、蓬莱，最终收复烟台，钟震国宣布下野。1929年张宗昌

---

① 安作璋主编，刘春明本卷主编：《济南通史（现代卷）》，齐鲁书社2008年版，第104页。

② 济南五三惨案亲历记编辑组：《济南五三惨案亲历记》，中国文史出版社1987年版，前言。

③ 《中华民国史事日志》，转引自《1928年的"烟台事变"》，《烟台晚报》2018年12月27日。

与刘珍年属下的刘开泰密谋发动"倒刘兵变",双方在龙口、蓬莱、福山一带开战,张宗昌将其旧部聚拢到胶东,并联络山东的钟震国、孙殿英以及土匪和其他杂牌军,与蒋介石支持下的刘珍年在烟台进行会战,后张宗昌占领烟台,国民党山东省政府派兵增援刘珍年,张宗昌最终惨败。

(7)1930年5月—11月的中原大战。百万大军在东起山东,西至襄樊、南迄长沙、北达河北的数千里战线上全面厮杀。阎冯桂一方部署晋军担任山东境内津浦、胶济两路作战任务,石友三部主力进攻兖州、济宁,同时,派兵协同阎军进攻济南;蒋一方委任韩复榘负责整个山东防务,陈调元部驻扎鲁西,韩复榘部驻扎鲁北。1930年4月,韩复榘总部进驻济南。战火在山东各地迅速蔓延,直至东北军出兵,晋军向西撤退,韩复榘进驻黄河以北,中原大战的山东战事结束。据统计,中原大战双方伤亡达30余万人,耗用军费5亿元。

以上我们仅仅截取了中华民国的一小段历史,但从中仍可清晰地感受到民国战争频率之高,波及范围之广。连绵不绝的战争不仅吞噬了数以千计的性命,还消耗了大量从民众手中搜刮来的社会财富,以致积贫积弱的国家更加残败不堪,一贫如洗的普通民众生活更加艰难,一旦遇到灾害就会彻底破产,沦为流离失所、生活无着的难民,然而,政局的动荡及行政官员的频繁更换,让各级政府无暇或无力救助灾民、难民。

就伤亡人数而言,表4—1所列不过是整个民国时期伤亡人数的冰山一角,具体到山东境内,历次战争的伤亡人数不计其数,百姓深受其苦,例如,张宗昌力图东山再起,挑起胶东混战时,不仅对战多方伤亡惨重,散驻在各地的张宗昌旧部也大肆其虐。乱军所到之处,整村整庄的百姓惨遭杀害,被害群众达上万人之多,受害村庄,被"屠烧一空,鸡犬未留,烟瘴百里,惨动天地,尸堆如山。逃者父子离散,死者无人掩埋。惨苦之状,笔难尽述,言之伤心,闻之落泪,较之章丘之兵乱,何止数倍!"[1]频繁的战争对于山东民众,乃至整个中国民众造成的伤害,从以上表述中就可以想见了。

---

① 《申报》1929年3月13日。

表 4—1 民国时期几次重大战役伤亡人数统计

| 序号 | 时间 | 战争名称 | 死亡人数 |
|---|---|---|---|
| 1 | 1922 年 | 第一次直奉战争 | 40000（伤亡数） |
| 2 | 1924—1925 年 | 第二次直奉战争 | 35000（伤亡数） |
| 3 | 1926—1928 | 北伐战争 | 63840（伤亡数） |
| 4 | 1930 年 | 中原大战 | 30 余万 |
| 5 | 1937—1945 年 | 抗日战争 | 35000000 以上 |
| 6 | 1946—1950 年 | 解放战争 | 解放军牺牲 26 万，解放军总计歼灭敌人 807.135 万人 |

资料来源：(1)(2)(3)[美]齐锡生：《中国的军阀政治》，中国人民大学出版社 2010 年版；(4) 齐涛主编：《中国史教程（现代卷）》，山东大学出版社 1991 年版；(5) 见 1991 年 11 月 2 日《人民日报》；(6)《中国共产党简史》，千龙网，2018 年 6 月 23 日；《解放战争时期我军歼敌总数究竟是多少》，中国共产党新闻网，引用日期 2019 年 9 月 6 日。

　　就战争经费而言，无休止的战争必然需要大量军费，即使在国民政府 1927—1936 年的黄金发展时期，年均军费支出仍占财政总支出的 45.8%，最高年份达 88%。[1] 省及以下政府的开支军费所占比例也非常高，据吉尔伯特·罗兹曼的统计，"军费开支可能高达整个政府开支的 4/5"[2]。如 1925 年张宗昌上任后几个月就支军费 2200 余万元。[3]1927 年不到一年所支军费更多达 5000 余万元。[4] 如此庞大的军费是如何筹措的呢？大部分是从普通民众手中搜刮而来。

　　民国时期，山东赋税非常沉重。除一般赋税外，统治当局还巧立名目，想方设法搜刮民财。譬如，第二次直奉战争时，山东成了直系军阀的物资、军费、人力供应地。郑士琦、熊炳琦不仅"令鼎新、鼎裕、鼎利三盐业公司拿出 100 万元，烟酒事务局拿出 20 万元，盐商拿出 20 万元供应直军军需""还向各县摊派官车，令军警强拉民夫。例如，一次向恩县、齐河、禹

[1] 杨荫溥：《民国财政史》，中国财政经济出版社 1985 年版，第 22、149 页。
[2] [美] 吉尔伯特·罗兹曼主编：《中国的现代化》，江苏人民出版社 2003 年版，第 253 页。
[3] 《晨报》1925 年 7 月 14 日。
[4] 陶菊隐：《北洋军阀统治时期史话》，三联书店出版社 1983 年版，第 153 页。

城等县摊派官车即达 4000 辆，并每车随一人两骡"。①

张宗昌的横征暴敛更是空前绝后，全国罕见。此时山东名目繁多的捐税达六七十种之多，其中属于军用项目的税收有：抚恤费、慰劳将士费、军事借款等；城市居民捐税有：人口捐、鸡捐、讨赤房捐、金汁捐（大粪捐）、狗捐、锅头捐、客车过境捐、县知事捐、张宗昌生祠捐、修张宗昌铜像捐。②各种巧立名目之税捐闻所未闻，以致有人讥讽之："自古未闻粪有税，而今除却屁无捐。"此外，张宗昌还多次向各大银、商会借款，但借而不还，实为明抢。据 1930 年山东省财政厅对张宗昌向中、交两行借而欠款项的清理，共有四项，计 2484600 元。③

山东捐税不仅名目繁多，而且捐税特别重。民国以来，向例地丁银每两征洋 2.2 元，但至张宗昌时，地丁银每两增至 8 元左右，最多时增至 20.48元。④ 即使农民因为自然灾害没有收成，他仍然需要交纳征税、杂税、善后捐款等，若上述受灾农民家中"有地十数亩""总须纳现洋五六元"⑤，这远远超出了他辛苦一年的总收成，因此战乱之中的农民税负沉重，苦不堪言，万不得已之下，唯有抛弃田产，远走他乡，有的甚至"落草为寇"。

因此，与动荡时局、频繁战争相伴而来的往往是土匪横行、匪患不绝。自 1912 年民国建立以来，山东省是全国土匪最多的省份之一。张树元督鲁期间，"山东匪患尤甚，为各省之冠"，⑥ 如高唐、夏津一带的顾德林，金乡、汶上一带的张殿元，郯城、峄县、兖州一带的郭安、史殿臣、于三黑，曹州一带的范明新等。郑士琦督鲁时期，山东土匪依然猖獗，韩复榘入鲁前后，土匪更是蜂起。据统计，20 世纪 20 年代中期的山东各地共有土匪 2 万到 3万之间。⑦ 他们奸淫掳掠，烧杀抢夺，无恶不作，甚至屠村事件屡屡发生。

---

① 吕伟俊主编：《民国山东史》，山东人民出版社 1995 年版，第 194 页。

② 参见济南市教学研究室编：《济南历史》，济南出版社 1989 年版，第 79 页。

③ 永乐：《张宗昌祸乐记》，《逸经》第 6 期，1936 年 5 月 20 日。

④ 《财务年鉴》（下），第 2081 页。

⑤ 《鲁省难民亩捐谈》，《盛京时报》1927 年 5 月 11 日。

⑥ 吕伟俊主编：《民国山东史》，山东人民出版社 1995 年版，第 100 页。

⑦ [英] 贝思飞著，徐有威译：《民国时期的土匪》，上海人民出版社 2010 年版，第 45 页。

1918 年，濮县、阳谷、冠县、莘县、肥城等县相继为匪攻陷。津浦路南驿站被匪逼困，大小商号无一幸免；胶东地区的红枪会要求居民为其提供生活用品，否则就会被"勒索人民钱财，焚烧房屋，骚扰不堪，中产居民莫不叫苦连天"；① 在滕县、峄县、费县等地，"纵横三四十里，计有大小村庄百余，悉被土匪焚烧，仅有屋墙根基，可以勘验"②。

然而，与匪患比较起来，兵灾的破坏更大。兵匪勾结、狼狈为奸的事情屡见不鲜，甚至其行为较之土匪，有过之而无不及。张宗昌手下士兵待遇差，军饷常常拖欠，再加上军纪败坏，军队所到之处，烧杀淫掠，无恶不作，前文所述的胶东战事时，张宗昌纠结的各路乱军，对无辜百姓大肆杀戮，所到之处无人幸免，整村整庄的百姓被屠杀，张宗昌占领烟台期间，"纵兵闯入各银行公开抢劫"③。张树元督鲁剿匪时，就曾被北洋军阀政府诘责，"据报鲁省土匪私通防营，进剿时营兵每先开排枪，俾匪闻声逃遁。匪去则借搜匪为名肆行抢掠。百姓所受兵害较匪尤甚，而兵则冒功邀赏，毫无忌惮，似此情形鲁匪永无肃清之望，该督有地方职责，何竟不知约束？"④

总而言之，战乱频仍、匪患不绝，政局动荡，为自然灾害的频发和社会问题的产生埋下了伏笔，从而给山东各地区的社会稳定，经济发展造成了诸多消极影响。

## 二、灾害频发、灾民遍野

山东省因地形地貌和气候类型复杂多样，自古以来就是水灾、旱灾、蝗灾、雹灾频发的地区，灾害又往往具有关联性，某一灾害一旦爆发，极易引发其他灾害，譬如，旱灾容易引起虫灾，水灾容易引发疫病，正所谓"无灾不成年"。"近年来军阀混战，匪患不除，以致人民元气大丧，实为造成灾荒

① 《胶东会匪异常猖獗》，《盛京时报》1927 年 10 月 25 日。
② 《惨不忍闻之鲁民近况》，《盛京时报》1928 年 2 月 24 日。
③ 《大公报》1929 年 4 月 9 日。
④ 《申报》1918 年 11 月 26 日。

的最大原因"①，以20世纪20年代为例，这一时期山东省总共约100余县。"比较严重的水灾、旱灾、兵匪分别占了9年、8年、5年"②，尽管每年灾荒的类型、规模不尽相同，但年年发生，县县有灾（见表4—2），几乎未断。兵灾、匪灾连绵不绝，以及战乱中飘摇的政府，或忙于争权夺利的战事，或无力救济灾民，进一步加剧了灾祸的严重性，以致近代山东省几乎无年无时不灾。（见表4—3）

### 表4—2 20世纪20年代山东省各县受灾情况统计③

| | |
|---|---|
| 博山县 | 1920年，发生大风暴，春苗毁坏殆尽，秋天又发生蝗灾，农民损失严重；1925年，发生大瘟疫；1927年，一年间雨雹发生6、7次，7月暴雨持续五昼夜，冲没农田70余亩；1930年，发生大旱。 |
| 德平县 | 1926年冬季大雨雪，交通断绝；1927年，旱蝗为灾；1928年蝗螟成灾；1930年夏天发大水。 |
| 齐河县 | 1920年秋天大旱；1921年霪雨连绵，黄河水势大涨；1926年，大风，继而又发生淫涝；1927年秋天，大旱，继而蝗灾；1928年，接连大雨；1930年大淫雨。 |
| 临邑县 | 1921年，雨水过多，洼田五谷均遭淹没；1926年，雨水成灾严重；1927年大旱，飞蝗过境，全境收获籽粒不归者居多；1929年飞蝗过境，又产下蝗蝻。 |
| 平原县 | 1920年夏天大旱；1921年秋天大水；1923年5月大雨雹；1926年8月大雨，水深三四尺；1927年旱蝗；1928年秋禾迭被蝗水虫雹等灾；1929年蝗蝻为灾；1930年遭受水灾。 |
| 商河县 | 1920年飞蝗蔽日，秋疫岁饥；1921年雨涝成灾；1922年大雨雹成灾；1923年发生秋疫；1925年6月，飞蝗遍野；1927年飞蝗过境；1929年，先是大风灾害，继而大雨倾盆，雨后飞蝗入境。 |
| 夏津县 | 1920年旱，9月20日大霜，晚禾尽数被冻枯；1926年，大雨倾盆，狂风怒号，一昼夜才停止，房舍墙垣坍塌的非常多；1928年秋蝗严重；1929年黑风蔽日，大约持续了3、4个小时才停止，秋天遭受水灾，田禾被淹没。 |

---

① 颂皋：《五省的大灾荒》，《东方杂志》1925年第22卷15号。

② 《民国山东通志》编纂委员会：《民国山东通志》（第四册·卷26救济志），山东文献杂志社2002年，第2441页。

③ 资料汇总于《中国地方志集成·山东府县志辑》，转引自顾延欣：《20世纪20年代山东省灾荒救济述论》，东北师范大学硕士学位论文，2014年。

| 阳信县 | 1919 年大饥荒一直延续至 1920 年，麦禾全无；1921 年大雨，民间百姓无力播种者占大多数，乞食、外逃者不计其数。 |
|---|---|
| 无棣县 | 1920 年夏，旱焦禾嘉；1921 年秋淫雨害稼；1923 年秋淫雨伤稼；1924 年夏，发生大雨雹，秋天大旱，7 月又有大雨雹。 |
| 沾化县 | 1920 年大旱；1921 年夏天大旱，秋天大雨水，黄河在利津宫家决口，漫淹至沾化境内；1927 年东北风大作，海潮深至 3 尺余，居民淹死者甚多；1928 年，蝗蝻生，大饥；1930 年春天兵灾，秋天发生匪灾。 |
| 桓台县 | 1920 年，春夏发生旱灾，冬天又生蝗蝻；1921 年春夏大旱，湖水涸。 |
| 齐东县 | 1920 年 8 月飞蝗蔽日；1921 年 5 月蝗蝻生害稼，7、8 月间淫雨连绵月余；1927 年春旱，7 月 7 日又雨，狂风大作，昼夜不止；1929 年 6 月蝗蝻生害稼。 |
| 寿光县 | 1924 年夏大旱；1925 年春旱；1926 年春旱，弥水涸数日，6 月暴雨，秋天发生大疫病，冬天有大雨雪；1927 年发生春旱，夏酷旱。 |
| 临朐县 | 1920 年，春夏之交发生亢旱；1921 年，夏秋之交大霖雨；1922 年春天遭受霜冻，庄稼损失惨重，夏天旱涝不均；1925 年发生春旱；1927 年发生雹灾；1928 年夏天有大雨，房舍倒塌，田禾冲没损失无法估计，秋天发生蝗灾；1929 年粟山等地区发生雹灾；1930 年春天多雨，雹灾达 4 次之多。 |
| 临沂县 | 1920 年土匪横行；1927 年发生大雨雹灾害，长宽约 40 里，后又发生大旱灾，11 月又有大雷电雨雹发生；1928 年全县大旱，蝗蝻并生，蝗食秋禾几近；1929 年发生大饥荒；1930 年大雨，城中水道闭塞，房屋倒塌 7000 余间。 |
| 长清县 | 1920 年春无雨，河西一带发生秋涝，冬天发生大饥荒；1921 年大雨，黄河水涨溢出大堤，淹没庄稼无数；1922 年发生山崩；1924 年发生风灾；1926 年淫雨滂沱，房舍无不倒塌；1927 年风雨突起，持续 3 昼夜，庄稼歉收严重；1929 年发生蝗灾；1930 年大雨如注，平地水深亦有数尺之深。 |
| 莒县 | 1925 年夏旱，田禾歉收；1926 年夏旱，大饥荒。 |
| 泰安县 | 1920 年发生大旱；1926 年大旱，从 3 月开始一直到 6 月一直没有下雨，到了 6 月 5 日这一天大风，庄稼和树木都被连根拔起，蔬菜瓜果一夜间枯萎，房屋倒塌无数。 |
| 曲阜县 | 1921 年大雨雹将麦禾毁坏殆尽；1926 年泗水河决口；1927 年凶旱，秋天飞蝗蔽天，蝗蝻遍野；1928 年蝗蝻又再生，田禾大多被吃光。 |
| 单县 | 1921 年大淫雨，连绵 80 余天；1922 年饥荒；1923 年大风，整个白天都变成黑夜；1926 年大雨雹。 |
| 东明县 | 1920 年黄河决口，溃决 400 余丈；1923 年河水大涨；1926 年淫雨连绵，房屋倒塌数千间，黄河水势汹涌；1928 年亢旱，5 月飞蝗大至；1929 年春夏大旱，禾苗半枯死，6 月大雨倾盆，平地之处水深也有 2 尺余深；1926 年大雨持续数天，积水如汪洋般；1929 年淫雨成灾，田禾因之减收，后大旱，田苗枯死，民不聊生。 |

续表

| | |
|---|---|
| 荏平县 | 1920年大旱无麦；1921年大雨；1926年大风拔木，淫雨成灾；1929年大雨。 |
| 冠县 | 1920年大旱；1922年发生虫灾，导致庄稼减产；1926年大风雨，拔木伤稼；1927年大旱，庄稼尽数枯萎，灾民大饥；1928年，天旱无雨，后大霜将麦苗冻死无数；1929年大风灾，伤麦无数，秋天又有大淫雨为灾。 |
| 朝城县 | 1920年无麦，春夏大旱，赤地千里，没有遭受干旱的地方又遭受蝗灾，7月又发生霍乱。 |

### 表4—3　民国时期（1912—1949）山东受灾县数统计表 [①]

| 年份 | 合计 | 受灾县分类数 | | | | | | | |
|---|---|---|---|---|---|---|---|---|---|
| | | 旱灾 | 水灾 | 风雹灾 | 其他 | | | | |
| | | | | | 病虫灾 | 霜冻灾 | 地震灾 | 疫灾 | 其他 |
| 1912 | 5 | 2 | 2 | | 1 | | | | |
| 1913 | 14 | 5 | 7 | | 2 | | | | |
| 1914 | 29 | 5 | 15 | 4 | 2 | 1 | | | 2 |
| 1915 | 22 | 1 | 8 | 5 | 7 | | | | 1 |
| 1916 | 24 | 3 | 1 | 5 | 14 | | | | 1 |
| 1917 | 35 | 10 | 19 | 1 | 5 | | | | |
| 1918 | 25 | 5 | 8 | 1 | 5 | | | | |
| 1919 | 50 | 16 | 3 | 5 | 20 | | | | 6 |
| 1920 | 51 | 34 | 3 | 4 | 3 | 1 | | 1 | |
| 1921 | 22 | 4 | 8 | 5 | 1 | 1 | | 3 | |
| 1922 | 22 | 4 | 8 | 5 | 1 | 1 | | 3 | |
| 1923 | 12 | 1 | 6 | 2 | 1 | 2 | | | |
| 1924 | 17 | 6 | 5 | 3 | 1 | | | | 2 |
| 1925 | 19 | 2 | 10 | 3 | 2 | | | | 2 |
| 1926 | 43 | 7 | 22 | 12 | 1 | | | 1 | |
| 1927 | 74 | 54 | 5 | 6 | 9 | | | | |
| 1928 | 154 | 79 | 17 | 6 | 48 | | | 1 | 3 |
| 1929 | 147 | 94 | 14 | 25 | 7 | 7 | | | |
| 1930 | 37 | 7 | 25 | 1 | 2 | | | | 2 |
| 1931 | 69 | | 63 | 3 | 1 | | 1 | | 1 |

---

① 张家惠：《国民政府时期青岛慈善事业研究》，中国海洋大学硕士学位论文，2009年。

续表

| 年份 | 受灾县分类数 | | | | | | | | |
|------|------|------|------|------|------|------|------|------|------|
| | 合计 | 旱灾 | 水灾 | 其他 | | | | | |
| | | | | 风雹灾 | 病虫灾 | 霜冻灾 | 地震灾 | 疫灾 | 其他 |
| 1932 | 32 | 2 | 16 | | 6 | | | 8 | |
| 1933 | 35 | | 32 | 2 | 1 | | | | |
| 1934 | 43 | 7 | 32 | 1 | 2 | | | | 1 |
| 1935 | 104 | 25 | 76 | 3 | | | | | |
| 1936 | 2 | 1 | | | | | | | |
| 1937 | 51 | | 7 | | | | 44 | | |
| 1938 | 21 | 7 | 9 | | 5 | | | | |
| 1939 | 98 | 53 | 15 | 16 | 14 | | | | |
| 1940 | 82 | 14 | 35 | 7 | 21 | | | | |
| 1941 | 58 | 9 | 5 | 32 | 12 | | | | |
| 1942 | 61 | 23 | 26 | 12 | | | | | |
| 1943 | 25 | 7 | 15 | 7 | 18 | | | | |
| 1944 | 78 | 38 | 15 | 7 | 18 | | | | |
| 1945 | 10 | 2 | 2 | | 6 | | | | |
| 1946 | 56 | | 10 | 3 | 3 | | | 40 | |
| 1947 | 77 | 26 | 41 | 5 | 5 | | | | |
| 1948 | 73 | | 55 | 7 | 6 | | 4 | | 1 |
| 1949 | 144 | 37 | 53 | 26 | 28 | | | | |
| 总计 | 1941 | 587 | 697 | 215 | 277 | 13 | 49 | 54 | 39 |

由上表可见，近代山东地区的灾害以水灾和旱灾为主，发生次数较多，危害较大，下面我们简要介绍下近代以来对山东影响至大的水灾和旱灾。

**（一）水灾**

水灾多因暴雨、排水不畅、黄河决口等造成。山东省属暖温带季风气候，60%—70%的降水集中在 7—8 月的夏季，再加上近代以来水利工程失修，泄洪能力严重不足，致使省内很多地区遇大雨即涝，由表 4—3 可见，20 世纪 20 年代山东各地经常淫雨成灾，庄稼减收。当然，因暴雨引发的水灾不仅限于 20 年代，也不仅限于表中所列地区。譬如，1914 年 7 月—9

月，山东境内连下暴雨，安丘、潍县、高密、即墨等地，酿成水灾，冲塌民房，淹死人口甚多，损失惨重。再如，1929 年夏，武城因霪雨不绝，淹九十八个村、地三十二万三千亩，入秋后，雨仍未止，恩县有一〇六个村、三十八万亩受潦（注：同涝）。①

黄河引发水灾是从咸丰五年（1855 年）黄河夺大清河河道开始的。黄河以"善淤、善决、善徙"闻名，素有"三年两决口，百年一改道"之说。这年 8 月 1 日，黄河在今河南兰考北岸铜瓦厢决口，黄水漫溢直隶长垣、东明，至山东菏泽、濮县、范县、寿张，夺山东大清河直达利津入渤海。一夜之间，黄水浩瀚奔腾，祸及豫、鲁、直三省多个州县，"泛滥所至，一片汪洋。远近村落，半露树梢屋脊，即渐有涸出者，亦俱稀泥嫩滩，人马不能驻足"②，山东寿张、东阿、东平、汶上、平阴、荏平、长清、肥城、齐河、历城、济阳、齐东等各州县无一幸免。自此以后，黄河决口屡见不鲜，黄河泛滥成了山东省的心腹大患。"从清朝咸丰五年至民国二十七年花园口决口改道为止，山东黄河共行水 83 年，其中有 57 年发生决溢灾害，平均为三年两绝"③。由此可见，近代山东省遭受黄河之灾的频率非常高，几乎每年都有灾害发生，这严重威胁着沿河两岸民众的生命财产安全，许多人不得以背井离乡，外出逃荒。下面我们就选取几个时间点的黄灾，感受下风雨飘摇政权下的灾民们所受之苦。

1921 年山东地区黄河段又发生决口，导致山东、河北与河南三省被灾 148 县，灾民达 9814332 人。山东菏泽至东阿一带被水淹没，"一省受灾最重者即有三十一县，淹没情形甚为惨重。"④ 这次黄灾先是两次在利津决口，后又在长垣皇姑庙决口，仅菏泽、巨野、濮县、郓城等县受皇姑庙决口之患，所淹村庄就达二千多个。从利津决口之处起，"西至滨县城西之二十

---

① 《武城县志》，第 112 页。

② 《再续行水金鉴》卷 92，第 2392 页。

③ 山东省地方史志编纂委员会：《山东省志·黄河志》，山东人民出版社 1992 年版，第 27—28 页。

④ 李文海：《近代中国灾荒纪年续编》，湖南教育出版社 1993 年版，第 30 页。

里，北至利津之盐窝，西北至沾化至江河口一带，幅员五百余里，一片汪洋。滨县、沾化、无棣等各县均被波及，漫决田庄约计：村庄六七百处，灾民五、六十万。"① 据《大公报》（1922 年 10 月 1 日）的报道，利津、滨县、沾化、无棣四县在这次黄灾中死了二千余人，而后因得不到赈济，又饿死了一千三百余人。

由于政局动荡，政府救济不力，利津决口一直未能合拢，导致 1922 年黄河又三次泛滥成灾，2 月中旬，第一次决口，"计淹没三县一百数十余村"②；4 月中旬，第二次决口，"（利津）城外一片汪洋，淹毙人民甚多"③；7 月下旬，第三次决口，"蒲台城南王家寨、李郭屯等村，皆被河水冲毁，逃出者仅数十人，其他人民皆葬鱼腹矣"④，及至 8 月下旬，黄河廖桥决口，"淹没村庄数十处，溺毙人口无算，约在数十万左右"⑤。

1930 年山东段黄河多处决口，"四月，刘庄一下，决口百余丈"⑥，但因忙于中原大战的各派势力无暇顾及，限制了黄河水利工程建设，最终导致"水出口门顺流东下，宽三十余里，东流经寿张、阳谷、东平、东阿县境，至陶城埠，水复入正河。而沿此河二百里村庄，遂尽成泽国"⑦。从 1922 年、1930 年两次黄灾的发生，我们看到了灾害背后的人祸，可以说，人祸是这两次灾害发生的主要原因。

1933 年 7 月—8 月，我国遭遇了百年不遇的黄河水灾，据《中国救荒史》记载，仅 1933 年 8 月黄河决口，被灾人数 3642514 人，死亡 18293 人，房屋倒塌 1685369 间，淹没田亩 12742647 亩，牲畜伤害 63639 头，损失

① 《大公报》，1921 年 8 月 19 日，转引自《民国山东通志》编纂委员会：《民国山东通志（第四册·卷 25 灾荒志）》，山东文献杂志社 2002 年，第 2393 页。

② 《利津河口溃决惨讯》，《晨报》1922 年 2 月 25 日。

③ 《利津境内黄河又决口》，《晨报》1922 年 4 月 15 日。

④ 《鲁省黄河决口之函告》，《大公报》1922 年 7 月 27 日。

⑤ 《晨报》，1922 年 8 月 25 日，转引自《民国山东通志》编纂委员会：《民国山东通志（第四册·卷 25 灾荒志）》，山东文献杂志社 2002 年，第 2394 页。

⑥ 《鲁境黄河决口》，《申报》1930 年 4 月 28 日。

⑦ 《鲁黄河上游廖桥决口》，《申报》1930 年 9 月 12 日。

232214648 元。山东"被淹亩数为5648130亩，被淹村庄7250个，受灾人口为1704796人，损坏房屋325043间，财产损失81923738元"[1]。(见表4—4)

表4—4　1933年黄河决口山东各属被灾情形

| 县别 | 村庄数 | 灾民人数 |
|---|---|---|
| 菏泽 | 1200 余 | 300000 |
| 巨野 | 400 余 | 120000 余 |
| 曹县 | 1300 余 | 86618 |
| 定陶 | 104 | 20000 |
| 城武 | 330 余 | 70000 余 |
| 鄄城 | 110 余 | 58000 余 |
| 单县 | 330 余 | 70000 余 |
| 郓城 | 330 余 | 58000 余 |
| 嘉祥 | 44 | 100000 余 |
| 濮县 | 300 余 | 100000 余 |
| 东平 | 464 | 140000 |
| 东阿 | 200 余 | 70000 余 |
| 范县 | 340 余 | 90000 余 |
| 寿张、阳谷 | 700 余 | 140000 余 |
| 济宁 | 920 余 | 70000 余 |
| 潍县 | 1139 | |
| 合计　17 | 7581 | 1492618 |

资料来源：世界红十字会"黄河水灾赈济报告表"，转引自《民国山东通志》编纂委员会：《民国山东通志》(第四册·卷25灾荒志)，山东文献杂志社2002年，第2417页。(注：上表未将山东受灾县乡全部计入)

## (二)旱灾

山东降水年内分配不均，暴雨集中于夏、秋季，春、冬季雨雪较少，容易发生旱灾。(见表4—5)据记载，自道光二十七年至宣统元年(1847—1909)的六十二年中，济南府的历城、章丘、长清三县有十八年发生旱灾，

---

[1]　《国民政府黄河水灾救济委员会灾赈组工作报告书》，油印本1934年，第45—47页。

平均四年左右就有一次大旱。① 进入民国以后，山东更是旱灾频发，例如，1917 年年初至夏初，山东全省大旱，"赤地数千里，虽有沃壤亦同石田"。1920 年，山东更是遭遇了"四十年未有之奇灾"。当年，河北、山西、陕西、山东、河南五省 317 县罹患旱灾，几千万灾民背井离乡，外出逃荒，死亡人数更是不计其数，山东"除胶东地区之外，几乎所有区域都成为灾区，而济南道属之惠民、阳信、无棣等十余县特别严重"②，根据山东灾赈公会的调查，此次受灾地区，"极灾计临清、馆陶、无棣等九县，共四千九百六十村，共极贫一百九十三万四千九百十六口；次灾十一县，共极贫一百四十万零四千余口；又次灾十二县，共极贫四十四万零五百口。"③

**表 4—5　1928—1936 年山东省旱灾统计**

| 受灾年份（年） | 受灾县数（个） |
|---|---|
| 1928 | 81 |
| 1939 | 100 |
| 1930 | 21 |
| 1931 | 10 |
| 1932 | 22 |
| 1933 | 8 |
| 1934 | 64 |
| 1935 | 50 |
| 1936 | 37 |

资料来源：山东省地方史志编纂委员会编：《山东省志·水利志》，山东人民出版社 1994 年版，第 65 页。

旱灾过后极易发生蝗灾，大灾之后又极易引起疫病，进而引发更大的饥荒，自古以来就有旱区"树皮食尽，人相食"的记载。1920 年的五省大旱灾，"自春至夏，亢旱无雨，颗粒未获，城厢之外，哀鸿遍野，数天难得一餐者，比比皆是。草皮树根，俱已食尽，上树争采树叶充饥，因此跌毙者时

---

① 安作璋主编：《济南通史（近代卷）》，齐鲁书社 2008 年版，第 356 页。
② 《晨报》1920 年 9 月 18 日。
③ 《申报》1920 年 11 月 11 日。

或有之……"① 旱灾之后，虫灾、疫病盛行，如济宁六月飞蛾过境，临清霍乱甚烈，死亡极多。对于这次灾难，有天灾更有人祸，鲁北一带向来灾荒不断，1920 年旱灾尤其严重，而直皖军阀却为了地盘展开混战，天灾人祸交加，受灾民众更是苦不堪言，中央政府在旱灾发生后，除拨款两万元外，救济不力，可谓雪上加霜。正如《申报》在济南各团体之筹赈通电称："亢旱之余，益以兵燹。山东省德县、陵县、平原、恩县、禹城诸县，遽因直皖之争，横罹蹂躏之惨，微论战线以内，几近焦土，即兵车所至，亦鸡犬一空，延袤数百里，村舍荡然，流离载道，救死扶伤，号呼相闻。天灾未已，人祸复乘。"②

　　1928 的山东更是兵灾、水灾、旱灾、蝗灾、雹灾、疫病齐发。鲁西夏津、东昌、冠县一带，鲁南曲阜、泗水、滕县一带暴发旱灾，广饶、寿光、安丘、临朐、济南等地区罹患水灾，新泰、滨县、平阴、利津、临朐等地区惨遭蝗灾，德县则是蝗、风、雹成灾。与此同时，日本为阻扰北伐，出兵山东，制造"五三惨案"，残杀民众无数，随后爆发瘟疫，民众遭疫后死亡甚速，紧接着济南霍乱盛行。然而，这一年的人祸比天灾更厉害，除了日军烧杀抢掠、奸淫掳掠外，匪患与兵灾亦不断，例如，土匪向昌邑各村勒索粮草，"(皋陶) 每日竟被勒索缴麦粉 2500 斤，粟 2500 斤，草 3000 斤"③，这让遭受灾害，农业减产的农民更加雪上加霜。

　　由此可见，兵灾匪患确为近代灾荒的最大原因，除此之外，各派军阀之间无休止的权力争斗造成的动荡不安的政局，以及政府的人事和机构极其频繁的变动，也影响到了各级政府救助政策的实施，从而进一步加剧了灾害的严重性。这一时期山东各级政府的行政首脑走马观花似的换人，从 1916 年至 1928 年，直、皖、奉三派军阀均在济南派过督军和省长，据统计，"继孙发绪任山东省长者先后有张怀芝、张树元、沈铭昌、屈映光、田中玉、齐耀

---

　　①　《山东临清旱灾状况》，《申报》1920 年 8 月 23 日。

　　②　《申报》1920 年 8 月 10 日。

　　③　陈翰笙等：《难民的东北流亡》，《国立中央研究院社会科学研究所集刊》第 2 号，1930 年。

珊、韩国钧、王瑚、熊炳琦、郑士琦、龚积柄、张宗昌、林宪祖等十三人之多，平均每年易人一次有余"①；再如青岛市胶澳督办公署从 1924 年到 1925年间，先后由龚积柄、高恩洪、温树德、赵琪为总办，两年间更换四任，平均任期仅在 6 个月—8 个月之间。②民国时期中国政局的动荡由此可窥一斑，行政官员的频繁替换，各级政府的相互推诿，使得政府救助职能丧失，对灾区缺乏持续、有力的救济。

罹患兵灾、匪患及各类自然灾害的灾民、难民，本就是处于社会底层的下层社会，在灾害发生时不仅首先受到冲击，而且受害最重最深，因收成减半甚至是颗粒无收，本就艰难度日的他们，甚至到了穷困潦倒、难以生存的地步，而他们能从政府得到的帮助却微乎其微，无奈之下只能自寻生路。1928 年山东省数灾并发后，"收成仅一、二成者有十四县，三成者有八县，四成左右者有二县，五成以上者仅四县，另有十九县收成不详。灾民数目占全县户口三分之一以上者二十七县，其中曲阜高达百分之七十三，冠县占百分之五十四，泗水占百分之五十二"③，为了能够活下去，灾民、难民们不惜吃草根、啃树皮，甚至卖儿鬻女，1927 年时铜元五枚就可购买一女，然而灾祸的接踵而至，让他们卖无可卖，只能外出逃难。正如 1927 年 4 月《申报》刊文所言，"山东最困苦的灾民，总该有千万以上，约占全省人数四分之一。其中三百万已赴外省就食，或在省内寻觅生路，二百万在家忍饿。所余五百万，则以草根树叶等充饥。"④

---

① 《民国山东通志》编辑委员会：《民国山东通志》（第一册），山东文献杂志社 2002 年版，第 325 页。

② 张家惠：《民国政府时期青岛慈善事业研究（1929—1937)》，中国海洋大学硕士学位论文，2009 年。

③ 《民国山东通志》编纂委员会：《民国山东通志（第四册·卷 25 灾荒志)》，山东文献杂志社 2002 年，第 2409 页。

④ 《民国山东通志》编纂委员会：《民国山东通志（第四册·卷 25 灾荒志)》，山东文献杂志社 2002 年，第 2401 页。

### 三、社会问题丛生

近代无休止的战争与接踵而至的灾害，使无数山东民众陷入了破产的境地，生活无着的他们，"要想得着一丝苟延残喘的生计，只有东奔西窜的逃亡"①。当时，山东境内各县离村现象非常严重。1932—1933年间，"夏津和恩县农民离村率各为10%，莒县与费县竟达60%，日照约20%，昌邑县为35%"②。土壤肥沃、地广人稀的东北，成了山东难民、灾民们的首选，青岛则是他们"闯关东"的中转站，据当时报纸记载，"每日乘胶济车由青岛转赴东三省求生者，达三千余人。"③另据《申报》所载，"近日由胶济铁路来青北渡者，平均每日有五百名之多"。④据统计，难民大多来自沂水、黄山、日照、菏泽、临沂、济宁、定陶等地。这些初来城市的农民多数人由于各种原因，最后都留在了青岛讨生活。

自1897年开埠后，青岛经过三十年左右的发展，逐渐成为山东最大的贸易中心，以及我国重要的港口城市，"各国侨商群相麇集，经营懋迁"⑤，城市的繁荣景象及富裕生活，使农民迁往城市的欲望日渐强烈，加之广大农民在帝国主义压迫和封建地主剥削下纷纷破产，生活境况日益贫困，不得不到富裕的城市寻找生路，于是，"伴随着市政工程的建设，成千上万的劳动者从山东各地聚集青岛"⑥，但由于文化程度比较低，破产的农民、手工业者进城后不得不出卖苦力为生，如挑夫、水夫、粪夫、脚夫、差役、人力车夫、码头搬运工等等。1925年，仅码头工人一项，青

---

① 朱其华：《中国农村经济的透视》，上海中国研究书店1936年版，第214页。
② 章有义编：《中国近代农业史资料》（第3辑），三联书店1957年，第888页。
③ 章有义编：《中国近代农业史资料》（第2辑），三联书店1957年，第638页。
④ 王林：《山东近代灾荒史》，齐鲁书社2004年版，第235页。
⑤《胶海关十年报告一九二二至一九三一年报告》，转引自《帝国主义与胶海关》，档案出版社1986年版，第199页。
⑥《青岛概要》，第8—9页。

岛便有 1300 人。① 当然也有稍好一点的工作，如工匠、小贩、仆役、店员等等。灾荒频发的年份，米粮匮乏，生路断绝，不得不外出逃荒时，山东的灾民、难民并没有尽数逃亡东北，省内比较富裕的青岛也是他们的目标，此外，如前所述，还有一部分原本打算"闯关东"的人，最后滞留在了青岛。

省府济南也是广大破产农民、手工业者以及灾民、难民的首选去处。"济市为本省首善之区，省会所在，工商发达，交通便利，形势扼要，为军政及商业之重心。"② 早在 1904 年开埠之前，济南工商业已属发达，随着胶济、津浦两路建成，济南又被辟为华洋公共通商之埠，国内外资本家蜂拥而至，"其勃兴之程度，实出常人意料之外"，至 20 年代，济南已是"工业发达，工厂林立"③，其繁荣景象刺激着大批农村人口到城市谋生，据资料显示，1909 年至 1911 年，济南府及城郊由 24.6 万人增加到 27.53 万人，年均增加 9767 人，④ 至 1936 年，济南人口已达 442258 人，1914—1936 年的 22 年间，人口增长 118.5%，⑤ 济南城内"富商大贾麟萃麋至，即负贩小民亦皆提携妇孺，侨寓其间，以谋生计"⑥。

近代济南人口的急剧增长，除与城市经济发展、农村经济破产有关外，还与近代社会动荡、灾害频发有关。每到大灾之年，周边生活无着的灾民、难民就会纷纷涌入城市寻找活路，如，兵灾、水灾、旱灾、蝗灾、雹灾、疫病齐发的 1928 年，"济南一隅流入的外地人口即高达 3 万余人"⑦。据济南市灾民收容管理处会议记录，1935 年灾民纷纷来到济南，济南市政府设立避

---

① 中国第二历史档案馆编：《中华民国史档案资料汇编（第三辑·工矿业）》，江苏古籍出版社 1991 年版，第 245 页。

② 济南市公署秘书编印：《济南市政概要》，1940 年，第 5 页。

③ 孙宝生：《历城县乡土调查录》，历城县实业局，1928 年刊，第 86、148 页。

④ 济南市史志编纂委员会：《济南市志（第 1 册）》，中华书局 1997 年版，第 488 页。

⑤ 参见万强：《近代济南的人口与城市发展（1904—1936）》，内蒙古大学硕士学位论文，2004 年。

⑥ 毛承霖：《续修历城县志（卷四地域考）》，历城县志局铅印本 1926 年，第 28 页。

⑦ 济南市总工会编：《济南工人运动史》，中国工人出版社 1982 年版，第 133 页。

寒所，"收容灾民数千人"；1935 年，鲁西一带黄河决口，灾民更是纷纷逃亡至济南，"济南市政府筹设收容所十所，收容灾民达到一万七千余人"①。至1937 年 5 月，济南市有总人口 441386 人，抗日战争和解放战争时期，为躲避战乱，大量人口迁入济南，至 1948 年，济南市总人口达到 642275 人，比战前（1937 年 5 月）增长 45.5%，与 1929 年济南设市时相比，十九年间人口增长幅度达到 70%②。不管是涌入青岛的、还是涌入济南的大量劳动力，因为没有什么技术和知识，只能从事城市中最脏最累、收入有限的工作，济南的人力车夫大多就是来自附近的乡村。

可是，由于在半殖民地半封建社会下中国的工商业发展举步维艰，经济基础异常脆弱，即使在政局相对稳定的时期，也无力一下子消化大量涌入城市的无业人口，更何况，近代中国是内忧外患、灾害频发、混战不止的乱世，很多工厂会因为战乱或外资侵轧，时刻面临倒闭或缩减规模的风险，致使大量工人失业而衣食无着。譬如，济南面粉工业 1915 年产生，至 1918—1921 年达到极盛，单这四年中即开设面粉厂八家，年产量平均约在八百万袋，除供应本市居民食需外，主要运销北京、天津、烟台、龙口等大中城市。但因帝国主义势力凭借不平等条约，与北洋军阀政府的软弱，直接争夺济南面粉工业的市场，而北洋政府又新增麦粉统税，加重了粉厂负担，一般小型粉厂如正利厚、恒兴皆先后破产歇业，其余成丰等厂也岌岌可危。延至"五三"惨案发生，日寇进军济南，因战火频起，交通阻梗，市场缩小，更加剧面粉业的困难。各粉厂连年亏赔，继恒兴之后，同丰、民安两厂也于1931 年至 1932 年之间倒闭，面粉工业陷入严重危机。③

因此，三座大山压榨下的山东城市工商业发展艰难，工人也时常面临失业威胁。据《胶澳志》记载，1925 年，（青岛）无业游民达 97311 人，占青岛人口总数的 34%。1947 年，（青岛）无业失业者有 242254 人，几乎 3 个

---

① 济南市政府秘书处编：《济南市市政月刊》，1935 年第 9 卷第 10 期，《济南市灾民管理处工教组第二次会议记录》。

② 参见安作璋主编：《济南通史（现代卷）》，齐鲁书社 2008 年版，第 311 页。

③ 济南市志编纂委员会：《济南市志资料》（第二辑），1981 年，第 5—6 页。

人中就有 1 个没有职业。①1948 年，青岛有 700 多家工厂停工，数以万计的工人失业。济南"五三惨案"后，失业工人达五六万人之多，枣庄矿区失业工人五千多人，章丘矿区失业工人二千多人，博山矿区的矿工和手工业工人失业者达十之六七，周村诸纱厂倒闭，失业工人达四五千人。② 另据 1929 年 10 月的调查，当时济南无业人口男女分别为 62816 人和 125798 人，两种合计 188614 人，占当时全市人口的 46.69%。③

由上可见，不管出于何种原因离开家乡，涌入济南、青岛等大城市的劳动力，依然摆脱不了极端贫困的厄运。他们首先面临的是无业可就的问题，其次面临的是就业后再失业的问题。据统计，"1931 年受灾逃亡在外的灾民，约三分之一从事苦力，五分之一乞讨，余者无业"。④ 即使有幸找到了相对稳定的工作，因受自身知识、技术、能力的限制，他们的工资非常低廉，生活拮据、勉强度日，"当时济南全市工人一万左右，内有男工五千六百名，女工三千五百余名，十六岁以下之童工约一千左右。……其工资月自二元起乃至二十元不等，平均工价恒在七元五角左右。……工人生活之标准，衣、食、住三者，个人平均月须七元五角，若五人以内之小家庭，月非二十元不能生活……"⑤ 至于短工、临时工，因工作不稳定，过着朝不保夕的日子，其工资在《济南大观》中有所涉及，（1）农间短工因季节之变迁，赁银时有高低，在春冬时期，每日三角至五角，秋麦二季，自五角至七角或一元上下不等；（2）泥水日工自四角至五角；（3）运货短工自二角至五角，自此地至指定目的地；（4）车夫每日获资一元或五角、三角不等；（5）石头小车、地排运车每日每人约五角。然而，在济之一劳动者非收入五角以上不足以资生活。⑥

---

① 青岛市档案馆编：《青岛旧事》，青岛出版社 1991 年版，第 82 页。
② 彭泽益：《中国近代手工业史资料》（第三卷），中华书局 1962 年版，第 548 页。
③ 济南市政府秘书处编：《济南市市政月刊》，1930 年第 2 卷，第 1 期，《济南市市民男女职业有无比较图》。
④ 章有义编：《中国近代农业史资料》（第三辑），三联书店 1957 年，第 899 页。
⑤ 周传铭：《济南快览》，齐鲁书社 2011 年版，第 229 页。
⑥ 罗腾霄：《济南大观》，齐鲁书社 2011 年版，第 39 页。

　　于是，灾民、难民、贫民、失业者、流浪人口大量出现，他们游离于社会底层，处于极端贫困状态，而这些下层社会群体的大量存在，成为城市发展的不稳定因素，进而为社会问题丛生埋下了伏笔。首先，贫困、饥饿是犯罪的最大成因。无业、失业对本就一贫如洗、无奈之下流亡讨生活的人是致命的打击，他们只能去偷、去抢、去盗、以满足最迫切的生活需求，各种社会犯罪随之产生（见表4—6）。其次，无依无靠的妇女沦为娼妓，而娼妓是中国社会由来已久的罪恶与弊端。涌入城市的成熟男工尚且失业，或无业可就，流入城市的女性就更加艰难了，"一乳母每月工资自六元至十元，普通妇女佣工自三元至四元三，厨役自三元至五元。"① 此外，还有相当一部分妇女堕入青楼，"以一夜能挣一斤小米的收入到这里（县城半数旅馆成了妓院）卖身"②。据1927年统计，"全市公娼数目达一千八百人，以上共计妓馆有五百三十家，一等一百六家，二等七十三家，三等六十二家，四等三百三十五家，至私娼则无数可稽也"③。到1934年，"济南市书寓妓女，计甲等二百六十四人，乙等四百二十五人，丙等四百五十六人，丁等五人，每月统计有减五增，计共有妓女一千五百五十六人"④。第三，饥寒交迫下走投无路的人，无奈落草为寇；孤寡老人、幼小孩童则沿路乞讨；性情懦弱者甚至因生活无望自杀。

表4—6　1932—1933年代济南市刑事犯罪分类统计表⑤

| 年代 | 人数 | 犯罪类别 | | | | | |
|---|---|---|---|---|---|---|---|
| | | 妨碍风化 | 妨碍婚姻家庭 | 吸食鸦片 | 赌博 | 杀伤 | 盗窃 |
| 1932 | 3710 | 96 | 54 | 1433 | 1214 | 30 | 185 |
| 1933 | 3021 | 22 | 259 | 842 | 1094 | | 274 |

① 罗腾霄：《济南大观》，齐鲁书社2011年版，第39页。

② 王洪波：《民国时期自然灾害对乡村民生的影响》，吉林大学硕士学位论文，2006年。

③ 周传铭：《济南快览》，齐鲁书社2011年版，第240—241页。

④ 罗腾霄：《济南大观》，齐鲁书社2011年版，第442页。

⑤ 参见万强：《近代济南的人口与城市发展（1904—1936）》，内蒙古大学硕士学位论文，2004年。

正如毛泽东所说:"中国的殖民地和半殖民地的地位,造成了中国农村中和城市中广大的失业人群。在这个人群中,有许多人被迫到没有任何谋生的正当途径,不得不找寻不正当的职业过活,这就是土匪、流氓、乞丐、娼妓和许多迷信职业家的来源。"[①] 不管采取盗窃、抢劫、卖身、行乞、自杀、落草为寇哪种方式,这都是下层社会群体的无奈之举,也都是灾难中国的真实写照,当然,这些行为严重影响着城市的安全与社会的稳定,为此,积极开展对下层社会群体的社会救助就成了国家与社会的当务之急。

## 第二节　近代山东社会救助的行政管理体制与管理机构

近代山东战乱频仍,灾害连发,大量破产农民、灾民、难民万般无奈下,纷纷逃往较富裕的青岛、济南等城市,城市下层社会群体的数量随之急剧增长,失业、贫穷、犯罪、自杀、行乞、娼妓、土匪等社会问题日益凸显,成为影响社会秩序和稳定的主要原因。迫于严峻形势的压力,政府日益重视社会救助对社会稳定的意义,开始设立专门行政管理机构对下层社会群体进行救助,并逐步完善了社会救助行政体制。为了更直观地了解近代山东对下层社会群体的社会救助,我们很有必要梳理下近代山东社会救助行政管理机构沿革。此时,山东大体经历了晚清时期(1840年—1911年)、北洋军阀政府时期(1912年—1928年)、早期南京国民政府时期(1928年—1937年)、日伪统治时期(1937年—1945年)、抗战胜利后国民党统治时期(1945年—1948年)。

### 一、晚清时期

社会救助主要有两类:一类是灾荒救济,一类是贫穷救济。在生产力十分落后的情形下,自然灾害对人类的打击是巨大的。每当自然灾害发生时,

---

① 《毛泽东选集》第二卷,人民出版社 1991 年版,第 645—646 页。

深谙"民穷则生变"的历代封建统治者，均会采取一些救济措施，以防引起动乱，动摇统治根基。发端于先秦时期的荒政，历经各朝代的完善发展，至清朝时愈加完善。清代的地方行政组织，分为省、道、府、县四级。省设最高行政长官巡抚，下设布政使和按察使，分掌民政和司法。清朝的救灾工作，省一级由行政长官督抚负责，布政使具体承办；省以下各府、州、县分别由道员、知府、知县主管；中央外派救灾的大臣，往往只是临时差遣，并没有常设机构和专职大臣。清咸丰五年六月（1855 年 8 月），清廷谕令"于河南、山东两省设立捐局，无论银钱、米面及土方秸料，皆准报捐"①，山东巡抚崇恩奉谕设立捐局，管理捐献钱银、粮物。清光绪二十五年（1899 年）初，山东省又在省城设赈抚局，负责管理分配各项工赈款，赈济外流回籍灾民。除了天灾由皇帝拨国库银钱赈济外，一般救济多由地方慈善团体办理。

在清末新政改革中央行政体制时，社会救助机构趋于统一。清光绪二十八年（1902 年），清政府改组成立工巡总局，"负责收容教养京师流民，办理社会救济事业"。清光绪三十二年（1906 年），又成立民政部，民政部下设民治、警政、疆里、营缮和卫生等司，民治司下又设保息科，"负责官绅所办育婴、济良、栖流等慈善事业以及各地水旱灾及其余事故的善后赈济等"②，由此，社会救助划归民政部管理。清宣统三年（1911 年），清政府任命盛宣怀为筹赈大臣，设筹赈局，暂行各省新旧筹赈捐，开办新捐，以便统一各种救济机构，可惜，因辛亥革命爆发，并没有什么成效。不过，清政府救助机构的演变却呈现出了一元化和专业化趋势。可以说，"20 世纪初的清末新政成为中国社会救助事业发展的分水岭，……标志着中国社会救助行政体制的现代转型。"③

---

① 山东师范大学历史系中国近代史研究室编：《清实录山东史料选》（中），齐鲁书社1984 年版，第 1331 页。

② 韩延龙：《中国近代警察制度》，中国人民公安大学出版社 1993 年版，第 72—73 页。

③ 刘荣臻：《国民政府时期的北京社会救助研究——以 1927—1937 年为范围》，首都师范大学博士学位论文，2011 年。

## 二、北洋军阀政府时期

进入民国后，社会救助有了专门主管机构。

1912 年 1 月 1 日（农历壬子年）中华民国成立后，中央设立内务部，管理选举、赈恤、救济、慈善、户籍、兵役、礼俗等事宜，内务部下设民治、警政、礼教、卫生等司，其中民治司负责抚恤、移民及慈善团体管理，卫生司兼管社会救济事宜，主要负责预防、治疗传染病和地方病等。在中央统一部署下，各省设立民政厅负责社会救助事宜，不过由于当时局势未定、政局不稳，地方救济一事一般由各省都督兼管。南京临时政府存在时间并不长，其社会救助各项工作基本还未展开，就被北洋军阀政府取代。

1912 年 3 月 10 日，袁世凯在北京宣誓就任临时大总统，这一时期的救助管理模式基本延续了南京临时政府时期。北洋军阀政府在中央设立内务部，根据 1912 年 7 月、8 月相继颁布的《各部官制通则》和《内务部官制》，内务总长管理赈恤、救济、慈善及卫生等事务，并"监督所辖各官署及地方长官"。同时，内务部下设民政、职方、警政、土木等司，其中，民政司具体"职掌全国贫民赈恤、催灾救济、贫民习艺所、感化所、盲哑收容所、疯癫收容所等的设置、废止和管理及育婴、恤嫠和其他慈善事项"；卫生司职掌"传染病、地方病的防止、种痘及车船检疫等事项"。[1]1912 年 12 月 22 日，根据《修正各部官制通则》，民政司改为民治司，民治司下设五科，其第四科是专职救助机构，具体掌管慈善救济事宜，譬如，"罹灾救济、蠲缓正赋钱粮、备荒及救灾、积谷、救灾基金、八旗生计、京师平粜及赈济、育婴及其他慈善事业、红十字会设置及奖励、游民习艺所、济良所、教养局及贫民工厂等救济事项"[2]，同时，卫生司职掌归并到警政司，兼管社会救济事宜。从上述变化中可见，北洋政府开始重视社会救济，其行政管理体制也逐渐向着专业化迈进。

---

① 《东方杂志》第 9 卷第 3 号。

② 《最新编订民国法令大全》，商务印书馆 1924 年版，第 244 页。

中央除了设立专职救助机构外，还在灾荒严重的时候，设立临时救灾机构，譬如，附设于内政部的赈务处。1920年，河北、山西、陕西、山东、河南五省317县罹患旱灾，几千万灾民背井离乡，外出逃荒，死亡人数更是不计其数，仅山东一地，受灾总计三十二县，灾民达三百七十多万，面对这"四十年未有之奇灾"，该年10月，北洋军阀政府将直、陕、鲁、豫四省赈务合为一起，设立救灾机构赈务处，附设于中央内务部。根据1921年11月北洋军阀政府公布的《赈务处暂行条例》，赈务处综理各灾区赈济、善后事宜。后来，赈务处的权限不断提升，1924年10月公布的《督办赈务公署组织条例》和《附设赈务委员会章程》规定，署内分置总务、赈务、稽查三处办事。"督办直属总统，由大总统特派，会办由大总统简派。督办赈务公署主办全国官赈，凡海关附加收入的全部均由其支配，所有灾区赈济事宜，赈务各官署得随时向它报告"①，由此可见，赈务处的权力非常大，不过，它主要救助的对象是灾民、难民，而非城市贫民。

山东省的社会救助行政管理机构，随着中央设置的变动而不断进行调整。中华民国成立后废除府、州制度，地方行政区划改为省、道、县三级，山东省最高行政机关——山东行政公署、山东巡按使公署、山东省长公署相继设立于济南。最初，袁世凯实行"军民分治"，将省级最高行政机关都督府改为行政公署，根据《划一现行各省地方行政官厅组织令》，行政公署下设内务司，负责办理赈恤、救济、慈善等事项。紧接着，袁世凯为复辟帝制，于1914年公布《省官制》，将省行政公署更名为巡按使公署，山东省的社会救助事宜由巡按使公署政务厅下设的内务科兼管。第三，1916年7月，大总统黎元洪下令将巡按使公署改称省长公署。山东省省长公署下设政务厅、财政厅、教育厅、实业厅，后增设全省警务处，其中，政务厅兼管社会救助事宜。至于道一级（1924年撤销）最高行政机关为道尹公署，下设内务、财政、教事、实业四科，其中内务科管理社会救助事宜，而县一级的社会救助工作也由内务科负责。

---

① 毕牧：《民国时期山东城市下层社会变迁研究》，山东大学博士学位论文，2012年。

除了上述常设机构外，山东省还设立了临时机构——山东赈务处，应对华北大旱灾的灾民救济。北洋军阀政府 1920 年设立赈务处后，在地方设立了各省赈务处，山东赈务处随之设立，它是山东省政府救灾的官方机构，也是"连接中央救灾机构、国内爱国绅商、国外慈善组织和山东灾民的重要纽带"①，其主要职责是"第一，接受中央拨款及各界捐款；第二，将各界捐助赈款转发给农民；第三，向灾民发放赈款赈粮等"②。此外，山东各地还设立了针对城市下层民众的社会救助机构，如，1924 年济南市内的救助机构，几乎全部由山东慈善事业公所管理。

总之，北洋军阀政府时期，社会救助事业形成了中央、省（道）、县三位一体的管理体制，中央由内务部下设的民治司第四科负责，地方则由内务科负责。山东省的社会行政救助管理机构，紧随中央设置的变化而调整，并逐步走向了专业化和制度化。

### 三、南京国民政府时期

1924 年 4 月 12 日，中华民国国父孙中山手书《国民政府建国大纲》，明确提出："建设之首要在民生""土地之岁收，地价之增益……皆为地方政府之；而用以经营地方人民之事业，及育幼、养老、济贫，救灾、医病与夫种种公共之需。"③ 这是孙中山先生对国家建设的规划和方案，从《建国大纲》的字里行间，我们能够感受到他对民生的重视，以及对社会救助事业的关心。1927 年 4 月 18 日，南京国民政府成立，自诩继承国父遗志、遵从《建国大纲》之施政方略的国民党，加强了社会救助事业的制度化、法律化建设。

这一时期随着国际国内形势的变化，国家社会救助的行政体制与机构不断进行调整，与之相对应的是，山东省的社会救助行政体制与机构也在变

---

① 顾延欣：《20 世纪 20 年代山东省灾荒救述论》，东北师范大学硕士学位论文，2014 年。
② 王林：《山东近代灾荒史》，齐鲁书社 2004 年版，第 195—196 页。
③ 《建国大纲》，中国知网（引用日期 2019 年 6 月 27 日）。

化，其主要表现为三个阶段：早期南京国民政府时期（1928 年—1937 年）、日伪统治时期（1937 年—1945 年）、抗战胜利后的国民党统治时期（1945 年—1948 年）。

### （一）早期南京国民政府时期

1927 年南京国民政府成立以后，基本延续了北洋军阀政府时期的社会救助管理模式，并进行了适当的调整。1928 年 4 月，中央内务部改为内政部，内政部下设总务司、民政司、警政司、地政司等，其中，民政司职掌赈灾救贫及其他慈善事业。1928 年 6 月，内政部颁布的《内政部各司分科规则》规定，民政司下设四科，第四科负责社会救济及其他福利事项。此外，南京国民政府还重新成立了赈务处，其前身是北洋军阀政府时期为应对华北大旱灾而成立的临时救济机构——赈务处，如前所述，它的权力非常大，各灾区赈济及善后一切事宜，都要向其汇报。南京国民政府新成立的赈务处直隶于国民政府，其处长由内政部长兼任，副处长由国民政府委员兼任，赈务处下设赈款委员会和总务、调查、赈济三科，主要负责灾区的赈济和慈善事宜。

因民国时期战乱频仍，灾祸不断，南京国民政府除了设立常设救助机构外，还设立了一些临时性、地方性的救助机构，以应对频繁爆发的大灾荒。譬如，1928 年 3 月成立的直鲁赈灾委员会。需要特别指出的是，该会虽是为救助河北、山东两省灾民而设立，但由于其"振款皆由劝募而来，且捐款之人多指明其款为鲁振之用，是以大宗之款多亦多放于鲁灾"①，可以说，它承担了 1928 年初至 1929 年初山东省灾荒的官方救助任务。再譬如，1928年年底成立的豫陕甘赈灾委员会。上述这些临时性的赈灾委员会，均是为了应对地方灾荒而成立的，很难统筹全国救灾事宜，为此，1929 年初，南京国民政府将豫陕甘、两粤、冀察绥赈委会合并，成立了隶属行政院的赈灾委员会，作为全国性的执行机关，统筹办理全国赈灾事宜，并在各省设立分会。

---

① 《河北山东赈灾委员会来函》，《河北省政府公报》1928 年第 59 期。

然而，同时设立两个全国性的赈灾机构——赈务处与赈灾委员会，容易造成职能交叉重叠、权责分配不清、相互扯皮掣肘的问题，为了解决这一弊端，1930年1月，南京国民政府将两个机构合并为赈务委员会，以内政、外交、财政、交通、铁道、实业各部部长为委员，下设总务、筹赈、审核3科，主要负责灾害、战乱造成的灾民、难民救济。赈务委员会在各省市设有相应的赈灾机构，根据《赈务委员会组织章程》，受灾各省要成立赈务会，以省政府、省党部及民众团体共同组成；若各县、市办理赈务，还需设立县、市赈务分会。

1931年6月27日，南京国民政府在修正公布的《内政部各司分科规则》中，再次确认了政府救灾的主要机构是隶属于内政部民政司的第四科，也就是说，在一般情况下，抗灾救灾事宜仍由民政司掌管。然而，民国时期的救灾任务非常繁重，而民政司职掌复杂，权力有限，很难在灾荒频发时统筹全局，协调各种社会力量救助下层社会群体，因此，南京国民政府在灾荒降临时会将原属第四科的工作移交给其他机关，或者设立新机构协助救灾。譬如，1931年特大水灾发生后，南京国民政府特设救济水灾委员会，以宋子文为委员长，负责办理临时赈济、善后补救等事宜，"所有救济水灾委员会与各省市、各团体有关事项，可由该会直接以文电办理"[1]，由此可见，该委员会权力非常大，但一些属于请示与呈报性质的事项，则须"由行政院分别核转，以资接洽而免分歧"[2]。

综上所述，这一时期南京国民政府的社会救助行政管理机构，与北洋军阀政府时期大体相同，但临时性社会救助机构变化较大，新设的临时性机构较多，这反映了早期南京国民政府时期灾害非常严重，以及政府对社会救助的关注程度，各类社会救助机构的设置，以及赈灾行政体制的延伸，进一步完善了这一时期社会救助的行政管理体制，有利于政府赈济下层社会群体，以稳定社会秩序。

---

① 蔡勤禹：《国家社会与弱势群体——民国时期的社会救济（1927—1949）》，南京大学博士学位论文，2001年。

② 《国民政府训令》，1931年2月29日，中国第二历史档案馆藏。

至于地方层面的社会救助行政管理机构，南京国民政府也有相关的明确规定。与北洋军阀政府时期地方政权设为省、道、县三级不同，南京国民政府时期主要设为省、县两级，故而，其社会救助机构也分为省级及县级。同时，南京国民政府还将一些人口密集、经济文化发达的城市，从县级行政区划中析出，建立新型的"市"级行政区划，具体分为直辖于中央的特别市和统辖于省的普通市，特别市与省级行政区划相当，普通市与县级行政区划相当。根据1928年南京国民政府颁布的《修正省政府组织法》，民政厅负责"（省）赈灾及其他社会救济"[①]；又根据1928年颁布的《特别市组织法》和《市组织法》，特别市、普通市的公益慈善等事业由市政府下设的社会局主管。

南京国民政府统治时期，尤其抗战爆发前韩复榘督鲁期间，是山东省社会救助事业发展最好的时期。1928年6月1日，山东国民政府在泰安成立，1929年5月，日军从济南撤出后，山东省政府迁回济南，及至中原大战山东战事基本结束时，南京国民政府决定改组山东省政府，1930年9月11日，韩复榘在济南宣誓就职，自此开始了他对山东长达7年之久的统治，相较于1928年6月到1930年9月短短两年间，山东省走马观花地换了4任主席，韩复榘在山东的统治可谓是成功的，当然，他也是南京国民政府时期统治山东时间最长的官员。毋庸置疑，这有利于社会救助事业的开展。根据《省政府组织法》，山东省政府机构设秘书处、民政厅、财政厅、建设厅、教育厅、农矿厅、工商厅，后农矿厅、工商厅合并为实业厅，并于1933年8月并入建设厅。其中民政厅负责赈灾及其他社会救济。

1928年山东省政府在泰安成立后，开始组建各县政府，县政府直隶于省政府，下设民政、财政、建设、教育、社会等科，1929年1月，山东省按照《县组织法》对全省107个县政府进行改组，设置第一科、第二科和公安、民政、财政、建设、教育等两科五局，其中"第一科分掌公安、自治、教育、卫生、慈善事业等"[②]，此后，山东各县组织机构几经调整和变化。如

---

① 李进修：《中国近代政治制度史纲》，求实出版社1988年版，第326页。

② 《民国山东通志》编纂委员会：《民国山东通志》（第一册），山东文献杂志社2002年，第330页。

1932 年各县撤局改科，1936 年将五科改为四科等等，但负责民政及救助事宜的仍为第一科。

山东省这一时期除了省、县外，还有直辖于中央行政院的青岛特别市，以及济南市、龙口市、烟台特别行政区、威海卫特别行政区等。1929 年 4 月 15 日，南京国民政府正式接收青岛，改胶澳商埠局为青岛接收专员公署，并从原商埠局民政科中分出社会科，负责管理社会行政事务。1929 年 7 月，南京国民政府设青岛为特别市，直隶于中央行政院，其级别与省级区划相当，同时，成立青岛特别市社会局，接管之前民政、社会两科。再来了解下济南普通市。1929 年 7 月 1 日，根据国民政府市组织法规定，济南单独设市，不再辖县。历城县城（原济南府城）以及附近村庄划归济南市管辖，济南市政府直隶于山东省政府，设秘书处、财政局、社会局、工务局、公安局。其中社会局内设第一、二、三科和教育科，负责"农、工、商业的注册……主管公益、慈善、救济事业，管理社会团体及公共娱乐场所……"①，1931 年 1 月，韩复榘下令裁撤社会局，其负责的社会事务转归省民政厅直接办理。其他市或特区，因各自情况不同，机构设置略有差异。

除了设置省、县、市一级的社会救助管理机构外，山东省还根据中央政府的要求，于 1928 年成立山东省赈务会，办理全省赈济、慈善事业。1928—1932 年山东各县赈务会也相继成立，如长清赈务分会、夏津赈务分会、齐河赈务分会、昌乐赈务分会、平原赈务分会等等。同时，根据南京国民政府内政部颁发的《各地方救济院规则》，济南、青岛等相继设立救济院。

### （二）日伪统治时期

抗日战争爆发后，山东省几乎全部沦陷，成为中国全省沦陷的九省份之一。这一时期山东省内同时并存着国民党政权、共产党政权和日伪政权，其辖区辖权交错，甚至一个县出现国、共、伪三个不同的县长和机构。

---

① 安作璋主编：《济南通史（现代卷）》，齐鲁书社 2008 年版，第 318 页。

1. 国民党统治区

1937 年卢沟桥事变爆发后，日军沿着津浦路南下，进入山东省境内，山东省政府的正常工作随即陷入停顿，1937 年 11 月—12 月间，日军围攻济南地区，省主席韩复榘率 10 万大军南撤，济南沦陷前夕，省政府各机关奉令撤离济南，先后流亡曹县、东阿、惠民、沂水、蒙阴、临朐等地，济南市政府亦撤出济南。及至济南、青岛等先后失陷后，国民党山东省各级行政组织已基本瓦解，尽管临危受命的沈鸿烈，赴曹县就任省主席后，竭力改组省政府和重建县政府，但整个山东省几乎沦陷，日军控制了主要城市和交通要道，使得流亡中的国民党省政府很难与地方政权机关取得联系，况且省政府的驻地还经常变动，其政令的影响范围日益变小，尤其 1943 年省政府南迁至安徽阜阳，与山东地方政权机关的联系几乎中断，国民党政权在山东的地盘可以说已经丢失殆尽了。山东省政府曾于 1941 年 3 月对全省县政情况作了如下统计，从中我们可以窥见国民党政府在山东的统治几乎已徒有其名："县区完整者无；基本可以行使职权者只有海阳县；县长能够在县城办公者只有濮县；县城沦陷但县政能在境内乡间者有 79 县；县长完全不能行使职权者有 21 县。在 107 县中，敌伪、共产党、国民党三个政权并存者有 26 县；敌伪占据、国民党有活动者为 28 县。"① 因此，这一时期国民党政府很难在省内推行各项政策，即使推行其影响也仅限于省政府驻地周围，不过流于形式罢了。所以，抗战时期山东省内的救助事业由日伪政权接管，尽管日伪政权对此项事业并不关心，各地救助机构大多有名无实。

2. 抗日根据地

1937 年 10 月，日军入侵山东之后，中共山东省委带领各地党组织广泛发动群众，举行抗日武装起义，起义者首先从敌伪手中夺回蓬莱、黄县、掖县，并在这三县率先成立了抗日民主政权，此后，中共又先后在鲁西、鲁南、鲁中等地发动群众，建立了抗日民主政权，至 1940 年 3 月，山东县级

---

① 山东省党政干部学校编印：《对本省现状之认识总结（1941 年 4 月油印本）》，第 4、16、17 页，山东省档案馆馆藏档案，临 5·4·128，转引自吕伟俊主编：《民国山东史》，山东人民出版社 1995 年版，第 622 页。

民主政权已达 40 多个, 在此基础上逐渐创建了山东抗日根据地, 辖鲁中、鲁南、胶东、滨海、渤海五个战略区。中共非常重视改良人民生活, 以团结人民加强根据地建设, 最终取得抗战胜利。如 1937 年 8 月中共中央在陕北洛川召开政治局扩大会议, 制定了《抗日救国十大纲领》, 明确提出 "改善人民生活""废除苛捐什税, 减租减息, 救济失业, 调节粮食, 赈济灾荒"①。在《抗日救国十大纲领》的指导下, 各根据在建设巩固过程中, 都十分重视改善民生。1940 年 9 月, 山东省战工会颁布了经山东省临时参议会审议通过的《山东省战时施政纲领》, 在民生方面明确提出 "实行民生主义, 改善人民生活""减轻人民负担""救济灾民难民及失业人民""广设贫民医院, 对贫民的疾病实行免费治疗"②。1943 年 8 月山东分局通过的《山东省战时施政纲领》, 再次强调 "救济贫民、难民、灾民, 扶助其参加生产""救济灾荒, 救济流亡难民""免费帮助抗属、抗工属及贫苦儿童入学"③。

3. 日伪统治区

1937 年 12 月 27 日济南沦陷后, 日本侵略者利用汉奸组成 "济南治安维持会", 实际代行政府职权, 与此同时, 日军继续沿津浦路和胶济路向山东全省进犯。1938 年 3 月 5 日, 根据北京伪临时政府的命令, 伪山东公署正式成立, 马良在济南宣誓就职。伪山东省公署隶属伪华北临时政府, 是山东全省日伪统治区最高行政机关, 下设民政厅、财政厅、教育厅、建设厅、警务厅、秘书处, 其中民政厅 "职掌道、市、县行政官吏的提请任免事项; 道、市、县所属地方自治事项, 赈灾及其他救济事项, 礼俗思想宗教事项等"④。此外, 伪山东省公署还设有赈灾委员会。1938 年徐州会战后, 山东全省成为沦陷区, 日伪政权控制了省内主要城市和主要交通线附近的乡镇, 但

① 中共中央文献研究室、中央档案馆:《建党以来重要文献选编》(一九二一——一九四九) 第 14 册, 中央文献出版社 2011 年版, 第 477 页。

② 中共山东省委党史研究室编:《中共山东编年史》(第 3 卷), 山东人民出版社 2015 年版, 第 303 页。

③ 中共山东省委党史研究室编:《山东党的革命历史文献选编 (1920—1949)》(第 6 卷), 山东人民出版社 2015 年版, 第 197、199 页。

④ 吕伟俊主编:《民国山东史》, 山东人民出版社 1995 年版, 第 723 页。

身为侵略者的他们并不关注救济事业。

### （三）抗战胜利后的国民党统治时期

艰苦卓绝的抗日战争让贫弱的中国进一步陷入了困顿中，数以万计的中国人民挣扎在死亡线上，如何复兴残破不堪的经济、救助贫弱的百姓，恢复正常的生活，成了南京国民政府的当务之急。为了获得国际社会的援助，南京国民政府于 1943 年选派具有多年留美经历的蒋廷黻参加国际社会救助组织的筹建，当年 11 月 9 日，蒋廷黻代表中国政府在美国签订《联合国救济善后公约》，并参与了联合国救济善后总署（简称"联总"）成立大会，中国由此成为联总的创始国和最大受援国。"本土未经敌人入侵的联合国各份子，每一国家献捐其全国一年总收入的百分之一"①，以协助二战被祸地区进行善后救济工作，联总在中国设立办事处，协助并监督中国进行善后救济。

作为联总发起国的中国，为了统筹办理国内善后救济事业，于 1944 年 12 月 18 日成立救济善后督办总署，直隶于行政院，1945 年 1 月改称行政院善后救济总署（简称"行总"），其地位与各部平级。行总实行署长负责制，先由蒋廷黻任署长，后由霍宝树继任。根据国民政府 1945 年 1 月颁布的《善后救济总署组织法》，行总下设储运、分配、财务、赈恤 4 厅及调查、编译、总务 3 处。其中，赈恤厅和调查处负责社会救济业务。行总一面受南京国民政府之命，办理战后善后救济事宜，一面"接受联合国救济总署对华分配物资，在中国善后救济方面作合理的分配与有效的使用"②，其具体工作如下："设立难民遣送站或招待所；办理急赈；举办水利工程、交通工程、市政工程等项工程；开设收容所、平价食堂、难童工读学校、伤残重建服务处等社会福利机构；设立卫生业务委员会，实施医疗防疫；此外，还办理农渔业的赈

---

① 行政院新闻局编印：《两年来的善后救济》，行政院新闻局 1947 年，第 1 页。

② 《行总周报》，转引自张志永：《抗战后行总对解放区善后救济工作述评》，《四川三峡学院学报》2000 年第 2 期。

灾救济，协助工矿交通的恢复及黄河汛区复兴工作等"[1]。

行总原则上以行政区域为基础，结合沦陷情况轻重、省域的广狭、人口的多寡，在全国设立东北、鲁青、河南、苏宁、安徽、湖北等15个分署，其中，负责战后山东救济工作的是鲁青分署，辖区包括山东全省及直辖市青岛。1945年12月1日，鲁青分署在青岛正式成立，虽"屡拟将署址迁往济南"，但"终以津浦胶济两路迄未修复""遂致终未实现"[2]。鲁青分署按照组织条例，在本部设赈务、储运、卫生、总务4组，1946年2月、11月，分署又先后设立济南办事处、鲁南临时办事处：济南办事处下设赈务、储运、卫生、总务四课；鲁南临时办事处先设总务、接运两课，后增设赈务、卫生两课。另外，鲁青分署还有5个分区工作队，6个卫生工作队以及临时救护队（见表4—7），1946年8月，鲁青分署撤出解放区工作人员，同时成立烟台办事处，负责解放区救济工作，原第二、三工作队随即调往鲁南、鲁西南地区，鲁青分署各工作队工作区划因此稍作调整。

**表4—7 鲁青分署工作区域（1946年1月—1946年7月）[3]**

| 工作区划 | 涵盖县市 |
|---|---|
| 青岛（第一工作队工作区） | 青岛、即墨、高密、胶县 |
| 烟台（第二工作队工作区） | 烟台、威海、福山、牟平、荣成、文登、海阳、栖霞、蓬莱、黄县、招远、莱阳、披县、平度、利津、广饶、博兴、蒲台、滨县、沾化、惠民 |
| 临沂（第三工作队工作区） | 临沂、郯城、费县、新泰、蒙阴、沂水、莒县、诸城、日照（1946年8） |
| 济南（第四工作队工作区） | 济南、历城、章丘、淄川、博山、莱芜、泰安、肥城、东平、东阿、平阴、长清、聊城、荏平、博平、齐河 |
| 潍县（第五工作队工作区） | 潍县、安丘、昌乐、临朐、益都、临淄、寿光、昌邑 |

---

[1] 万仁元、方庆秋、王奇生编：《中国抗日战争大辞典》，湖北教育出版社1995年版，第250页。

[2] 延国符：《善后救济总署鲁青分署业务总报告》第一章，第5页。

[3] 延国符：《善后救济总署鲁青分署业务总报告》第一章，第5—6页。

　　鲁青分署的业务主要包括急赈、特赈、工赈、医疗防疫、难民遣送等，抗日战争胜利之后，鲁青地区国民党政权、共产党政权并存，鲁青分署的救助事务就包括国统区和解放区的善后救济，1946 年 1 月之前，其"所办赈恤业务仅为急赈，且亦只在青岛市及其附近一带"，2 月至 4 月其业务范围才延及鲁东烟台、鲁南临沂等解放区。① 鉴于国共两党政见、立场、目标等等不同，两党关系日益恶化，解放区能得到的救济物资不多，尤其 1946 年 6 月 26 日，国民党大举围攻中原解放区，引起全面内战后，运往解放区的救济物资多被扣留，尽管共产党占领区人口占到全省的80％，1946 年 7 月前鲁青总署收入的物资中，配拨给解放区的却仅"占总量 3.4％"②，后来共产党在多方努力下，与国民党签订协议，决定行总在解放区另设特别办事处——烟台、菏泽、石臼所，以解决救济物资分配不均，对解放区救济不力的问题。但随着国共内战的进一步扩大，行总于1947 年 7 月 30 日结束了对解放区的救济工作。及至 1947 年年底，鲁青分署结束业务。

　　这一时期，除了设立行总外，南京国民政府还调整了社会部的业务范围。1940 年 11 月 16 日，南京国民政府成立社会部，"内设社会福利司，……社会救济制度及社会救济业务之规划指导改进、社会救济工作人员之甄用考核奖惩、其他有关社会救济事项。"③ 抗战胜利后，南京国民政府调整了社会福利司，下设 4 科，其中，第 3 科负责社会救济事宜，第 4 科负责儿童福利事宜。共产党一方则在 1945 年 7 月成立中国解放区临时救济委员会。山东解放区积极响应，在临沂成立解放区救济分会，后因内战爆发，战事紧张，共产党的救济工作陷入停顿。

① 延国符：《善后救济总署鲁青分署业务总报告》第四章，第 1 页。
② 延国符：《善后救济总署鲁青分署业务总报告》第九章，第 4 页。
③ 《社会部各司分科规则》，《革命文献》（第 97 辑），第 27 页。

## 第三节　近代山东社会救助的实施机构与救助活动

晚清、民国时期的社会救助对象，"主要是流入城市的贫穷、残废、孤幼、年老之人、失业贫民、烟民和遭受战争或其他变故祸害而不能维持生活的人"，① 据此，我们可以将近代社会救助分为贫穷救助、灾荒救助两大类。众所周知，近代中国社会经历着由传统走向现代，由封闭走向开放的急剧动荡与剧烈转型过程，而完成这一重大历史转变的恰恰是民国时期，传统与现代共存、陈旧与崭新交替、中西多元混合，是这一时期社会变迁的基本特点，也是这一时期社会救助机构的重要特征：

首先，承继传统。任何事物的发展都具有连续性，社会救助机构也不例外，民国时期山东社会救助事业是在清末慈善事业的基础上进一步发展起来的，尽管在西方列强"船坚炮利"下被迫打开国门的中国，开始了向近代社会嬗变的历程，但历史上延续下来的众多传统社会救助机构，在民国时期仍然非常活跃，并且积极从事着各种传统救助活动。其次，有所创新。西方先进救助理念的传入、实践，以及中西方文化的强烈碰撞，促使中国存续了上千年的社会救助事业出现了新的变化，民国时期在继承传统社会救助机构的基础上，设立了一些不同于以往的新型的社会救助机构，有属于民间团体的，亦有属于官办性质的。再次，一些国际组织和外国教会也广泛参与到了近代山东的社会救助事业中。据此，我们可以将近代山东的社会救助机构分为三类：传统型、近代型（或新设型）、外来型。

### 一、传统型社会救助机构与救助活动

所谓传统型社会救助机构是指，"清代及其以前所实行、由中国历史

---

① 山东省地方史志编组委员会：《山东省志·民政志》，山东人民出版社 1992 年版，第 200 页。

文化演进出来的社会制度，并不代表落后或进步，只是呈现传统制度的延续"①。民国时期活跃于山东地区的社会救助机构，很多是从晚清时期延续下来的，按照收养对象可分为：普济堂类（收养孤老贫病者）、栖流所类（收容流浪者）、育婴堂类（收养遗弃婴儿）、清节堂类（收容家境艰难之节妇）、癞民所类（收容麻风病患者）②，以及教养局类（传授生活技艺）等。

### （一）养济院

养济院又称"孤贫院""孤老院"，以鳏寡孤独残疾者为救助对象，乃是清朝主要的社会救助机构。据调查，养济院起源于南北朝时期的"孤独院"，南宋时，发展为"最为普及的救济设施"③，及至清朝时，政府要求各省府州县均要设立，因此，"古代近畿济贫事业，养济院之设立，甚属普遍"。④

清代养济院收养的孤贫由政府定额，一省之内各州县的数额也不等，孤贫所领口粮银米亦有定数。譬如，1840 年时，"历城县养济院额内孤贫二百四十二名，每年额设口粮米八百二十六石二斗，除扣消减实支米八百一十石六斗八升，布花银四十五两。浮额孤贫七十九名，每年实支口粮银二百七十九两六钱六分""临邑县养济院额内孤贫四十九名，每年实支米一百五十一石四斗六升，布花银二十二两。浮额孤贫六十五名，每年实支口粮银二百三十五两二钱七分""平原县养济院额内孤贫九十八名，每年实支米三百四十六石九斗二升。浮额孤贫九十八名，每年实支口粮银二百五十二两四钱三分"。⑤据《钦定户部则例》载，"山东省，兼支本色、折色口粮的孤贫有 1584 名，……平均每名孤贫每年支本色口粮米约二斗八升，折色口

---

① 《民国山东通志》编辑委员会：《民国山东通志（第四册·卷 26 救济志）》，山东文献杂志社 2002 年版，第 2496 页。

② 黄天华：《中国财政制度史（第四卷·清代——近代）》，格致出版社 2017 年版，第 2261 页。

③ ［日］夫马进著，伍跃等译：《中国善会善堂史研究》，商务印书馆 2005 年版，第 42 页。

④ 张金陔：《北平粥厂之研究》，《社会学界》1933 年第 7 卷。

⑤ 参见王振娜：《近代济南慈善救济事业研究（1840—1949）》，山东师范大学硕士学位论文，2012 年。

粮银约七钱五分；专支折色口粮的孤贫 3772 名，每名每年支口粮银三两六钱。"① 由此可见，养济院仅限维持救助之人的最低生活需要。

进入民国以后，养济院作为社会救助机构，继续从事养老、恤孤、济贫等慈善活动。其收养孤贫的额数和钱粮仍有定数。其经费多来自地方政府。济阳养济院 1913 年时收养孤贫 94 名，经费由县赴省库具领散发，每人折钱 1100 文；② 掖县养济院历由地丁存留项下支给口粮，1917 年改定公费……按月由县知事赴省厅具领，准就省税项下坐支抵解；③ 利津养济院经费由县财政厅按月核发。④ 这时济南还设有专门收容盲人及其家属的盲人养济院，盲人养济院又称盲人大院，始建于明朝末年，清光绪年间拨款重修，及至民国时期，已收留近百户盲人家庭，除此救助当地盲人外，该机构有时也会收留外地流浪乞讨的盲人。

### （二）普济堂

普济堂兴起于清朝初年，是作为养济院的补充形式，由民间发起创立的慈善组织。从职能上而言，普济堂与养济院类似，也是周济鳏寡孤独贫病残疾者的机构，只是与官办养济院经费由政府负担不同，其救助款多来自私人捐助，因养济院收养的孤贫有定额、地域限制，非本地人无法得到应有救助，于是，救助对象更加灵活、救助形式更加多样的普济堂应运而生。清政府认为，民间慈善事业发展有益于地方社会稳定，因此，在经济上积极支持民间慈善活动，如清乾隆元年（1736 年），"议准各省会及通都大郡，概设立普济堂，养赡老疾无依之人，拨给人官田产，及罚赎银两、社仓积谷，以资养赡"⑤。政府将部分官田划给善堂、拨付部分慈善开支，同时辅以各种奖惩制度保证，使得普济堂迅速在全国各地建立起来，据梁其资先生的统计，

---

① （清）于敏中等修：《钦定户部则例》卷八十九·蠲恤八，浙江古籍出版社，1988 年。
② 民国《济阳县志·卷四》，凤凰出版社 2004 年版，第 114 页。
③ 刘国斌：《掖县志·卷 3·慈善二十八》，1935 年。
④ 潘守廉：《济宁县志·卷 4·故实略五十一》，1927 年。
⑤ 光绪《清会典事例》卷二六九。

"1850 年以前全国共建普济堂 362 所"①，山东省"101 个州县共建普济堂 131 所"②。北洋军阀政府时期和南京国民政府时期，各地普济堂继续发挥作用，只是有些普济堂改为救济院，如掖县普济堂，有些普济堂改为孤贫院，如泗水普济堂，有些普济堂改为平民工厂，如牟平普济堂。下面我们根据地方史志资料，选取几例了解一下普济堂的情况。

1. 掖县普济堂

有义田三百余亩，收租充孤贫口粮。1925—1926 年加以整修，收容男女贫民。救济孤贫名额为四十九名，每月由义田租项下支京钱三十六千文又两百一十文（约六元六角）。1931 年，改名为救济院，救济孤贫名额增加 11 名，救济经费从义田内支付。③

2. 泗水普济堂

设立于明朝初年。进入民国后，改为孤贫院，并建立平民工厂。"初设木工、纺织二组，后增设缝纫、印刷二组，使收养的残废者参加力所能及的劳动，以增加收入，维持生活。该院直至抗战时期日军占据泗水城后解体。"④

3. 济阳普济堂

设在城内南仓胡同，有邑人捐输义田地五顷二十五亩六分八厘六毫，土房三十六间，门楼厂棚十四间耕牛五只。置买义田地一顷七十二亩九分四厘。筹备银一百五十两，照一分起息，每年共银十八两。"收养贫民二十三名，每名日给米一升，折谷二升，月给盐菜柴薪一钱，三年两次给发棉衣。"⑤ 除了民间捐助外，所有不敷及棉袄裤等俱由济阳知县捐给。

————————

① 黄天华：《中国财政制度史（第四卷·清代——近代）》，格致出版社 2017 年版，第 2258 页。

② ［日］夫马进著，伍跃等译：《中国善会善堂史研究》，商务印书馆 2005 年版，第 502 页。

③ 参见《四续掖县志·卷三》，第 4—34 页。

④ 山东省泗水县地方史志编纂委员会编：《泗水县志》，山东人民出版社 1991 年版，第 477 页。

⑤ 民国《济阳县志·卷四》，凤凰出版社 2004 年版，第 115 页。

#### 4.平原县普济堂

置买义田地三顷二十八亩二分六厘，共收租麦二十三石二升六合，收租谷二十九石七升八合。筹备赡贫经费二百四十两，一分起息，共收银二十八两八钱。贫民十九名每名日给谷二升，共支麦二十三石二升六合谷，八十八石四斗六升八合，每名月给盆菜柴薪制钱一百文。共支制钱二十二千四百五十八文。以上除支发外所有不敷俱由平原知县捐给。①

#### 5.牟平普济堂

创建年月详，捐主无处可考。以救济贫民、收养孤婴为宗旨，清末有地二千零九十一亩，民国初年收租粮八百一十二升，每月按三旬发给贫民；又收租钱一千二百五十六千文又三百三十文，除支放贫民柴薪一百五十二千文又二百七十文外，余则分别拨充学堂、联系会等经费。1929 年以后，贫民定额六十三名，每名月给大钱五千文（约 0.9 元）。1936 年时，尚余各方捐施地千亩，收租作为普济堂基金。②1912 年，牟平普济堂改设平民工厂，收养无业者、乞讨者，并教以手工业生产以自食其力。由此可见，牟平普济堂的经费主要来自民间捐助及田地租粮租钱。

### （三）栖流所

栖流所又名"留养局""留养所"，乃专门安置无依流民之所。所谓流民是指由于各种原因流落外地、生活无依、四处求乞的人，清政府采取将流民遣回原籍的政策，故而令其暂时栖居而设立栖流所。栖流所最早出现于清顺治十年（1653 年）的北京，据乾隆《大清会典则例》卷一四九记载，北京"每城建造栖流所，交五城管理，俾穷民得所……"③。北京栖流所是收养无依流民的官办救助机构，同时，还为患病流民提供医疗救助。北京栖流所设立

① 王振娜：《近代济南慈善救济事业研究（1840—1949）》，山东师范大学硕士学位论文，2012 年。
② 《牟平县志·卷五》，第 58—59 页。
③ 黄鸿山：《中国近代慈善事业研究：以晚清江南为中心》，天津古籍出版社 2011 年版，第 50 页。

后，清廷并未谕令各地立即推行，但各地屡有仿照首都设立栖流所之举。直至清乾隆二十八年（1763 年），清廷才明令各地设立栖流所，收容外来流民乞丐，"直属州设留养局收恤老弱贫民，其外来流移贫民例无给赈者。一体入局留养"①，栖流所随之在各地陆续设立。

莱阳栖流所创建于清光绪八年（1882 年），经费主要来自捐助，民国时期改为贫民收容所。济宁栖流所创建于清道光十八年（1838 年），经费亦来自捐助，如 1923 年，邑绅潘守廉担任筹募"基金洋一万八千一百六十五元，钱一千九百零二吊"②，除了救助贫民、发粥发馒头外，该所还为有病之男女贫民就诊施药，尽管仅能维持被救助者最低的生活需求，却使流民乞丐、老残贫弱有了栖息之地，不至于流离失所、生活无依。

### （四）育婴堂

育婴堂是指专门收容遗弃孩童之处。溺婴恶习无疑是其设立的重要原因，除此之外，战争、灾荒也是重要因素，儿童是战争灾荒的最大受害者，他们或被走投无路的父母遗弃、售卖，或在战乱灾荒中失去父母，流落街头，为了救助这些生活无依的孩子，有志之士共同发起创办育婴堂。在清代的民间慈善组织中，普济堂和育婴堂是最受官府重视的。1850 年以前全国育婴堂的数量为 579 所。③ 由于官府的重视和社会各界的努力，各地还不断建立接婴所、留婴堂、保婴会等类似机构。中华民国建立后，溺婴事件时有发生，战乱、灾荒更是频频发生，因此，育婴堂在民国时期仍然存在，但数量不是很多，常常与其他机构合办或并于其他机构中。

育婴堂的收养办法分为堂养、寄养和自养三种。"堂养即由育婴堂备有养房，将弃婴收留在堂，雇请乳妇哺养；寄养是因育婴堂经费或屋宇有限，

---

① （清）乾隆官修：《清朝文献通考（卷四十六·国用八）》，浙江古籍出版社 2000 年版，第 28 页

② 潘守廉：《济宁县志·卷 4·故实略四十》，1927 年，第 105 页。

③ 参见黄天华：《中国财政制度史（第四卷·清代——近代）》，格致出版社 2017 年版，第 2258 页。

由首事在外雇觅乳妇，允其将幼婴带回家抚育，定期赴堂点视并领取相关费用；自养即堂内不设养房，由生母领费自乳，悉心照料。"① 育婴堂的经费来源大致三种：社会捐助、官方资助和产业收入。育婴堂中收养的孩子长大后，要交其读书识字以掌握生活技能，男孩给以职业，女孩学习裁缝，并由总董代择配偶，若要迎娶育婴堂的女孩，须补偿女孩在育婴堂的费用，从而利用经费收容更多孤儿。

1. 济宁育婴堂

光绪年间有门役、乳妇共七名，正看三名，代看一名，婴孩大小口约二十名，口粮各不等。每十日堂役持簿赴州署领款发给。民国建立以后，仍循旧制。②

2. 平原育婴堂

清雍正十二年（1734 年），平原知县和慈善家捐款购地 328.3 亩建立。进入民国后，与普济堂合并，增加捐地 31.5 亩，年收地租洋 314 元 4 分。1933 年秋，平原县长曹梦九令赈务会经营，并指定以租金半数置冬衣，半数办粥厂，以救饥民。③

3. 青岛育婴堂

1927 年 5 月，青岛育婴堂成立，最初定名育婴堂，后改为胶澳商埠育婴堂，其开办经费由官绅募集，计约总数为 2 万元。"商埠局批准拨给本埠上海路一号六十三号官产作为堂址，房屋轩敞，院落宽阔，地点适中，空气清洁"。④"其常年经费，则由牛照项下，每张附捐一角，约计年可收六千余元。"⑤ 该堂以收容无主婴孩为宗旨，凡是进入育婴堂的孩子，均采用堂养的方式，即将弃婴收留在堂内，雇请乳妇悉心照料。对于领养婴孩儿，青岛育

---

① 李娜：《北洋政府时期青岛慈善救济事业研究（1922—1929）》，中国海洋大学硕士学位论文，2011 年。
② 潘守廉：《济宁县志·卷 4·故实略五十一》，1927 年。
③ 山东省平原县县志编纂委员会编：《平原县志》，齐鲁书社 1993 年版，第 559 页。
④ 《胶澳商埠局育婴堂并设成绩报告书》，青岛市档案馆档案藏，资料号：A001634。
⑤ 胶澳商埠局编纂：《胶澳商埠行政纪要续编》，第 315 页。

婴堂制订了详细的收养章程，"凡领婴等需身家清白，衣食充足，年逾四旬，确无子女者，方为合格"，"领出之婴须于每年四、十两月送堂验看，一次查有虐待形迹暨养育失宜，该婴不愿随其育养等，本堂即将该婴留堂并还其领结。"①"至民国十八年五月，共收男女婴孩四十四名。"② 等到青岛市立救济院 1931 年成立时，将青岛育婴堂合并于该院。

### （五）清节堂

清节堂又称"恤嫠会""保节会""贞节堂"，乃是救济贫苦寡妇的慈善机构，正如清张焘在《津门杂记》卷中所言，"恤嫠会，专养贫苦孀居，月给口粮"。该机构首先在江南地区设立，随后迅速普及全国各地，山东在晚清时期已建立类似机构，但数量并不是很多，小有名气的济宁保节会成立于 1924 年，"原定正额十六名，每名各津贴钱六串，嗣以捐款扩充定额，正额二十名，加添副额十六名。正额仍月贴六串，副额每名各津贴钱三串"③。

虽然各地恤嫠机构名称不一，但都以救济节妇烈女为己任，济宁保节会试办章程中就明确规定，"以维持风化、保全名节、崇尚道德，实为慈善之宗旨""以抚恤济宁贫苦青年嫠妇有志者、守节者为限"④。由此可见，尽管各类恤嫠机构针对丧夫而不能自养的寡妇进行救助，性质有点类似于救助贫苦者的普济堂，但它"与其他善堂最不同的地方，在于救济的标准；其他善堂主要是济贫，而接受清节堂接济的寡妇则主要得符合贞节的标准，就是说，道德的考虑更为重要"⑤。

---

① 《敌伪胶澳商埠育婴堂拓集会议选举董事及何尚洁到堂留养问题简则》，转引自：李娜：《北洋政府时期青岛慈善救济事业研究（1922—1929）》，中国海洋大学硕士学位论文，2011 年。

② 青岛市史志办公室编：《青岛市志·民政志》，中国大百科全书出版社 1996 年版，第236 页。

③ 潘守廉：《济宁县志·卷4·故实略五十》，1927 年。

④ 孙勇：《近代山东社会救济研究》，山东师范大学硕士学位论文，2005 年。

⑤ 梁其姿：《施善与教化——明清的慈善组织》，河北教育出版社 2001 年版，第 207 页。

民国建立后，随着女权运动的开展，清节堂日渐式微，但仍存留不少机构。我们需要辩证地去看待清节堂。固然，恤嫠之举更多的是通过鼓励守寡，维持纲常风化，具有一定的封建性和局限性，但我们也应看到救助年轻节妇也有一定积极意义。"贫妇守节，既形影之相吊，复飧之不继，更或有衰老翁姑，奉养无资，伶仃儿女，抚育维艰，含辛茹苦，亦大可哀已。环境如斯，而又欲其之死靡他，不亦难乎？故恤嫠之设，不独生者藉以完名全节，即死者亦得瞑目九泉。"①

### （六）教养局

教养局是山东最早的以传授生活技能为主的社会救助机构。据《清史稿》记载，全国最早设立的教养局乃是义赈绅士潘民表于清光绪十六年（1890年）成立的管理山东历城县纺织局和义塾的机构。清光绪二十六年（1900年），山东巡抚袁世凯鉴于山东人多田少，灾害连年，以致流民日多的情况，在济南创办教养总局，"专以收养无业贫民，教令习艺，期因材施教，各有所能，使日后可以自谋生计为宗旨"，"其常年经费共四万五千三百余两"，"设南北两厂，分木作、布作、毛巾作、鞋作、成衣作、绳作、席作、粘作"，②1904年时有工人500多名③，专人传授技术，"成品发售，提成给奖"④。实质上，教养局就是后来的贫民工厂。胡廷干继任山东巡抚后，同样认识到教养无业闲民的重要性，于是大力推广教养局，邹县、惠民教养分局随之成立，同时，设立教养局附设小学堂。

清末，传授生活技能的救助机构名目繁多，除了教养局外，还有工艺局、习艺所、感化院等等。清光绪二十八年（1902年），农工商部在京创设工艺局，以作各省之表率。工艺局"兼收本地、外来两项穷民，教以浅近粗

① 吕梁建：《道慈概要·卷下》，转引自李光伟：《世界红卍字会及其慈善事业研究》，合肥工业大学出版社2017年版，第284页。
② 叶春樨：《济南指南》，中国文联出版社2004年版，第45页。
③ 王守中、郭大松：《济南山东城市变迁史》，山东教育出版社2001年版，第264页。
④ 周传铭：《济南快览》，齐鲁书社2011年版，第111页。

浅工艺，使之能自存活，其宗旨并在济贫""如有终年游荡无所事事之人，教以一艺，俾免饥寒，不致流入匪类，其宗旨并在迁善"①。同年，山东在农工商务局下设立工艺局，下设铜铁、毛毯、花边、织布、木器、洋车等6厂，主要吸收贫穷无业游民等社会边缘群体从事生产，同时，聘请专门教师教授其一技之长，以使其获得自食其力的能力，有朝一日能够实现再就业，可以说这是更为规范的官办手工艺培训机构，曹州、沂州等府以及济州、莒州、峄县、福山、潍县等处，各设工艺分局。此后，随着社会流民日益增多，1906年，济南在工艺局的基础上成立工艺传习所，泰安、寿张、益都等县也各设习艺所。据统计，从1904年到1911年，山东官办工艺局就达104所。② 此外，习艺所、感化院也属于上述慈善机构的一种。习艺所清末时就已设立，如清光绪三十三年（1904年）冠县知县丁兆德为在押轻罪人犯及无业游民办习艺公所，延聘工师，教以织布、织带、编筐、等技艺。

进入民国后，清末设立的上述机构依然继续运营，教养兼施、以教为主的理念也得到了继承和发展。如1915年，北洋军阀政府颁布的《游民习艺所章程》，明确提出"专司幼年游民至教养及不良少年之感化事项，以使得有普通知识谋生技能为主旨""年龄较大及不堪就学者，分别拨令习艺，其科目如下：织染科、打带科、印刷科、刻字科、毡物科、铁器科、木工科、石工科、制胰科、缝纫科……"③。清末设立、民国留存的教养局类社会救助机构，在继承传统救助机构收养职能，保障无业游民最低生活需求的同时，重在教授无业游民自食其力的生活技能，不仅有利于缓解社会矛盾，稳定社会秩序，更有利于促进社会生产发展，是更为积极合理的救助方式，这类救助机构的设立体现了社会的进步。

---

① 《黑龙江将军程德全奏修江省铁路并设工艺局篇》，《申报》光绪三十二年二月二十三日，第82册第576页。

② 彭泽益：《中国近代手工业史资料（第2卷）》，中华书局1962年版，第534页。

③ 《游民习艺所章程》，彭秀良、郝文忠：《民国时期社会法规汇编》，河北教育出版社2014年版，第28、30页。

### （七）粥厂

顾名思义，粥厂是施粥赈济贫者之所，又称饭厂或暖厂，承袭自传统社会，民国时期继续施行。"每日一勺之粥能活一人一日之命"[1]，并且简单易行、花费不多，因此，开设粥厂被统治者视为应对灾荒、流民的最便捷、最有效的应急办法。粥厂大致可以分为常设性粥厂和临时性粥厂两大类，除了常年收养下层民众中的老弱病残以外，战争、灾荒之年或每年11月至翌年2—3月，粥厂会通过官府出资或富绅大户捐募，在通都大邑或交通便利之处搭盖席棚，煮粥发放给饥者，这成了生计艰难的贫者、生活无依的流民等下层社会群体活下去的希望。

民国初年，救助贫者多以发放赈粮为主，及至20世纪20年代战乱时期，设厂施粥再次出现。1927年1月青岛地区开始冬赈，胶澳商埠局在平桑处设立粥厂办公处，在青岛市区设临时粥厂四处，于旧历冬月十五日开始施粥，救济贫苦市民。[2]1924年—1930年，济南市慈善机构先后在西关凤凰街、南门东燕窝、乐山街慈善里、南关狱庙街、馆驿街、永庆街、东关外旧营房、南关半壁街、魏家庄民康里设立9处施粥厂，累计施粥1289桶，施粥51.25万人次。1941年12月—1942年春，伪山东省公署在济南城内设施粥厂1处，施粥3个月，领粥3000人。救济济南市贫民2200人，失业人员763人。1947年冬，济南市设避寒所2处，粥厂6处；烟台、潍县等24县市分设粥厂36处：即墨、淄川、博山、历城、平阴、齐河、峄县、临沂各设招待所1处。[3]

尽管设厂施粥是起源于传统社会的传统善举，但这一救助方式仍然会被新式慈善团体、救助机构采纳，可以说，几乎所有慈善机构都有过施粥

---

① 张金陔：《北平粥厂之研究》，《社会学界》第7卷，1933年。

② 青岛市史志办公室编：《青岛市志·民政志》，中国大百科全书出版社1996年版，第164页。

③ 山东省地方史志编纂委员会：《山东省志·民政志》，山东人民出版社1992年版，第201页。

善举。比如，济南 20 世纪 20 年代的 9 家施粥厂，分别由以慈善机构或组织举办，"济南市私立第一恤贫所、济南正宗救济会，山东贫民救济会、济南理教会、山东慈悲总社、济南红十字会施粥厂、济南市临时贫民收容所、济南市私立慈善事业公所，世界红十字会全鲁各分会联合救济办事处……其中济南红十字会施粥厂用款 18376.92 元，济南市临时贫民收容所用款13200 元"①。

### （八）省会慈善事业公所

省会慈善事业公所前身系为广仁善局，成立于清光绪十一年（1884 年），是为慈善机构开办之最早者。② 当年，山东巡抚陈士杰首捐银两万两，与历城绅士陈汝恒、毛承霖、吴鹤龄在历城都司门口创立广仁善局，陈汝恒为局长，济南知府为督办，"以兴学、恤嫠、卫生为宗旨，初建时，施医、药、棺木，设义学十余处，后设牛痘局、济良所、因利局、全节堂"③，以推广各种善举。该所常年经费由官府和地方士绅共同承担，个人捐款以历城士绅陈汝恒为最多，官府费用则从盐税中附加广仁善局捐。由上可见，广仁善局属于官督民办的性质，事实上，它"是清末第一个官督民办的慈善救济机构"④。

1914 年 4 月，广仁善局奉山东行政公署令改组，更名为省会慈善事业公所，办理省会及全省慈善事业，改组后，由省政府直接委任管理，设董事七人，由省政府聘任之，设所长一人，由董事中选任之，任期二年，所长秦凤仪。公所的经费共分官款、基本生息、不动产生息、慈善家寄附金四项，"除由省款年助三千一百一元外，全年应收补助计洋一万二千零九十三元八

---

① 济南市社会局编：《济南市社会局十八年度工作报告》，济南市档案馆藏 22—9—86。
② 周传铭：《济南快览》，齐鲁书社 2011 年版，第 112 页。
③ 安作璋主编：《济南通史·近代卷》，齐鲁书社 2008 年版，第 456 页。
④ 王振娜：《近代济南慈善救济事业研究（1840—1949）》，山东师范大学硕士学位论文，2012 年。

角四分"①。按照省会慈善事业公所章程的规定：除督办及兼差各员不支薪水津贴外，其余各员应支之薪水，不得超过下数，其不愿领受者听便：参事六十元，文牍、会计、稽查各二十元，局所委员二十五元。②

省会慈善事业公所所办慈善事业设立下列各局所：

1. 养老院：收养男妇六十岁以上无所依者。"该院内分男、女两院，足容五十二人，收容之数即以此为标准，如有缺额，可照缺额增补。在院老民月给养赡费二元，以两次发给，为补助生活。稍有强健者，由所发给资金作自制简单作品，候获利后，一半还本，一半自用。老民生活不无小补。每届冬令，发给棉衣一套，藉以御寒。"③

2. 孤儿院：收养男女三岁至十岁无依者。"专收揽无依男女儿童，内分男生部、女生部、婴儿部，分级教授，日课六时，另外设有石印、木工、雅乐部，女生专习缝纫、制布鞋，至浴室、病室、医药室亦有小规模之设备。关于身体锻炼置备运动器具，婴儿置有玩具，以活泼其精神"。④

3. 济良所：收养择配不愿为娼之妓女及诱拐之女子。"凡入所者无论送自公安与法院，或妇女协会、或系自投，必须确有被迫情形方可收容。学业方面，识字、习算；艺术方面，缝纫、针黹。规定相当时间，每日教授，以便日后适人不敢纯倚赖夫家。择配手续：若届择配年龄，悬像招配，凡有正当职业及年龄相当比者，即有成婚之可能，亦须代交妇女在所之饭费外，无他交费之手续。"⑤

除了上述机构外，省会慈善事业公所还包括：贫儿学校（教育贫穷而不能就学之男女）；恤嫠所（发放极贫次贫较贫嫠妇恤金）；因利局（经放款项于小贩业者）；掩骼所（施舍棺木及掩埋无所归之暴骨）；免囚保护所（收留介绍免囚之人与社会）；惜字局（收拾街衢所抛弃之字纸烧毁之）；以及临时

① 罗腾霄：《济南大观》，齐鲁书社 2011 年版，第 175 页。
② 叶春墀：《济南指南》，中国文联出版社 2004 年版，第 47 页。
③ 罗腾霄：《济南大观》，齐鲁书社 2011 年版，第 175 页。
④ 罗腾霄：《济南大观》，齐鲁书社 2011 年版，第 175—176 页。
⑤ 罗腾霄：《济南大观》，齐鲁书社 2011 年版，第 176 页。

设置之慈善事业机关。

### （九）会馆、公所

同业、同乡救助在晚清时期的社会救助中发挥重要作用，此类救助活动主要是通过会馆或公所进行的。会馆的名称最早见于明代，及至清代时盛行。一般意义上而言，所谓会馆，就是由地缘相同的商人所建的聚会场所；公所，就是相同行业的商人共同建造的聚会场所。但二者并无截然的区分，有时会馆、公所名称可以互用，在济南的会馆、公所更是如此，由同行业建立的聚会场所也称为会馆。据统计，至光绪后期，济南的会馆有19处（见表4—8），多集中在旧城，其中规模较大的会馆是山陕会馆、江南会馆、江西会馆、浙闽会馆、湖广会馆、奉直会馆等。[①] 青岛这一时期最有名的会馆当属广东会馆（1906年）、三江会馆（1907年）和齐燕会馆（德占青岛时期）。

"创建会馆的目的在于'以敦亲睦之宜，以叙难能可贵梓之乐，虽异地宛若同乡'……故乡谊、地缘、商情是其群体联结纽带，趋利共享是其整合驱动力。而避祸共存，权益分理则是其群体的心理依托"。[②] 会馆、公所，作为都市中同乡或同业的组织机构，成为同乡们在异地他乡的后援组织，不管是生病无钱医治、死后无钱掩埋，还是贫穷失业、生活无依，亦或是生计艰难、没钱返乡，会馆或公所都会想方设法给予帮助：就医买药、寄存灵柩、棺木丧葬、义地掩埋、介绍工作、解决食宿、资助路费等。值得一提的是，大部分会馆都会接纳同乡的灵柩，也有专门停放灵柩的会馆——阴会馆，济南馆驿街的江苏会馆、河南会馆就属此类。此外，会馆、公所成立后，还常常会设立义学，以解决本籍子弟读书的问题。如三江会馆创办了三江两级小学，有学生80余人，每年支出2000余元。

1918年，北京政府颁布《工商同业公会规则》和《工商同业工会会规则施行办法》，会馆、公所逐步向新的行业组织——同业公会转化，但仍有

---

① 马德坤：《民国时期济南同业公会研究》，人民出版社2014年版，第32页。
② 中国会馆志编纂委员会编：《中国会馆志》，方志出版社2002年版，第1页。

社会慈善和民政事务方面的会馆公所存在。在同业范围内兴办慈善公益活动是会馆、公所的重要职能之一，会馆、公所通过采取济贫恤寡、设立义冢、赈灾防灾、兴办义学等一系列活动，实现了对同业及同乡中贫穷人士的救助。同业公会与会馆、公所有着密不可分的历史渊源，从某种意义上来讲，同业公会的慈善活动是对会馆、公所公益角色的继承和发展。

表4—8　清末年间的19处济南会馆 ①

| 序号 | 会馆名称 | 建立时间 | 地理位置 | 规模 |
|---|---|---|---|---|
| 1 | 山陕会馆 | 乾隆三十九年（1774 年） | 历下区省府前街 97 号 | 占地 3.27 亩，房屋 83 间，建筑面积 1152.28 平方米 |
| 2 | 集云会馆 | 嘉庆十八年（1813 年） | 共青团路 57 号 | 建筑面积 479.7 平方米 |
| 3 | 福德会馆 | 嘉庆二十二年（1817 年） | 高都司巷 19 号 | 房屋 32 间，占地 1.72 亩 |
| 4 | 江西会馆 | 道光二十二年（1842 年） | 明湖路 166 号 | 不详 |
| 5 | 浙江会馆 | 光绪二十三年（1843 年） | 泉城路 179 号 | 占地 1.48 亩。建筑面积 602 平方米 |
| 6 | 浙闽会馆 | 同治十二年（1873 年） | 历下区宽厚所街 34 号 | 房屋 84 间，建筑面积 1053.5 平方米 |
| 7 | 安徽会馆 | 同治十二年（1873 年） | 皖新街 29 号 | 房屋 54 间，建筑面积 783.2 平方米 |
| 8 | 皖江公所 | 光绪三十年（1904 年） | 大明湖南岸，辛稼轩纪念祠东 | 占地 1.9 亩 |
| 9 | 辽宁会馆 | 年代不详 | 后宰门街 46 号 | 房屋 281 间 |
| 10 | 河南会馆 | 年代不详 | 榜棚街 21 号 | 房屋 126 间 |
| 11 | 江苏会馆 | 年代不详 | 趵突泉路路南 | 房屋 100 间 |
| 12 | 江南会馆 | 年代不详 | 黑虎泉西路 11 号 | 建筑面积 400 平方米 |
| 13 | 湖广会馆 | 年代不详 | 省府东街 22 号 | 不详 |
| 14 | 广东会馆 | 年代不详 | 经一路庆云里 3 号 | 房屋 32 间，占地 1.76 亩（1173 平方米） |

---

| 序号 | 会馆名称 | 建立时间 | 地理位置 | 规模 |
|------|---------|---------|---------|------|
| 15 | 宁波会馆 | 年代不详 | 经二路小纬八路东 | 房屋 9 间，占地 1.13 亩（753 平方米）建筑面积 352.4 平方米 |
| 16 | 登州会馆 | 年代不详 | 魏家庄 100 号及 102 号 | 房屋 102 间 |
| 17 | 桓台会馆 | 年代不详 | 仁里街 5—7 号 | 房屋 53 间 |
| 18 | 中州会馆 | 年代不详 | 馆驿街 201 号 | 房屋 112 间 |
| 19 | 奉直会馆又称八旗会馆 | 年代不详 | 南围子门里 | 不详 |

## 二、近代新设型社会救助机构与救助活动

进入民国以后，传统社会救助机构要么维持原貌，要么整改为新型救助组织，但不管采用何种方式，它们在民国慈善事业中依然非常活跃。在中央及地方政府的管理下，它们继续从事养老、恤嫠、施医、施粥、掩埋、育婴及其他善举。与此同时，在继承传统社会救助机构的基础上，山东省还设立了一些新型社会救助机构，按照经营主体的不同，可以分为民间团体，如中国红十字会、世界红卍字会等，以及官办机构，如赈务会、救济院、平民工厂等。此外，还有一些为了救济流民而临时成立的组织，以及外国教会成立的慈善机构。1912—1949 年山东省主要城市新设社会救助机构的情况见表4—9。下面我们按照民营、官办两种类型，主要介绍下民国新设立的、影响力比较大的几个救助机构。

### （一）民间救助机构

民国时期，民间慈善组织异军突起，与战乱不止、灾荒连年、政局不稳、民不聊生大有关联，可以说，"这是对民国社会和政府救济无力的一种

回应"①，同时，也与政府的支持和鼓励密不可分。面对日益严重的社会问题，民国政府日益将民间慈善视为稳定社会秩序，弥补政府救济不力的一种手段。南京国民政府沿袭了北洋军阀政府的做法，先后颁布了《捐资兴学褒奖条例》《捐资兴办卫生事业褒奖条例》等法规外，同时鼓励民间社会力量举办教育、医疗、救济等慈善事业。此外，南京国民政府还注重运用税收优惠的手段推动民间慈善事业发展，"一是针对慈善组织的，即慈善组织本身享受的税收优惠规定；二是针对捐助者的，即公司、商号等社会组织以及个人的捐赠所享受的税收减免优惠"②。总而言之，民国时期，在中央政府各项政策的激励下，以及西方新型慈善理念影响下，山东出现了众多不同于以往类型的慈善机构。

表4—9　民国时期山东省主要城市新设救济慈善机构情况表③

| 名称 | 设立时间 | 驻地 | 收容人数 | 业务概况 |
|---|---|---|---|---|
| 峄县基督教多义沟孤儿院 | 1913 | 峄县 | 33 | 收养无依儿童 |
| 滕县孤儿院 | 1914.3 | 滕县 | 15 | 收容无依儿童 |
| 济南哲院 | 1916 | 济南花墙子街 | | 施棺木 |
| 泰安泰山教养院 | 1916.3 | 泰安 | 171 | 收容孤儿、残老、聋哑 |
| 滕县麻风院 | 1918 | 滕县 | 58 | 收容麻风病人 |
| 济南普济孤儿院 | 1920 | 济南标山前 | 72 | 收容教养孤儿 |
| 济南明德慈善公所 | 1920 | 济南南关佛山街34号 | | 对无产贫民施诊 |
| 济南红卍字会第一残废院 | 1920 | 济南千佛山19号 | 84 | 收养老弱残废施以习艺 |
| 山东慈悲总社 | 1920.10 | 济南官扎营影壁后20号 | 50 | 施衣、饭、茶水 |

①　孙勇：《近代山东社会救济研究》，山东师范大学硕士学位论文，2005年。
②　曾桂林：《民国时期慈善法制研究》，苏州大学博士学位论文，2009年。
③　山东省地方史志编纂委员会：《山东省志·民政志》，山东人民出版社1992年版，第193—200页；王振娜：《近代济南慈善救济事业研究》，山东师范大学硕士学位论文，2012年。

续表

| 名称 | 设立时间 | 驻地 | 收容人数 | 业务概况 |
|---|---|---|---|---|
| 万国道德会济南分会 | 1921 | 济南正觉寺街新桥14号 | | 施诊、药，社会救济 |
| 济南红十字会 | 1921.9 | 济南上新街6号 | | |
| 诸城孤儿院 | 1922 | 诸城 | | 收容无依儿童 |
| 世界红卍字会济南分会 | 1922.2 | 济南上新街59号 | 200 | 社会救济，施诊、药 |
| 峄县基督教孤儿院 | 1922.10 | 峄县 | 173 | 收容孤儿、育婴、残老、聋哑 |
| 世界红卍字会济南妇女分会 | 1922.10 | 济南上新街10号 | 180 | 救济灾民，施医药 |
| 济南道院 | 1923.2 | 济南上新街59号 | | 育婴、救济、施诊药 |
| 济南齐鲁麻风疗养院 | 1924.5 | 济南 | 51 | 收容麻风病人施以医疗 |
| 济南私立慈善事业公所 | 1924.10 | 济南南关半边街 | | |
| 济南红卍字会第一育婴堂 | 1925 | 济南水庆街28号 | 11 | 收养婴儿 |
| 中国红卍字会济南分会 | 1925.7 | 济南杆石桥南街17号 | | 办慈善事业 |
| 青岛市立救济院 | 1926 | 青岛 | 390 | 收养孤儿、残老并习艺 |
| 世界红卍字会潍县分会 | 1927 | 潍城内郭宅街 | | 救灾济荒 |
| 世界红卍字会全鲁各分会联合办事处 | 1928 | 济南魏家庄民康里7号 | 250 | 施药、施棺、施衣、施粮 |
| 山东省立救济院 | 1928 | 济南铜元局前街 | 600 | 收养老弱、妇孺、残疾人员 |
| 济南诚善社 | 1928 | 济南普利门三元街1号 | | 施放冬赈、施粮、茶、药 |
| 济南贫民医院 | 1928 | 济南馆驿营影壁后7号 | | 对赤贫民众免费施诊 |
| 兖州麻风院 | 1928 | 兖州 | 26 | 收治麻风病人 |

续表

| 名称 | 设立时间 | 驻地 | 收容人数 | 业务概况 |
|---|---|---|---|---|
| 世界红十字会济南办事处附设医院 | 1928.11 | 济南魏家庄民康里 4 号 | | 对赤贫民众免费施诊、药 |
| 济南市立救济院 | 1929 | 济南东圩门外黄台车站 | 207 | 收容老弱残、无依儿童及流亡难民习艺教养 |
| 全省红十字会联施诊第一分所 | 1929.8 | 济南西公界慈村院 | | |
| 世界红卍字会因利局 | 1929.10 | 济南府东大街 116 号 | | |
| 济南正宗救济会 | 1929.11 | 济南西关东燕窝街 10 号 | | 施医、药 |
| 世界红十字会施诊所 | 1929.12 | 济南府东大街 116 号 | | 施诊 |
| 世界红卍字会烟台分会恤养院 | 1930 | 烟台 | | 恤养孤儿残老 |
| 世界红卍会山东分会 | 1931.7 | 济南魏家庄民康里 | 250 | |
| 济南红卍字会第一施诊所 | 1931.7 | 济南林祥南街 | | |
| 世界红卍会山东省妇女分会 | 1932.7 | 济南魏家庄路北 63 号 | | 普救灾民施医药 |
| 牟平红卍字会附设恤养院 | 1933 | 牟平县城东关 | 76 | 收养鳏寡孤老残 |
| 万国道德会驻济办事处 | 1934.7 | 济南馆驿街玄帝府 | | |
| 世界红卍字会历城分会 | 1934.10 | 济南魏家庄 23 号 | | 办理慈善事业 |
| 益都麻风院 | 1936 | 益都 | 17 | 收治麻风病人 |
| 广裕堂针灸施诊所 | 1936.7 | 济南宽厚所街 46 号 | | 义务施诊 |
| 崇实佛学会 | 1937 | 济南县学街 13 号 | | 施茶、粥，救济贫苦难民 |
| 山东基督教灵修院 | 1938.3 | 济南东关外贤文庄 | 113 | 收容孤贫残老 |

续表

| 名称 | 设立时间 | 驻地 | 收容人数 | 业务概况 |
|------|----------|------|----------|----------|
| 济南诚善堂附设治疗所 | 1937.7 | 济南冉家巷 12 号 | | 施舍茶水、药品 |
| 济南国医慈善医院 | 1938.7 | 济南舜井街 2 号 | | 办理慈善事业 |
| 世界红卍字会济南办事处附设恤养院 | 1940.12 | 济南官扎营中街 265 号 | 108 | 收容教养老弱、孤儿 |
| 烟台市恤养院 | 1943 | 烟台南山路 | 100 | 收养孤儿、婴儿、嫠妇 |
| 滋阳孤贫学校 | 1943.8 | 滋阳县城内 | 50 | 收容教养孤贫儿童 |
| 泰山教养院济南分院 | 1945.10 | 济南 | 23 | 收容无依儿童 |
| 社会部山东育幼院 | 1946 | 济南官扎营西街 | 650 | 收养儿童 |
| 私立山东省抗战烈士遗族学校 | 1946 | 济南经五路小纬六路 | 750 | 收容、教养烈士遗族学生 |
| 青岛私立英华聋哑学校 | 1946 | | 50 | 木工、文具 |
| 济南私立恩源幼稚园 | 1946.10 | 济南商埠经六路小纬六 | 82 | 收容军人遗族子弟施以育幼课程 |
| 山东省立第一育幼院 | 1947 | 济南官扎营西街 | 345 | 收养儿童 |
| 济南市立佐民托儿所 | 1947.3 | 济南商埠经六路小纬六 | 94 | 收容军人婴儿及无依婴儿 |
| 青岛玛利亚方济各女修会孤儿院 | 1948.6 | 青岛 | 27 | 收容孤儿 |
| 青岛玛利亚方剂各女修会圣神女修院孤儿院 | 1949.5 | 青岛 | 6 | 收容无依儿童 |

1. 世界红卍字会

世界红卍字会是 20 世纪 20 年代创立的，"以促进世界和平、救济灾患为宗旨"①的民间慈善组织，与国外传入的红十字会不同，它是名副其实的本土组织，起源于山东济南，与道院密切相关。道院"为有条理之组织，奉太乙老祖为主，下设孔子、如来、老子、耶稣、谟祖各神位，取儒、释、道、耶、回五教归一之义。内分各院，院各有乩机，为前清道员杜宾古氏等所首创"②，1921年济南道院正式成立后，迅速向国内外发展，"至1939年止，国内共成立四百三十六院，遍布全国""国外已发展二百余院""（自称）信徒约四十万人"③。母院永设济南，总院迁往北京，同时，各省省会及各镇、埠、县均设有分会，因道院信徒遍及全国各地，所以，作为道院附属组织的世界红卍字会，在短短几年间就在各地设立了300多处分会，其中，设立分会最多的是山东省。据不完全统计，从1922—1940年山东省成立了济南、青岛、烟台等至少70多个红卍字会分会④。另外，山东各分会仿照总会的组织体例，一般由当地士绅创办，"所有经费救济费，除由会员担负外，向总分会筹募"⑤。

尽管道院是有一定迷信色彩的团体，其信徒多以失意军阀、官僚及豪绅地主为主体，日伪时期还曾投靠日寇，任敌要职，但作为"道体慈用，致力外行"的红卍字会，专办慈善事业，在战火频仍、灾害连年的年代，它确实发挥了救死扶伤、济危救困的作用，给流离失所、生活无依的贫苦大众带了些帮助。

2.中国红十字会

中国最早的红十字会组织——"上海万国红十字会"，成立于清光绪三十年（1904年），乃中国红十字会的前身。为了争夺中国东北地区，日本和俄国在中国领土上展开厮杀，战火的蔓延给中国人民带来了灾难，据记

① 中国红十字会档案，青岛市档案馆档案，档案号：B0063-00001-00247。
② 周传铭：《济南快览》，齐鲁书社2011年版，第111页。
③ 山东省济南市委员会文史资料研究委员会编：《济南文史资料选辑（第4辑）》，1984年，第152页。
④ 世界红卍字会中华总会各分会概况总表，青岛市档案馆档案，档案号：B0063-00001-00246。
⑤ 《民国续修曲阜县志》，《中国地方志集成》（第24册），凤凰出版社2004年版，第5页。

载，"自去秋以来，农氓失业，商贾裹足，日用昂贵，耕畜余粮，概被搜刮，俄兵每退，于可携带之物外，必焚毁无遗，转瞬饥荒，自在意中。向来饥荒之后，必有大疫，将来分局施诊施药，亦须筹及……东北三省虽向为产粮之区，农氓久已失耕，秋收无望，亟应接济……"①，为了救护中国东北地区的难民，清朝工部尚书、商约大臣吕海寰，与同任商约大臣的工部左侍郎盛宣怀、驻沪会办电政大臣吴重熹，在上海邀请官绅和英美法德代表共同协商，于1904年3月10日正式成立上海万国红十字会，该会属于慈善机构，主要是救护难民和伤兵，日俄期间共救护46.7万人出境。

不过，这时的上海万国红十字会还不是完全中国化的慈善组织，也没有获得国际红十字会的承认。1907年上海万国红十字会更名为"大清红十字会"，1911年清朝灭亡后，改称"中国红十字会"。直至1912年，中国红十字会才得到国际红十字会委员会的正式承认，及至1919年7月，中国红十字会正式加入国际红十字会协会，成为其第26名成员。此后，国内各地红十字会纷纷设立。1933年根据《中华民国红十字会管理条例》，"中国红十字会"更名为"中华民国红十字会"，先后隶属内政部、军委会和行政院领导。

红十字会的宗旨是"在战时……协助医队救护病者伤者""在平时应筹募款项设立医院，造就医学人才，置办医务材料，并赈济水旱风灾，防护疫疬及其他各项危害"②，简言之，战时救助战地伤亡兵民，平时办理普通救助事务，其经费主要来源于会费、募捐和政府补助，其中，募捐是最重要的经费来源，而政府补助最早始于1935年，每月补助3000元。中国红十字会总会设在北京，以行政院为主管单位，并受政府的监督，同时，中国红十字会在全国各县市设立分会。

（1）中国红十字会山东分会。该会成立于1911年。是年，中西医院学生李树堃等人上书山东抚部院，陈述红十字会"平时研究保安之法，遇有兵事亲临战场救护军士人民"之宗旨，强调山东成立红十字会的必要，并拟定

---

① "吕海寰、盛宣怀、吴重熹致外交部、商务部稿（光绪三十年四月初九）"，上图档号SD27084-4，《上海档案史料研究》，上海市档案馆、上海三联书店2011年版，第233页。

② 《中国红十字会天津分会第二次报告》，1914年，第8页。

《山东全省红十字会简章》，山东巡抚孙宝琦批复"平时保安，有事救护，洵属善举，所拟章程大致周妥，仰即迅速成立"①。1912年1月，中国红十字会饬文，命以"中国红十字会山东分会"之名并"刊刻木质关防之图记呈报"，其经费"除拨公款及捐助之费约2000余金外，胡建枢接任巡抚之职后，又将泗水县上缴库平银580两拨入红十字会，以助经费之不足"②。

（2）中国红十字会青岛分会。该会前身由总会长吕海寰于1914年秋组建，以救护伤亡军民为宗旨，后因日德争夺青岛战争结束而闭会，1928年6月，李涵清、程伯良等人发起组建万国缔盟中国红十字会青岛分会，1929年改称中华民国红十字会青岛分会。除了设立必要机构外，青岛分会还设立了一些附属机构，如疗养所、防疫处、治疗医院、妇女避难所等，并设有专业救护队，配备医生、看护、担架员、救护车、救护箱等，以救护战争中受伤的兵民。除了战时救护外，青岛分会主要工作是平时的救灾赈济、扶贫济困，最常见的形式有："设免费施粥处，免费施种牛痘，施医所，防疫处，冬季以民众发放棉衣被御寒，夏季……置茶缸和热茶以供行人解暑。"③

此后，山东各县城、乡镇纷纷设立红十字会组织。（见表4—10）

表4—10　山东部分地区红十字会成立情况表

| 序号 | 名称 | 成立时间 | 概况 |
|---|---|---|---|
| 1 | 山东分会 | 1911 | 从事赈济灾褛救护工作。 |
| 2 | 青岛分会 | 1914 | 战时救护，平时救灾赈济，设粥厂、施医所、防疫处、治疗医院等。 |
| 3 | 潍县红十字会 | 1916 | 丁叔言为会长，孙滋涵、丁文初为董事。救治伤员，收容避难妇孺。 |
| 4 | 东昌红十字会 | 1918 | 创办东昌医院。 |
| 5 | 惠民红十字会 | 1922 | 下设医院、救护队、掩埋队；活动情况不详。 |

---

① "抚部院孙（宝琦）批中西医院禀筹办红十字会拟定章程由（1911年）"，济南市志编纂委员会：《济南市志资料（第7辑）》，济南出版社1987年版，第94页。

② 济南市志编纂委员会：《济南市志资料（第7辑）》，济南出版社1987年版，第88页。

③ 李娜：《北洋政府时期青岛慈善救济事业研究（1922—1929)》，中国海洋大学硕士学位论文，2011年。

续表

| 序号 | 名称 | 成立时间 | 概况 |
|---|---|---|---|
| 6 | 曲阜红十字会 | 1924 | 设施诊所及宏德小学；设临时医院，并成立第十八救济队。 |
| 7 | 临清红十字会 | 1924 | 内设协和急救医院。 |
| 8 | 冠县红十字会 | 1925 | 附设慈善医院，担任治疗及埋骸工作，历办赈务。 |
| 9 | 平邑红十字会 | 1925 | 以"博爱恤兵"为宗旨，开展战地伤员救护工作。 |
| 10 | 济南分会 | 1925 | 组织医院及医疗队，战地救护，收容伤兵，施放急赈，设粥厂、栖流所。 |
| 11 | 济阳红十字会 | 1926 | 成立红十字会医院，治疗疾病概不收费，专以博爱为宗旨，设置粥厂救济及老弱残、乞讨无门者。 |
| 12 | 博山红十字会 | 1927 | 设普济医院，免诊费、施药品；曾办残废栖流所、因利局、粥厂、贫民学校。 |
| 13 | 牟平红十字会 | 1927 | 附设仁济医院，建恤养院，分育婴、孤儿、恤嫠、残废、老羸六部。 |
| 14 | 临沂红十字会 | 1927 | 收容伤兵，救济难民、救济水灾。 |
| 15 | 广饶红十字会 | 1928 | 附设医院、养病所及医学救护队。 |
| 16 | 利津红十字会 | 1928 | 设博爱医院，购备各项药品，随时施医；冬季设粥厂，周济穷困。 |
| 17 | 齐河红十字会 | 1930 | 冬季设粥厂，救济贫民。 |
| 18 | 掖县红十字会 | 1933 | 设诊所及平民小学。 |
| 19 | 威海红十字会 | 1933 | 有会员65人。 |
| 20 | 诸城红十字会 | 1934 | 凡医务人员均可入会，正会员交会费10元。 |
| 21 | 历城妇女分会 | 1934 | 本着慈善宗旨，帮助全鲁联合救济办事处处理赈济及一切慈善事务。 |
| 22 | 章丘、平阴、长清红十字会 | 1932—1936 | 长清设慈善医院，章丘建第一、二、三、四、五红十字会普通医院。 |
| 23 | 荏平红十字会 | 1940 | 依靠社会募捐和兴办实业的收入，维持救助活动。 |

资料来源：1、济南市志编纂委员会：《济南市志资料·第七辑》，济南出版社1987年版，第87—90页。2、山东省红十字会编著，张心宝主编：《山东红十字事业九十年》，山东友谊出版社2002年版，第2—8页。3、《民国山东通志》编纂委员会：《民国山东通志（第四册·卷26救济志）》，山东文献杂志社2002年，第2460—2461页。

### （二）政府救助机构

民国时期由政府主导设立的救助机构主要有赈务会、救济院、贫民工厂等。

1.赈务会

有关山东赈务会的组织沿革、设置情况，前文已经涉及，这里不再赘述。下面简单介绍下山东各县赈务分会的概况（见表4—11）。

**表4—11 山东各县赈务分会情况表**

| 序号 | 名称 | 成立时间 | 概况 |
|------|------|----------|------|
| 1 | 长清分会 | 1928 | 会设常务主席一名、委员五名、常务委员三名、事务一名、工友一名。1933年，备置棉衣五百套，给黄河水灾灾民发赈款；1934年，购赈衣五百套以赈灾黎，其余之款，按灾区户口发放无存。 |
| 2 | 夏津分会 | 1929 | 赈灾分会附设贷济处，由省领款三千元，专供贫民借用，不收利息。 |
| 3 | 齐河分会 | 1929 | 设事务员一名，常年驻会，专司贷款事宜，凡贷款者，须由富商作保，以五十元为限，每十天偿还十分之一，百日还清，不计利息。 |
| 4 | 掖县分会 | 1929 | 省赈务会电促成立。 |
| 5 | 昌乐分会 | 1929 | 专办无息贷款。 |
| 6 | 茌平分会 | 1929 | 成立贷济所，贷济贫民，利息一分，每份十元，限三个月归还。 |
| 7 | 临清分会 | 1929 | 委由中国国民党县党部主持赈济。 |
| 8 | 冠县分会 | 1929 | 附设贷济处，按期贷济贫民。 |
| 9 | 平阴分会 | 1929 | 先后拨高粱600包，赈济受难灾民。 |
| 10 | 平原分会 | 1929 | 无息贷款给贫苦小贩，每人每期十元，每十日还本一元，百日还清。 |
| 11 | 恩县分会 | 1929 | 设立贫民借贷所。 |
| 12 | 范县分会 | 1932 | 内附借贷所，以赈款作贷金，轮流贷济贫民；设收容所11处、粥厂1处，又设卫生组，施医药。 |

资料来源：1.《长清县志》卷四，第19—24页；2.《夏津县志续编》卷二，第28—19页；3.《齐河县志》卷十九，第7、573页；4.《四续掖县志》卷三，第37页；5.《昌乐县志》卷八，第20页；6.《茌平县志》卷一，第20—21页；7.《临清县志》建置志，第45页；8.

《冠县县志》卷五，第 16—17 页；9.《平阴县志》，第 142 页；10.《平原县志》，第 561 页；11.《续修范县志》卷三，第 23 页。1—11：引自《民国山东通志》编纂委员会：《民国山东通志（第四册·卷 26 救济志）》，山东文献杂志社 2002 年，第 2468—2470 页。

2. 平民工厂

上接教养局。如前所述，教养局是以传授生活技能为主的救助机构，其开办目的不在盈利，而在训练无业贫民的谋生技能，以使其将来可以自食其力。清末时，此类机构名目繁多，除了教养局外，还包括工艺局、习艺所、感化院等。中华民国成立后，这些机构继续运营，北洋军阀政府时期改称贫民工厂，南京国民政府时期则称平民工厂。

（1）胶澳商埠教养局。成立于 1924 年 9 月，以收容商埠内无业游民、警察厅拘留人犯及地痞、流氓、游兵、革警、乞丐，妨害地方治安，由警厅移送或其他法官机构咨送者[1]，教授工艺技能以养成生活能力为宗旨，设置织染、成衣、印刷、鞋靴、编织等科，艺徒每天白天由各技师分科授课八小时，晚上由训诲师授以图文珠算习字等科目，毕业后按照规定需要留在局内服务一年，服务期满后可留在局内工作，发给工资但不再免费供给衣食住宿。教养局属于官方救助机构，其经费主要来源于政府拨款，据记载，"教养局属前督办高恩洪所创办由本埠经费年支一万四五千元收容无产贫民……"[2]。此外，局内艺徒们所制物品销售后除去成本外获利的八成均充作局内经费。[3] 国民政府接管青岛后，教养局于 1931 年 5 月归并于青岛市救济院。

（2）胶澳商埠习艺所。成立于 1928 年 7 月，以收容无业游民及穷无所归者，教以工艺使其得以谋生活为宗旨，设置染织、成衣、靴鞋、柳条、编织、绳索、藤竹、木工、制带、毛巾、草帽等十科，工艺生每日由其技师上课工作八小时，每晚由训导师授以图文、修身、珠算、习字等课二小时，毕业后按照规定需留所内服务一年，服务期满后愿意留在所内工作者将发给工

---

① 《胶澳商埠教养局暂行简章》，青岛市档案馆档案，档案号：B0038-001-00342-0001。

② 袁荣叟：《胶澳志·民社志·养恤》，胶澳商埠局，1928 年。

③ 《胶澳商埠教养局暂行简章》，青岛市档案馆档案，档案号：B0038-001-00342-0001。

资，但不再免费提供衣食。习艺所虽然属于官方救助机构，但由青岛商界共同发起，因而其经费主要来自社会各界募捐。国民政府接管青岛后，该所于1931年5月归并于青岛市救济院。[①]1932年底，所内共有收容人员534人，1933年至1938年共收容44442人，出所4480人。[②]

除了上述两个沿袭了传统名称的机构外，山东省建设厅还嘱令各县办理贫民工厂，经费来自附加税，利津、济南、博山、齐河、曲阜等县均奉令办理。（1）利津平民工厂：1917年由县长黄立猷创办，经费来自"牙记课银项下附加百分之二十"，该厂招集贫民给予膳宿，并聘技师教以织布，后改为编席，1921年，添织发网，1926年，因资款支绌，工厂停办。（2）山东厚德贫民工厂：亦称济南厚德贫民工厂，由山东慈悲社1920年发起创办，"以救济贫民、传授技艺，俾能使自谋生活为宗旨"，"所有厂中董事监事监察概不支薪，厂长及职员应得薪资由董事会酌定之"[③]，此外，厚德贫民工厂还积极参与慈善活动，如1946年，捐赠给山东省慈善公所棉花500斤。[④]（3）博山平民工厂：1931年由建设局长刘秉礼筹办，初设染织及应用化学两科，工徒共八人，1934年奉令改为民生工厂，裁化学科，专办染织，年出各种布疋千余疋。（4）齐河平民工厂：1932年由齐河建设局创办，"以提倡家庭工艺、发展社会经济为宗旨，招收贫寒子弟，授以相当技能，俾能自立谋生"，"厂内分染织、缝纫两科，每科设工师一人指导工作，出品颇佳"[⑤]。（5）曲阜平民工厂：1932年奉省建设厅令设立，"内置铁机四架、木机一架、

---

① 参见青岛市史志办公室编：《青岛市志·民政志》，中国大百科全书出版社1996年版；《胶澳商埠贫民习艺所简章》，青岛市档案馆藏，档案号：B0038-001-00505-0014。

② 《民国山东通志》编纂委员会：《民国山东通志（第四册·卷26救济志）》，山东文献杂志社2002年，第2472页。

③ 《山东私立德厚贫民工厂章程》，济南市档案馆全宗档案：临76-1-534。

④ 济南市工商联合会，济南总商会编印：《济南工商文史资料》（第2辑），1996年，第294页。

⑤ 《齐河县志》卷十七，第39—40页。

袜机二台，招集工徒十余人，织造各种实用物品"。①

　　贫民收容所、乞丐收容所性质类似，乃"教养兼施"的机构，亦属于平民工厂的一种，它一般筹建较早。济南贫民收容所建于1929年。由于济南"市内乞丐充饬，殊碍观瞻"，社会局筹建贫民收容所，"将乞丐分为四类，一为老病无依者，一为残废不能自立谋生者，一为失业者，一位自甘下流，懒惰性成者。对于一二两类，将尽量收容；对于第三类将施以救济，对于第四类将加以训练……物色技师，及深明大义之专门人才，加以彻底之训练云。"②青岛乞丐收容所由社会局于1929年成立，分残废、习艺、妇女、童稚四组，收入乞丐、残老、孤儿和谋生无着的游民。1931年10月，乞丐收容所改组，并入青岛感化所。

　　感化所实质上也是平民工厂的一种，感化的是无业游民和犯罪分子。根据史料记载，泰安曾创办过感化所，1920年时改为贫民工厂。青岛感化所由乞丐收容所改组而成，1933年又将公安局的游民习艺所并入，不仅收容感化无业游民，还收容感化偷窃、诈骗、贩毒惯犯及少年罪犯。根据《青岛市感化所组织细则》，感化所隶属社会局，下设总务、管教、工艺三股。其中，"管教股主要负责感化教育事项……，工艺股则主要负责对感化所内对收容者的技艺教导。"③感化所设立毛巾、线球、鞋工、木工、铁工、印刷、绳索、缝纫、扫帚等科，根据收容人员不同情况分配劳动，分科授艺，如游民中的残老妇女，授以轻微劳动，而年轻力壮者则送往工务局修筑道路。据统计，"1932年7—12月间，青岛市感化所共计有534人，所内人员以山东为最多……在所者以无职业者为最多，其次为苦力、工人等"。④国民政府接管青岛后，该所于1935年6月归并于青岛市救济院。

---

　　①　参见《民国山东通志》编纂委员会：《民国山东通志（第四册·卷26 救济志）》，山东文献杂志社 2002 年，第 2470—2472 页。

　　②　《乞丐的福音：贫民收容所正在组织中》，《山东民国日报》1929 年 11 月 10 日。

　　③　《青岛市感化所组织细则》，《青岛市市政法规汇编（二十五年四月）》，青岛市档案馆馆藏，档案号：A000480/481/482。

　　④　《青岛市政府三年来行政摘要（1932—1934）》，青岛档案馆馆藏，档案号：A000479。

3.救济院

救济院是南京国民政府时期综合办理社会救济的机构。1928年5月23日，南京国民政府内政部颁发《各地方救济院规则》，饬令"各省区、各特别市、各县市政府，为教养无自救力之老幼残废人，并保护贫民康健，救济贫民生计，于各该省区、省会、特别市政府及县市政府所在地，依本规则规定设立救济院。各县、乡、区、村、镇人口较繁处所，亦得酌量情形设立之。""各地方原有之官立、公立慈善机关，其性质有与本规则第二条各所名义相当者（注：养老所、孤儿所、残废所、育婴所、施医所、贷款所），得因其地址及基金继续办理，改正名称使隶属于救济院。"①

长期以来，国内混战不止、国家四分五裂，因缺乏统一政令，各地的救助机构名称异常混乱，如前所述，仅救助节妇的机构，就有恤嫠会、清节堂、贞节堂、保节堂等不下十个名称，《各地方救济院规则》的颁布，首次将混乱繁多的救助机构名称做了统一规范，从而一改过去的混乱局面。此后，山东各地救济院陆续成立，原有的相关机构也随之并入救济院。

（1）山东省立救济院

山东省立救济院是省内设立比较早的官办救助机构，由国民党山东省政府于1928年创办于泰安，1931年迁入济南铜元局前街。该机构隶属山东省政府，以收容残老、孤儿、流亡难民入院习艺教养为宗旨。建院初期，基金暂定为24324元，由山东省赈务会核给，但收容人数非常少，后来相继筹设安老所、育幼所、残废所、施医所、贷款所等，收容人员常年四百人左右，从事织布、织袜、木工、缝纫等生产，其经费来源主要有：山东省赈务会核给之款、山东省政府划拨之款、私人或法团捐助之款、救济院经常费节余之款、救济院手工出品及农作品变价余利。②1948年全院有职工24人，共收

---

① 《各地救济院规则(1928年5月23日内政部公布,1933年4月修正)》,彭秀良、郝文忠,社会工作学术文库:《民国时期社会法规汇编》,河北教育出版社2014年版,第33—34页。

② 张研、孙燕京主编:《民国史料丛刊（政治·法律法规)》第47册,大象出版社2009年版,第74页。

容残老人员和儿童 321 人。① 济南解放后，该院由济南市人民政府接管，并入济南市立救济院。

（2）济南市立救济院

济南市立救济院成立于 1931 年 12 月，前身乃 1929 年筹建的济南贫民收容所。济南贫民收容所为临时性慈善机构，收容时间暂定为 4 个月（1929.12.1—1930.3.31），在此期间，该所将济南市内老病无依者、无力自救之残废者尽先收容，然后再收容失业乞讨者及其他贫民，并授以简单的工艺技能。截至 1930 年 3 月底，共收容男女老幼贫民 1226 名，期满后除遣散者外，尚有老弱残废幼童三四百名。若骤令同时出所，对于社会秩序会有影响，于是，欲依照各地方救济院规则，设立济南市救济院，后省政府会议定名为济南市贫民教养院，内分养老、残废、孤儿三部。对于院内贫民除给以衣食外并酌量情形教以有益身心的课程以及相当技能，但衰老或病体难支者得免除。本院收容贫民不分性别，只有养老部年龄须在 60 岁以上，孤儿部年龄须在 6 岁以上，15 岁以下，残废部不限制年龄。孤儿部收养的孤儿出院的时候得由社会局介绍相当的职业。②1931 年 12 月，济南贫民教养院改为济南市立救济院，设有婴儿、安老、残废、孤儿四处收容机构，另设国民小学、民生工厂各一处，收容孤儿、残老、游民、乞丐，从事织布、织袜、缝纫和苗圃、副食品等生产。③1932 年济南市社会局裁撤后，该院成为市政府的直辖机构，不过，其经费由省财政拨款。

（3）青岛市立救济院

按照南京国民政府有关设立救济院的要求，青岛市政府于 1931 年 5 月将胶澳商埠局时的教养局、育婴堂、习艺所、济良所等机构合并，成立了青岛市立救济院，该院"由社会局指挥监督""以慈幼、养老、恤产、扶贫、拯残、助寡、救危、救急为宗旨"④，抗日战争爆发后，青岛市立救济院所有

---

① 车吉心、梁自絜、任孚先:《齐鲁文化大辞典》，山东教育出版社 1989 年版，第 444 页。

② 《济南市市政月刊》，1947 年第 1 卷第 4、5 期。

③ 安作璋主编:《济南通史（现代卷）》，齐鲁书社 2008 年版，第 496 页。

④ 《青岛特别市救济院简章》，青岛市档案馆藏，档案号: B0021-005-00141。

人员移赴济南，青岛被日本占领以后，该院各种设施、财产损失严重，其慈善活动陷入停顿，及至济南沦陷，青岛市立救济院的所有人员又迁回青岛，并在原有基础上成立青岛特别市救济院，接受伪社会局指挥监督。抗战结束后，青岛特别市救济院改名青岛市立救济院，1949年解放后，该院被青岛市人民政府民政局接管。

根据《各地方救济院规则》："救济院经费以基金利息及临时捐款充之，但成绩优良之救济院应由省款补助之"，"救济院基金由各地方收入内酌量补助或设法筹集"①。青岛市立救济院成立初期，有基金8053元，房屋90间，折合基金39200元。但因青岛市立救济院几乎囊括了各种经常性济贫慈善事业，还会常常从事施粥、施医、施药、施棺等活动，而民国时期灾荒战乱不断，社会问题不断显现，流入青岛的难民灾民又日渐增多，以致救济院常常入不敷出。1936年，该院就曾因经费拮据，呈请市政府补助，市政府同意批拨福山路七号房屋一座、栖霞路十一号房屋一座、荣成路三十四号房屋一座、巨野路七号房屋空地一处，共折款59900元，作为该院资产，以出租收益作为收入。另拨天门路地皮一处，面积四十余亩，作为救济院扩建之用。② 除了政府补助，社会募捐，基金利息和收益金外，青岛市立救济院还采取贷款融资、举办赛马会等方法筹集善款。

根据《各地方救济院规则》规定，救济院内设养老所、孤儿所、残废所、育婴所、施医所、贷款所等6所。"各县、各普通市级乡、区、村、镇，设立救济院时，对于前项列举各所，得分别缓急次第筹办，亦得斟酌各地方经济情形合并办理。"③ 由于不同地区、不同时期遭受的天灾人祸不尽相同，经济发展程度不同，政府对慈善事业的支持力度亦不同，因而，各个地方、各

---

① 《各地救济院规则(1928年5月23日内政部公布,1933年4月修正)》，彭秀良、郝文忠：社会工作学术文库：《民国时期社会法规汇编》，河北教育出版社2014年版，第34—35页。

② 《民国山东通志》编纂委员会：《民国山东通志（第四册·卷26 救济志）》，山东文献杂志社2002年，第2482—2483页。

③ 《各地救济院规则(1928年5月23日内政部公布,1933年4月修正)》，彭秀良、郝文忠：社会工作学术文库：《民国时期社会法规汇编》，河北教育出版社2014年版，第34页。

个时期所设的机构也会有所差异。青岛市立救济院初设残老所、育婴所、济良所、习艺所、借贷所、孤儿所、施医所等七部，日伪统治时期，原七部改为八部：育婴、孤儿、残老、济良、贷款、恤产、恤嫠、施舍。由此可见，青岛市立救济院可谓是山东省内比较完善的救济院之一，下面简单介绍下其下设的济良所、贷款所，育婴堂、习艺所前文已简单涉及，这里不再赘述。

济良所。前身为督办高恩洪1924年10月创办的胶澳商埠济良所，该所"以收容被人诱拐无亲可归及被鸨母虐待不愿为娼或司法机关警察厅署判归所中教养择配之妇女为宗旨"①，凡进入济良所之妇女，衣食住宿、被褥医药免费供给，此外，济良所还教妇女读书、识字、缝纫、刺绣、纺织、烹饪等技能，以使其将来可以自食其力。济良所收容期限为三个月，期满后，妇女可自行择配或回家，其在济良所工作制作的物品销售后，余利的十分之七作为济良所经费，十分之三在离所时悉数返还。国民政府接管青岛后，济良所于1931年5月并入青岛市救济院，改称"青岛市立救济院济良所"。

在收容对象、教养期限方面，青岛市立救济院济良所与其前身大同小异，收容的均是社会下层妇女，凡在青岛市境内，不论娼妓、姬妾、婢女、养媳或流落无依，或被人诱拐，以及其他一切身受压迫，无事桎梏之妇女，该所一概收容，教养期限为三个月。在收容期间，济良所根据《管教所女简则》对收容所女进行管教，并授以一定的专业技能。教养期满后，允许由本国人具有正当职业、尚未娶妻者，择为配偶。但不愿嫁人，或有特别情节，或未成年者，均仍留所教养。据统计，1932—1934年，济良所共收120人，出所109人，死亡6人。②

贷款所。贷款所是为救济贫苦无资营业或经营农事之男女而设。青岛市立救济院贷款所成立于1932年，乃是省内成立较早且成效显著的贷款所。按照规定，凡借款人，必须是在青岛市区域内，"年在十五岁以上，六十岁

---

① 《胶澳商埠济良所简章附办事细则及收容遣发规则》，青岛市档案馆档案，档案号：B0038-001-00479-0091。

② 《民国山东通志》编纂委员会：《民国山东通志（第四册·卷26救济志）》，山东文献杂志社2002年，第2482页。

以下，确系贫苦，身体健全，并无不良嗜好，志愿作小本营业而缺乏资本者"。借款之前，"必须觅俱本市殷实铺保，或相当保证人"，然后，去贷款所挂号，领取请求书及保证书，依式在保证书上注明保证人姓名、职业、住址，并加盖图章，经调查确实后，方能准予借款。每人借款，以一元至十元为限，"倘系前已营业，一时因资本不继，须借款补充者，每人以五元为限"，概不取息。借款以三个月为限，分九期还清（即每十天，还本一次），期满还清后，方得再借。[①] 截至 1934 年 9 月终止，求贷者 1543 户，共计贷出洋 14569 元。[②]

### （三）其他类机构

除了上述民间、政府新设的社会救助机构外，民国时期各地还设立了职业介绍所、职业教育组织、社会教育机构、商业团体等等，虽然他们不是真正意义上的慈善机构或救助机构，却也在积极帮助贫苦民众等下层社会群体，或者兴办义学、推进社会教育，以使贫困民众获得知识，提升谋生技能；或者参与社会救助，捐款捐物、施衣施药、介绍工作等。

1. 职业介绍所

亦称佣工介绍所，是指向有工作能力但无工作机会的人，介绍工作使其摆脱失业状态的地方，从兴办主体而言，可以分为私立型、政府型和慈善型，20 世纪初，随着城市经济发展而出现。据济南市社会局 1930 年 6 月调查，全市共有私立佣工所（处）十一家。其中，服务二十年的二家，三年的五家，仅三个月的四家。其服务对象主要是小型工商企业或手工作坊。[③] 后来，南京国民政府开始干预调节劳动力市场，并拟定各种章程规范佣工介绍所。1932 年济南市颁布的《济南市取缔佣工介绍业暂行规则》要求：佣工介绍所必须获得执照，方可营业；不得预索介绍费，不得于额定介绍费外任意

---

① 魏镜：《青岛指南》，平原书局 1933 年，第 69—70 页。

② 《青岛市政府三年来行政摘要（1932—1934）》，青岛市档案馆馆藏，档案号：A000479。

③ 安作璋主编：《济南通史（现代卷）》，齐鲁书社 2008 年版，第 498—499 页。

要求其他费用等。① 青岛地区较早成立的职工介绍所也是私立。如前所述，青岛由于一些特殊原因，灾民、难民、失业者比较多，为了救济失业者，青岛市 1930 年成立了市立职业介绍所，"以救济一般失业工人为职志"，除了免费进行失业登记外，还量其能力向各工厂、商店、住户和机关等介绍，"授以相当工作"。② 与此同时，青岛市政府对私立职工介绍所进行整理，不允许其额外征收介绍人费用。由此可见，职工介绍所的存在，以及政府对职工介绍所的管理，有利于维护求职者，尤其处于社会底层的求职者的利益，对他们就业或再就业有较大帮助。

2. 社会教育机构

民国时期，经济发达的济南、青岛等城市急需受过教育的工人，而涌入城市的大部分是目不识丁的、没有一技之长的灾民、难民，及到城市讨生活的劳动力，在社会底层苦苦挣扎的他们，很少有人能够供应子女读书。1930年，青岛市社会局统计，在 2000 多个工人子女中，16 岁以上仍能坚持读书者仅有 3 人。③ 在正式学校教育系统之外，另行举办社会教育，包括露天学校、民众学校、巡回文库、通俗讲演所、通俗图书馆、民众教育馆、职工补习学校等等，对于普及文化知识，提高下层民众文化素质，提高工人职业技能，防止贫困代际传递等具有重要意义，同时，这也是对下层社会群体进行救助的重要方式。

早在晚清时期，济南地区就出现了专为年长失学者及贫苦子弟设立的简易识字学塾，以期提高下层民众的识字率，此外，济南还设立了多处阅报所或阅报馆，供民众阅读休闲之用。"阅报所是在我国近代图书馆尚未出现或为数甚少的情况下，为适应群众需要自发举办的社会公益性文化设施"④，它主要以官绅或士绅为主体，以下层民众为对象，通过免费提供报刊书籍供人阅读，达到开风气、启民智、普及教育、提高国民素质的目的，如，1905

① 参见毕牧：《民国时期山东城市下层社会变迁研究》，山东大学博士学位论文，2012 年。
② 《青岛市市立职工介绍所暂行规则》，青岛市档案馆馆藏，档案号：A000480/481/4812。
③ 《青岛市社会局行政纪要（第四编·劳动行政）》，1930 年，第 129 页。
④ 赖秀宝：《20 世纪上半叶阅报社借阅活动概述》，《图书馆理论与实践》2001 年第 2 期。

年"济南官报馆主笔李明坡徵君现于布政大街，设一阅报馆，各报俱备，任人往阅，不取分文"[①]；1906年"山东学务处前在省城四关四隅分设阅报处八所"[②]。

北洋军阀政府时期虽然战乱不断，但政府仍重视社会教育。截至1927年，济南陆续开办了14处社会教育机构，包括通俗图书馆、通俗讲习所，社会教育经理处等。1915年成立于南新街的社会教育经理处，每年接受省府拨款9024元，"设有露天学校十八处，每日授课二小时。此外，有巡回文库二处……，并时常游行城乡各处"[③]。所谓露天学校是指没有固定场所，没有学习教室，"指地为校，就树作盖，依壁置牌"[④]，为贫困子弟、游离游民、年长失学者等群体，讲授日常生活所用之常识或者提供职业指导，而终日操业、无暇就学的店员、长工、叫卖商贩也可以随时随地接受教育。巡回文库是为配合露天学校和各讲演所的演讲、宣传所设，其图书有1200多种，并设有阅报所，为普通市民、失学少年等提供服务，据统计，阅报所"阅览人数平均每日120人；借阅人数平均每日38人"[⑤]。此外，济南还设有夜学校、半日学校和补习学校，夜学校主要招收成年失学者，教授生活一技之长；半日学校主要招收贫苦家庭的失学儿童；补习学校是为"已有职业或志愿从事实业者，授以应用之知识技能，并使补习普通学科"而设。

南京国民政府进一步加大了对社会教育的投入力度，据统计，仅1929年，"省教育厅分配给社会教育的经费达21.7万元，占了当年省教育经费的12.29%"[⑥]。这一时期，济南除了社会教育的主要机构——民众教育馆外，还

① 曹玉楼：《从档案资料看近代济南的城市社会教育》，《山东档案》2005年第2期。

② 《各省报届汇志》，《东方杂志》第三年第十期（1906年），第283页。

③ 周传铭：《济南快览》，齐鲁书社2011年版，第172—173页。

④ 山东省地方史志编纂委员会编：《山东省志·教育志》，山东人民出版社2003年版，第615页。

⑤ 山东省地方史志编纂委员会编：《山东省志·教育志》，山东人民出版社2003年版，第615页。

⑥ 赵承福：《山东教育通史·近代卷》，山东人民出版社2001年版，第78页。

设立了民众学校、补习学校、私立传习所等。据统计，截至 1934 年，济南有市立民众学校 31 所，包括第一至二十九民众学校（无第十三民众学校），第一、二、三实验附设民众学校；有私立职业传习所 7 处，补习学校 15 处，夜校 6 处。[①] 青岛由教育局、社会局牵头，于 1931 年 3 月成立了"职工教育委员会"，并督促各工厂设立职工学校，截至 1932 年 11 月共成立 17 所，计 59 个班，学生 3000 余人。通过社会教育提高文化水平，增强自我谋生的技能，对社会底层的下层社会群体而言是大有裨益的。

3.商业团体（商会和同业公会）

商会和同业公会都是主要由工商业者组成的社团组织，不过，二者构成直接的上下级隶属关系：商会是同业公会的上级团体组织，同业公会是商会的下级团体组织。[②] 商会在维护会员利益，规范行业秩序，提供资源共享平台、调节业户商事纠纷、促进经济繁荣的同时，还时常兴办、组织各种公益事业和活动。比如，1926 年，济南总商会捐助遭受水灾的难民；1943 年，济南商会慰问并救济公设市场遭受火灾的商贩；青岛商会则在北洋军阀政府时期接管了 4 处官办慈善机构：教养局、济良所、育婴堂和贫民习艺所。作为商会下级组织的同业公会，会根据商会的要求，积极参加商会筹办的公益活动，此外，同业公会也会通过济贫恤寡、赈济灾民、兴办学校等活动，对同业内或同业外的下层民众进行救助，如前所述，这是同业公会的重要职能，也是对会馆、公所公益角色的继承和发展，

综上所述，传统型与近代型社会救助机构最大的不同在于，"传统型以'养'为主，近代型以'教'为主，教养兼施"[③]。在近代"西学渐进"的大潮下，中国原有的慈善思想受到了西方救助理念的强烈冲击，于是开始了从传统向近代的嬗变；再者，晚清，尤其民国以来，天灾人祸不断，导致大量

---

① 罗腾霄：《济南大观》，齐鲁书社 2011 年版，第 156—163 页。

② 李柏槐：《现代性制度外衣下的传统组织——民国时期成都工商同业公会研究》，四川大学出版社 2006 年版，第 280 页。

③ 蔡勤禹：《国家、社会与弱势群体——民国时期的社会救济》，南京大学博士学位论文，2001 年。

难民、灾民、无业者、失业者出现，各种社会问题与矛盾日益凸显，一旦发生动乱，后果堪忧，非"广筹生计"不可，所以，在上述背景下，民国政府和热心公益人士设立"以教为主"的救济机构，安置乞丐、游民、贫者的同时，教授他们一技之长，以使其获得谋生的资本，同时，社会救助的范围也拓展到了文化教育、医疗卫生领域，慈善医院、慈善学校等不断设立。不过，即使新设立的具有近代因素的救助机构，有时也在从事传统的慈善活动，比如青岛市立救济院，在从事日常救助活动外，还经常进行临时性的施粥、施衣、施药、施棺等传统慈善活动。

### 三、外来型社会救助机构

这类慈善机构是指以传教士为代表的外国教会势力在中国兴办的慈善救助设施，主要包括以慈善救助为宗旨的慈幼机构、教会学校、教会医院等。伴随着资本主义国家的军事入侵、政治控制以及经济掠夺，西方的思想文化也逐渐入侵并渗透到了中国，近代传教士是西方文化入侵的急先锋，而他们在华举办慈善事业的根本目的还是出于传教的考虑，借助行善事赢得民众好感，吸引大批信徒。

慈幼机构。包括育婴堂、孤儿院、养老院，主要是收养社会上的弃婴、流浪儿、孤苦无依的老人。近代以来，山东灾荒连年，战乱不断，常有婴孩被舍弃或孤儿沿街乞讨，外国教会在创办教堂的时候，往往附设育婴堂或孤儿院，专门收养弃婴或流浪儿，由修女负责照料，教孩子们读书识字、手工工艺，教会拨付经费。如烟台女孤儿院，原名仁慈堂，自成立之日之1940年，"收容之孤女约三四百人"①，其衣食皆免费，并授以简单文化知识和谋生技能。据统计，天主教会在山东省内所办的孤儿院，19世纪末年共13所，共收养孤儿1046名，另有寄养在教民家的婴儿727名。到1939年，天主教各教会共办孤儿院23所，共收养孤儿1322名，其中女孩1202名，男孩

---

① 池田熏:《烟台大观》，鲁东日报社，1940年。

120 名；养老院 10 个，共收养老人 247 名。①

教会学校。众所周知，近代传教士是西方文化入侵的急先锋，教会学校则是西方文化入侵的重要手段，即辅助教会传教的机构。为了能够招收到学生，扩大教会的影响，教会学校最初招收的学生主要是贫困无助家庭的孩子和流浪儿童，不但不收取学费，还无偿提供衣食，甚至会给学生家长一定费用，如青岛教会女校初建时，"学生的家属还可以得到 5 文 10 文一天的津贴"②，此外，有些教会学校还有"特别费"，专门补助出身于信教家庭的贫困学生。

最早在山东办学的是美国长老会传教士倪思维，1862 年，倪氏夫妇在登州创办一所女童寄宿学校，免费提供宿食和衣物，此后，进入山东的各派纷纷办学。以省府济南为例。1893 年北美基督教长老会的翰维廉在新东门外华美街创办济美学馆，这是济南最早出现的教会学校，也是西方列强在山东省进行文化侵略的早期据点，济南教会以此为开端，经过半个多世纪的渗透和发展，逐渐建立起了从初等教育、中等教育到大学教育的完整教育体系。据统计，在中华人民共和国 1951 年收回教育主权前，济南有高等教会学校 1 所，即私立齐鲁大学；中等学校 3 所，即齐大附中、齐鲁中学、黎明中学；小学 15 所，即齐大附小、黎明、海星、乐实、耕莘、培英、善导、淑德、天光、四育、明光、进德、三育、真光、育德；幼稚园 2 所，即基督教女青年会广育幼稚园、广智院广智幼稚园。③

尽管教会学校的创办隐藏着西方"传教奴化"之初衷，但它确实为下层民众的子女提供了接受教育的机会，一定程度上弥补了我国在贫民教育上的缺失，同时，教会学校在客观上传播了西方先进文化和教育理念，促进了我

---

① 《民国山东通志》编纂委员会：《民国山东通志》（第四册·卷 21 宗教志），山东文献杂志社 2002 年，第 2073 页。

② 张家惠：《国民政府时期青岛慈善事业研究（1929—1937）》，中国海洋大学硕士学位论文，2009 年。

③ 参见朱式伦：《济南市接受外资津贴私立教会学校概况》，《山东教育史志资料》1985 年第 1 期。

国教育逐渐走向现代化。

教会医院。兴办医院，对下层社会群体进行医疗救助，同样是教会传教的重要手段。据统计，到1939年，除青岛教区外，天主教在山东共设有医院21处（包括麻风病院2处），年共收治病人2106人。另设有门诊所81个，共门诊病人777769人次。[①]基督教在山东所办医院，自晚清至民国年间，初步调查凡三十二家。[②]此外，烟台、济南、青岛、益都等还建有麻风病医院。教会医院对贫苦民众或无钱医治者大多实行义务看诊，或者低价治疗，有时，教会医院还会联合红十字会等慈善机构，举行防疫义诊和施药工作，以致很多中国贫苦百姓受到感化而受洗入教。

除了兴办上述慈善机构外，教会还常常赈济各地灾民、难民，比如，协助组建"华洋义赈会"，以工代赈；天主教会还常常兴办工厂，收容穷苦教民或孤儿院长大的无职业者，据1939年统计，（天主教会）六个教区共办有工厂13家，共有工人1271名，其中，烟台、兖州设工厂4处，益都设工厂2处，济南、威海、曹州设工厂1处。[③]

我们并不否认教会慈善机构在"慈善面纱"下隐藏的侵略本质，但我们也要肯定其在救助我国下层民众方面所做的工作，兴办孤儿院、育婴堂、养老院、教会学校、教会医院等，不仅起到了很好地社会救助的作用，有利于稳定社会秩序，还推动了我国社会救助事业的近代化转型。

上文所述的社会救助机构，不管是传统型、新设型，还是外来型，不管是民间经营，还是政府经营，不外乎是救助灾荒、战乱、失业而造成的灾民、难民、失业者，以及城市中无劳动能力的特殊群体：鳏寡孤独残疾者、失独儿童、不幸妇女，而所有这些人均是处于社会底层的群体，在灾害

---

① 《民国山东通志》编纂委员会：《民国山东通志》（第四册·卷21宗教志），山东文献杂志社2002年，第2072页。

② 《民国山东通志》编纂委员会：《民国山东通志》（第四册·卷21宗教志），山东文献杂志社2002年，第2104页。

③ 《民国山东通志》编纂委员会：《民国山东通志》（第四册·卷21宗教志），山东文献杂志社2002年，第2073页。

频发、战乱频仍的年代，不靠救助根本无法活下去；相应的，对他们的救助活动可分为以下几项：第一，实物救济：施粥、施米、施棺、施衣，或者发放少量现金。第二，医疗救助：设立医院或施诊所，义务看诊、低价治疗、预防注射，或派遣医护队，救治伤亡军民；第三，教育救助：设义学、露天学校、民众学校、职业补习所等，免费教育失学儿童、下层民众，或者为已有职业者、失业者进行职业培训，提高自我谋生的技能；第四，失业救助：设职业介绍所，为城镇失业者介绍工作；设因利局或贷款处，为失业者及小本经营、资本无告者提供资金救助；设平民工厂，训练贫民谋生技能。第五：特殊群体救助：设收容所，收容鳏寡孤独残疾者、弃婴孤儿以及不幸妇女等。此外还有贷款救助、贫困救助等等。所有上述救助活动并不是单独进行的，而是很多活动相互穿插的，比如，失业救助里边就包含了实物救助、贷款救助、职业教育救助等，而失业救助也可以看作贫困救助的一种。

我们在介绍社会救助实施机构时，已经涉及了很多上述救助活动，可以说，这些救济活动与所述救助机构直接相关，这里就不再赘述。下面我们简单介绍下住宅救助和以工代赈。

住宅救助是指将住宅廉价或免费供给贫民租住，实质上，它应属于实物救助的一种。民国时期的山东地区，有关住宅救助的记载仅见于青岛。中原大战后，青岛西岭一带，贫民逐渐集聚，成了有名的贫苦窟。1932年，为整顿市容，解决住宅问题，青岛市政府组建杂院整理委员会，规定"凡平民有能力自建者，施给官地，不收租金，免除地税，令其自建住所；无力自建者，由政府建筑住所，以最廉之租价租给住户，每间房年租金一元"。据统计，1932年—1934年间，"共建十一处平民院……共计一、四七三间，同期，由政府建筑的第三平民住所有二零零间，第八平民住所三五七间，共计五五七间"[①]。虽然住宅救助不可能顾及所有贫困家庭，但它却在一定程度上

---

① 《民国山东通志》编纂委员会：《民国山东通志（第四册·卷26 救济志）》，山东文献杂志社2002年，第2483—2484页。

让部分贫困者解决了住房问题，其积极性应给予充分肯定。

以工代赈，又称工赈，是指灾民通过劳动获得救助的赈济之法，被时人赞为"宇宙间最善之政也"①，主要包括治河修渠、铺路架桥、植树造林、移民垦荒等。早在晚清时期，政府就常以工代赈治理黄河，如清光绪二十九年（1903 年 11 月），山东巡抚周馥上奏："招集被水灾民，以工代赈，并请截留本年漕折银两，以资工用。"② 进入民国以后，因战乱频繁，灾害频发，历届政府对"事关实惠，款不虚糜，防患恤灾，一举两得"③ 的以工代赈都非常重视。1920 年山东遭遇"四十年未有之奇灾"时，北洋军阀政府交通部拨款 150 万，委任津浦路工程师赵德三为督办，雇佣大批受灾民众，以工代赈修建了"烟潍路"。据《大公报》载，工人"全系平原、禹城、恩县、德县、武城、临清等六县灾民"。④ 参与以工代赈的灾民除了年轻体健无残疾外，还必须要有家室，"可以一人工作之力，养四五口之家，是不啻赈一人而活四五人也"⑤。成立于 1921 年 11 月的华洋义赈会，救济"以天灾为限，不及其他"⑥，在赈济灾民方面，它积极倡导"建设救灾"理念，并在实践中采取以工代赈的救灾方案。譬如，为解决利津段黄河决堤的隐患，华洋义赈会对该段黄河河道进行治理，"从 1921 年到 1933 年这十余年间，共修复利津水道十四英里，合计 22530.816 米，耗资 1500000 元"⑦。以工代赈实质上就是根据受灾地区的情况，选择需要建设的工程，利用生活无着落的灾民进行生产，这种赈济之法既救助了出工的灾民及其家属，又促进了受灾地区的灾后重建，其积极作用应予以肯定。

总而言之，社会救助是社会良性发展的润滑剂，尤其在民国这个矛盾交

---

① 《申报》，1876 年 12 月 26 日。
② 山东师范大学历史系中国近代史研究室编：《清实录山东史料选（下）》，第 1980 页。
③ 1931 年《国民政府救济水灾委员会报告书》，第六章"工赈"。
④ 《大公报》1920 年 11 月 14 日。
⑤ 孙勇：《近代山东社会救济研究》，山东师范大学硕士学位论文，2005 年。
⑥ 中国华洋义赈救灾总会丛刊甲种第 25 号：《赈务实施手册》1928 年，第 2 页。
⑦ 蔡勤禹：《民间组织与灾荒救济——华洋义赈会研究》，商务印书馆 2005 年版，第 89 页。

织、问题成堆、混乱不堪的社会转型时期，处于社会底层的普通大众是贫穷的下层社会群体，生活本就十分艰难，一旦遇上灾荒兵乱，更是到了难以生存的地步，政府或民间的社会救助更显迫切，尽管对于规模庞大的、人数众多的、分布广泛的下层社会群体而言，这些救助活动不过杯水车薪而已，但考虑到当时那个年代的国情，这些救助活动还是起到了一些作用。比如大量粥厂的开办可以让严寒中苦苦挣扎的饥民活下去，从而多少能缓解部分社会矛盾，进而有利于维护社会稳定和秩序。同时，我们也应看到，不管是北洋军阀政府还是南京国民政府时期，山东省政府都曾为救助下层社会群体做过尝试，比如兴办平民工厂、实行以工代赈等，虽然成效不是特别明显，却为日后救助提供了很多借鉴。

# 结　语

近代山东城市化，是中国城市社会近代化进程中的有机组成部分，既有中国近代社会城市化的一般特性，也具有自身独特的发展特质。在山东城市化进程中出现一个数量较为庞大的下层社会群体，并引发了较为严重的社会问题。这些问题并非因城市近代化而产生，但却在城市近代化进程中而日益深化。

近代山东城市开埠通商后，打破了传统的封闭式的经济，并与国内外市场密切联系起来，对外贸易首先获得迅速发展并成为城市经济的中心支柱行业。工商业发展较快，金融业获得较快增长。由于各城市发展的进程有快有慢，通过以下工商业及人口的统计，可以做一些具体考察。进入20世纪20年代末至30年代初，山东城市进入一个快速增长的时期。到20世纪30年代初，青岛工厂数101家，资本总额226530千元，年产总值69493千元；济南工厂数236家，资本总额8580千元，年产总值31687千元；烟台工厂数13家，资本总额3857千元。① 商业发展情况，青岛商店7143家，资本总额106197千元，年营业总额2329695千元；济南商店1228家，资本总额5210千元，年营业总额91353千元；烟台商店524家，资本总额1995千元，年营业总额76068千元。② 随着山东城市工商业的发展，人口不断聚集和增长，人口数量是衡量城市化进程的一个重要指标。近代山东城市随着工

---

① 王守中、郭大松：《近代山东城市变迁史》，山东教育出版社2001年版，第663页。

② 王守中、郭大松：《近代山东城市变迁史》，山东教育出版社2001年版，第664页。

商业的发展，城市人口的数量也急剧增长。1933年济南非农业人口257394人，占济南总人口的60.2%；烟台非农业人口126209人，占烟台总人口的90.5%。①

随着城市化进程的加快，中国社会结构也发生着急剧的变化，"当西方工业革命终于以雷霆万钧之力推动其他世界政府运动进入新一轮周期，而中国内地也开始出现王朝统治危机之时，内因和外因达到一个交汇点，开始逐渐影响中国历史发展的转向。……中国社会演变的格局从逐渐的积累性变迁改变为急剧的传导性变迁。"② 随着传统社会结构的变迁，传统的"士农工商"的社会结构被打破，新兴的工商业阶层等开始出现。近代山东城市下层社会群体也是在这一过程中不断形成的。

近代山东城市的近代化进程，改变着整个社会职员结构和职业地位，重塑着人们因职业差异而发生的阶层属性。在新的社会阶层结构中，由于城乡二元发展而形成的推助，导致大量破产的农民涌入城市谋求发展，这是城市下层社会群体形成的主要原因。

城市下层社会群体的形成与扩大，以及随之而来的各种城市问题，如近代山东城市中乞丐、娼妓等日益加重，成为城市社会发展的障碍。如果不能妥善处理这些社会问题，将会制约城市经济社会的健康发展。尽管这些社会问题引起了政府当局的关注，甚至也采取了一定的救助措施，从而在一定程度上有助于改善下层社会群体的生活状况。但是由于近代山东战争频发，政权更换频繁，城市下层社会群体的生活根本没有保障，食不果腹、衣不蔽体、居无定所，是生活在城市下层民众的生动写照，更谈不上什么生活质量和做人的尊严。

"民生是人类社会发展中民众普遍关注的重大课题，不断满足民生需要是社会发展的根本目的，是中国共产党治国理政的主要着眼点和落脚点。"③

1949年中华人民共和国成立，中国共产党就采取一系列措施，保障人

---

① 王守中、郭大松：《近代山东城市变迁史》，山东教育出版社2001年版，第660页。

② 罗荣渠：《现代化新论》，北京大学出版社1993年版，第239—240页。

③ 刘斌：《民生视域下共享发展理念研究》，人民出版社2019年版，第1页。

民群众的基本生活。尽管新中国成立以后相当长一段时期，我国人民的生活水平仍比较低下，但是基本上实现了城乡人民基本生活保障以及社会的稳定，这是令世界瞩目的奇迹。

改革开放以后，随着生产力的解放，城乡收入差距扩大，就业、教育、就医等问题日益凸显。2002 年政府工作报告首次正式使用"弱势群体"这个概念，并指出："积极扩大就业和再就业是增加居民收入的重要途径，对弱势群体要给予特殊的就业援助。"①2003 年 9 月，中国第一部法律援助的行政法规《法律援助条例》正式实施，政府承诺为无力打官司的贫弱者埋单。党的十六届六中全会提出构建社会主义和谐社会的重大战略部署，尤其重视如何完善社会制度，以达到社会的公平、正义，凸显党关注不同利益阶层，尤为关注弱势群体的利益诉求。

2012 年党的十八大胜利召开，习近平总书记在中外记者见面会上庄严承诺："人民对美好生活的向往，就是我们的奋斗目标。"② 开启了实现中华民族伟大复兴的新征程。为解决中国贫困问题，2012 年 12 月 29 日习近平总书记就到河北省阜平县考察扶贫工作，慰问贫困群众，开启了扶贫攻坚新征程。据统计，就任总书记以来，习近平同志每年春节都到最边远、最贫困的地区，深入群众，了解群众生活、关心群众冷暖，指导扶贫工作。从甘肃的定西、临夏到云南的鲁甸地震灾区，从内蒙古的阿尔山到湖南的湘西，每一处都留下了习近平总书记温暖的话语、殷切的嘱托和攻坚的决心。2015 年 11 月 23 日，习近平总书记主持召开政治局会议，通过《关于打赢脱贫攻坚战的决定》，确保"到 2020 年我国现行标准下的农村贫困人口实现脱贫，贫困县全部摘帽，解决区域性整体贫困"③。至 2020 年 3 月 6 日，习近平总书记就打赢脱贫攻坚战主持召开了 7 个专题会议，党和国家领导人对社会上

---

① 朱镕基：《政府工作报告》，《人民日报》2002 年 3 月 17 日。

② 中共中央文献研究室：《十八大以来重要文献选编》（上），中央文献出版社 2014 年版，第 70 页。

③ 《审议关于打赢脱贫攻坚战的决定等有关情况的专题报告》，《人民日报》2015 年 11 月 24 日。

的贫困群众、弱势群众的重视和关怀以及采取的一系列措施，是"以人民为中心"的执政理念的体现。2020 年 8 月，中共中央办公厅、国务院办公厅印发了《关于改革完善社会救助制度的意见》，明确要求："按照保基本、兜底线、救急难、可持续的总体思路，……不断增强困难群众的获得感、幸福感、安全感。"[①] 为新时代保障民生、加强社会救助指明了前进方向和提供了根本遵循。

中国贫困人口从 2012 年底的 9899 万人减到 2019 年底的 551 万，贫困发生率由 10.2% 降到 0.6%，连续 7 年每年减贫 1000 万人以上，到 2020 年底，我国消除了绝对贫困和区域性整体贫困，这是发生在中国的奇迹。这些成就的取得，不仅仅依赖于中国社会经济的发展，更得益于以习近平同志为核心的党中央"以人民为中心"发展理念的确立。这对于改善民生，体现社会公平正义，体现社会制度的优越性，增强"四个自信"及实现中华民族伟大复兴中国梦具有重大的现实意义。

---

① 《改革完善社会救助制度》，《人民日报》2020 年 8 月 26 日。

# 附　录　图表索引

# 参考文献

## 一、档案资料

山东省档案馆、山东社会科学院历史研究所合编：《山东革命历史档案资料选编》，第一辑，山东人民出版社 1881 年版。

山东省档案馆、山东省社会科学历史研究所合编：《山东革命历史档案资料选编》，第二辑，山东人民出版社 1981 年版。

山东省总工会、山东省档案馆合编《山东工人运动历史文献选编 I（1921——1937）》，山东省总工会 1984 年版。

青岛市档案馆编：《帝国主义与胶海关》，档案出版社 1986 年版。

青岛市档案馆编：《青岛旧事》，青岛出版社 1991 年版。

中共济南市委党史委编：《济南革命历史档案资料选编》（第一辑），济南出版社 1991 年版。

中共济南市委党史委编：《济南革命历史档案资料选编》（第二辑），济南出版社 1991 年版。

中国第二历史档案馆编：《中华民国档案资料汇编》，江苏古籍出版社 1994 年版。

## 二、文献、文史资料

彭泽益编：《中国近代手工业史资料（1840——1949)》（第二卷），三联书店

1957 年版。

汪敬虞编:《中国近代工业史资料》,第二辑,下册,科学出版社 1957 年版。

彭泽益编:《中国近代手工业史资料(1840——1949)》(第四卷),三联书店1958 年版。

陈真编:《中国近代工业史资料》,第四辑,三联书店 1961 年版。

济南市志编纂委员会编印:《济南市志资料(第 1 辑)》,1981 年。

济南市志编纂委员会编印:《济南市志资料(第 2 辑)》,1981 年。

济南市志编纂委员会编印:《济南市志资料(第 3 辑)》,1982 年。

济南市总工会调研室编印:《济南工运史料(第 1 辑)》,1982 年。

中国人民政治协商会议山东省济南市委员会文史资料委员会编:《济南文史资料选辑(第 2 辑)》,1982 年。

中国人民政治协商会议山东省济南市委员会文史资料委员会编:《济南文史资料选辑(第 3 辑)》,1983 年。

济南市总工会调研室编印:《济南工运史料(第 2 辑)》,1983 年。

济南市志编纂委员会编印:《济南市志资料(第 4 辑)》,1983 年。

山东省地方史志编纂委员会编:《山东史志资料(1983 年第 2 辑)》,山东人民出版社 1983 年版。

中国人民政治协商会议山东省济南市委员会文史资料委员会编:《济南文史资料选辑(第 4 辑)》,1984 年。

中国人民政治协商会议山东省济南市委员会文史资料委员会编:《济南文史资料选辑(第 5 辑)》,1984 年。

济南市志编纂委员会编印:《济南市志资料(第 5 辑)》,1984 年。

山东省地方史志编纂委员会编:《山东史志资料(1984 年第 2 辑)》,山东人民出版社 1984 年版。

中国人民政治协商会议山东省济南市委员会文史资料委员会编:《济南文史资料选辑(第 6 辑)》,1985 年。

中国人民政治协商会议山东省济南市委员会文史资料委员会编:《济南文史资料选辑(第 7 辑)》,1986 年。

中国银行济南分行行史办公室编著：《济南中国银行史》，1986年。

济南市志编纂委员会编印：《济南市志资料（第6辑）》，1986年。

中国人民政治协商会议山东省济南市委员会文史资料委员会编：《济南文史资料选辑（第8辑)》，1987年。

济南市志编纂委员会编印：《济南市志资料（第7辑）》，1987年。

中共青岛市委党史资料征委会办公室、青岛市档案馆编：《青岛党史资料》，第1辑，1987年版。

中国民主建国会济南市委员会、济南市工商联合会编印：《济南工商史料（第1辑)》，1987年。

中国民主建国会济南市委员会、济南市工商联合会编印：《济南工商史料（第2辑)》，1988年。

中国民主建国会济南市委员会、济南市工商联合会编印：《济南工商史料（第3辑)》，1988年。

山东省政协文史资料委员会编：《山东工商经济史料集萃（第1—3辑)》，山东人民出版社1989年版。

中国人民政治协商会议山东省委员会文史资料研究委员会编：《山东文史资料（第26辑)》，山东人民出版社1989年版。

中国人民政治协商会议山东省委员会文史资料研究委员会编：《山东文史资料（第27辑)》，山东人民出版社1989年版。

济南金融志编委会编：《济南金融志（1840—1985)》，1989年版。

山东省政协文史资料委员会、济南市政协文史资料委员会编：《济南老字号》，济南出版社1990年版。

政协诸城县委员会文史资料委员会编：《诸城文史资料(第11辑)》，1990年版。

政协山东省潍坊市潍城区文史资料委员会编：《潍城文史资料（第5辑)》，1990年。

山东省政协文史资料委员会、济南市政协文史资料委员会、章丘政协文史资料委员会编：《遐迩闻名的祥字号》，济南出版社1991年版。

中国人民政治协商会议山东省济南市委员会文史资料委员会编：《济南文史资

料选辑（第 9 辑）》，1991 年。

济南市工商联合会、济南总商会编印：《济南工商文史资料（第 1 辑）》，1991 年。

济南市工商联合会、济南总商会编印：《济南工商文史资料（第 2 辑）》，1992 年。

中国民主建国会济南市委员会、济南市工商联合会编印：《济南工商史料（第 4 辑）》，1992 年。

中国人民政治协商会议山东省济南市委员会文史资料委员会编：《济南文史资料选辑（第 10 辑）》，1992 年。

山东卷编审委员会汇编：《中国资本主义工商业的社会主义改造（山东卷）》，中共党史出版社 1992 年版。

山东省地方史志编纂委员会编：《山东省志·民政志》，山东人民出版社 1992 年版。

山东省政协文史资料委员会编：《山东文史集粹（政治卷）》，山东人民出版社 1993 年版。

山东省政协文史资料委员会编：《山东文史集粹（文化卷）》，山东人民出版社 1993 年版。

山东省政协文史资料委员会编：《山东文史集粹（社会卷）》，山东人民出版社 1994 年版。

山东省地方史志编纂委员会编：《山东省志·粮食志》，山东人民出版社 1994 年版。

山东省政协文史资料委员会编：《山东文史集粹（工商经济卷）》，山东人民出版社 1995 年版。

中国人民政治协商会议山东省济南市委员会文史资料委员会编：《济南文史资料选辑（第 11 辑）》，1995 年。

彭泽益编：《中国工商行会史料（上下册）》，中华书局 1995 年版。

济南市政协文史资料委员会编：《济南文史精粹》，济南出版社 1997 年版。

山东省政协文史资料委员会、淄博市政协文史资料委员会、桓台县政协文史资料委员会编：《苗氏民族资本的兴起》，山东人民出版社 1998 年版。

济南市政协文史资料委员会编：《济南文史集粹（上、下册）》，2000 年。

张玉法著：《民国山东通志》，山东文献杂志社 2002 年版。

济南市政协文史资料委员会编：《20 世纪济南文史资料文库（经济卷）、（政治卷）、（社会卷）、（教育卷）、（军事卷）、（文化卷)》，黄河出版社 2004 年版。

济南市政协文史资料委员会编：《济南开埠与地方经济》，黄河出版社 2004 年版。

李章鹏、郑清坡著：《民国时期社会调查丛编——近代工业卷》，福建教育出版社 2011 年版。

## 三、地方志、调查统计资料

舒孝先修、崔象栽纂：《民国临淄县志》，1920 年。

林修竹编：《山东各县乡土调查录》，山东省长公署教育科 1920 年刊。

毛承霖：《续修历城县志》，1926 年版。

胶澳商埠局编：《胶澳商埠行政纪要》，青岛华昌印刷局 1927 年版。

潘守廉修、袁绍昂纂：《济宁县志》，1927 年铅印本。

赵琪修、袁荣史等纂：《胶澳志》，青岛华昌印刷局 1928 年版，台湾文海出版社印行。

孙宝生编：《历城县乡土调查录》，历城县实业局 1928 年刊。

王清彬等编：《第一次中国劳动年鉴》，北平社会调查部 1928 年版。

胶澳商埠局编：《胶澳商埠行政纪要续编》，青岛华昌印刷局 1929 年版。

葛延瑛、吴元禄修、孟昭章等纂：《重修泰安县志》，1929 年泰安县志局铅印。

青岛市社会局编：《青岛市社会局行政纪要》，青岛市社会局 1931 年版。

青岛市政府秘书处：《1931 年青岛市行政统计汇编》，内部资料。

邢必信等编：《第二次中国劳动年鉴》，北平社会调查所 1932 年版。

实业部国际贸易局编：《中国实业志·山东省》，实业部国际贸易局 1934 年版。

（清）杨士骧等修、孙葆田等纂《山东通志》，1915 年至 1918 年山东通志刊印局。

胶济铁路管理委员会编:《胶济铁路经济调查报告分编·济南市》,文华印刷社1934年版。

胶济铁路管理委员会编:《胶济铁路经济调查报告分编·长山县》,文华印刷社1934年版。

胶济铁路管理委员会编:《胶济铁路经济调查报告分编·福山县》,文华印刷社1934年版。

李树德修、董瑶林纂:《民国德县志》,1935年刻本。

山东省会警察局编:《山东省会警察概况》,1937年版。

青岛市政府秘书处编:《1934年青岛市行政统计汇编》,内部资料。

程守中编:《山东考察报告书》,1934年出版。

实业部中国经济年鉴编纂委员会编:《中国经济年鉴》1934年版。

山东省政府建设厅编:《山东矿业报告(第五次)》,山东省政府建设厅1936年印行。

济南公署建设局编:《济南市工商业调查》,济南公署建设局,1939年版。

济南市公署秘书处编印:《济南市政概要》,1940年刊。

严中平等编:《中国近代经济史统计资料选辑》,北京科学出版社1955年版。

[美]A.G.帕克指导、齐鲁大学社会学系调查编著、郭大松译:《济南社会一瞥(1924年)》(上),《民国档案》1993年第2期。

[美]A.G.帕克指导、齐鲁大学社会学系调查编著、郭大松译:《济南社会一瞥(1924年)》(下),《民国档案》1993年第3期。

山东省地方志编纂委员会编:《山东省志·劳动志》,山东人民出版社1993年版。

山东省地方史志编纂委员会编:《山东省志·金融志(上、下)》,山东人民出版社1996年版。

山东省地方史志编纂委员会编:《山东省志·农民团体志》,山东人民出版社1996年版。

山东省地方史志编纂委员会编:《山东省志·商业志》,山东人民出版社1997年版。

济南市史志编纂委员会编:《济南市志》(第五册),中华书局 1997 年版。

民国山东通志编辑委员会编:《民国山东通志》(第二册),台湾山东文献杂志社 2002 年版。

民国山东通志编辑委员会编:《民国山东通志》(第四册),台湾山东文献杂志社 2002 年版。

李文海主编:《民国时期城市社会调查丛编(底边社会卷)》(上、下),福建教育出版社 2005 年版。

李文海主编:《民国时期城市社会调查丛编(劳工生活卷)》(上、下),福建教育出版社 2005 年版。

## 四、研究著作

### (一)中文著作

谋乐著:《青岛全书》,德国青岛印书局 1911 年版。

叶春墀编:《济南指南》,大东日报社 1914 年版。

郑千里著:《烟台要览》,胶东新报社 1924 年版。

周传铭著:《济南快览》,济南世界书局 1927 年版。

魏镜著:《青岛指南》,平原书局 1933 年版。

罗腾霄编:《济南大观》,济南大观出版社 1934 年版。

彭望芬著:《青岛漫游》,上海生活书店 1936 年版。

张玉法著:《中国现代化的区域研究:山东省(1860—1916)》,台湾"中央研究院"近代史研究所刊,1982 年版。

胡汉本等编著:《帝国主义与青岛港》,山东人民出版社 1983 年版。

济南市社会科学研究所编著:《济南简史》,齐鲁书社 1986 年版。

张永泉著:《济南大观》,山东友谊出版社 1987 年版。

孙国群:《旧上海娼妓秘史》河南人民出版社 1988 年版。

朱玉湘著:《山东近代经济史述丛》,山东大学出版社 1990 年版。

张仲礼著:《近代上海城市史研究》,上海人民出版社 1990 年版。

刘大可等著：《日本侵略山东史》，山东人民出版社 1990 年版。

武舟著：《中国妓女生活史》，湖南文艺出版社 1990 年版。

张静如、刘志强主编：《北洋军阀统治时期中国社会之变迁》，中国人民大学出版社 1992 年版。

济南市总工会：《济南工人运动史》，中国工人出版社 1992 年版。

孙柞民著：《山东通史》，山东人民出版社 1992 年版。

张静如、卞杏英主编：《国民政府统治时期中国社会之变迁》，中国人民大学出版社 1993 年版。

罗澎伟主编：《天津近代城市史》，中国社会科学出版社 1993 年版。

安作璋主编：《山东通史》（近代卷），山东人民出版社 1994 年版。

吕伟俊主编：《民国山东史》，山东人民出版社 1995 年版。

孔令仁、李德征主编：《周村开埠与山东近代化》，山东大学出版社 1996 年版。

陈宝良著：《中国的社与会》，浙江人民出版社 1996 年版。

池子华著：《中国近代流民》，浙江人民出版社 1996 年版。

忻平著：《从上海发现历史：现代化进程中的上海及其社会生活（1927—1937)》，上海人民出版社 1996 年版。

邓正来著：《国家与社会》，四川人民出版社 1997 年版。

吕伟俊著：《韩复榘传》，山东人民出版社 1997 年版。

逢振镐、江奔东主编：《山东经济史》（近代卷），济南出版社 1998 年版。

宋连威著：《青岛城市的形成》，青岛出版社 1998 年版。

唐士其著：《国家与社会的关系》，北京大学出版社 1998 年版。

刘健清著：《中华文化通志·社团志》，上海人民出版社 1998 年版。

张仲礼主编：《中国近代城市：企业·社会·空间》，上海社会科学院出版社 1998 年版。

沈祖炜主编：《近代中国企业：制度和发展》，上海社会科学院出版社 1999 年版。

庄维民著：《近代山东市场经济的变迁》，中华书局 2000 年版。

周积明、宋德金主编：《中国社会史论》（上、下卷），湖北教育出版社 2000 年版。

池子华著：《流民史话》，社会科学文献出版社 2000 年版。

汪敬虞主编：《中国近代经济史（1895—1927)》（上中下），人民出版社 2000 年版。

杨念群著：《中层理论——东西方思想会通下的中国史研究》，江西教育出版社 2001 年版。

王守中、郭大松著：《近代山东城市变迁史》，山东教育出版社 2001 年版。

张钟汝等编著：《城市社会学》，上海大学出版社 2001 年版。

池子华著：《流民问题与社会控制》，广西人民出版社 2001 年版。

吴承明著：《中国的现代化：市场与社会》，生活·读书·新知三联书店 2001 年版。

王笛著：《跨出封闭的世界——长江上游区域社会研究（1644—1911)》，中华书局 2001 年版。

陆安：《青岛近现代史》，青岛出版社 2001 年版。

李长莉著：《晚清上海社会的变迁——生活与伦理的近代化》，天津人民出版社 2002 年版。

崔力明编著：《济南历史大事记录》，黄河出版社 2002 年版。

吕伟俊等著：《山东区域现代化研究（1940—1949)》，齐鲁书社 2002 年版。

许庆朴、张福记主编：《近现代中国社会》，齐鲁书社 2002 年版。

杨天宏著：《口岸开放与社会变迁——近代中国自开商埠研究》，中华书局 2002 年版。

蔡勤禹著：《国家社会与弱势群体——民国时期的社会救济（1927—1949)》，天津人民出版社 2003 年版。

张忠民、陆兴龙著：《企业发展中的制度变迁》，上海社会科学院出版社 2003 年版。

杨念群等主编：《新史学：多学科对话的图景》，中国人民大学出版社 2003 年版。

王书奴著:《中国娼妓史》,团结出版社 2004 年插图版。

何一民:《近代中国城市发展与社会变迁（1840——1949）》,科学出版社 2004 年版。

张静如、刘志强、卞杏英主编:《中国现代社会史》(上册),湖南人民出版社 2004 年版,

常建华著:《社会生活的历史学——中国社会史研究新探》,北京大学出版社 2004 年版。

党明德、林吉玲编:《济南百年城市发展史——开埠以来的济南》,齐鲁书社 2004 年版。

侯杰、秦方著:《旧中国的下九流》,天津人民出版社 2004 年版。

徐华东主编:《济南开埠与地方经济》,黄河出版社 2004 年版。

陆德阳、王乃宁:《社会的又一层面——中国近代女佣》,学林出版社 2004 年版。

王林主编:《近代山东灾荒史》,齐鲁书社 2004 年版。

李明伟著:《清末民初中国城市社会阶层研究》(1897—1927),社会科学文献出版社 2005 年版。

陆汉文:《现代性与生活世界的变迁——20 世纪二三十年代中国城市居民日常生活的社会学研究》,社会科学文献出版社 2005 年版。

邵雍著:《中国近代妓女史》,上海人民出版社 2005 年版。

周德钧:《乞丐的历史》,中国文史出版社 2005 年版。

陈国庆主编:《中国近代社会转型研究》,社会科学文献出版社 2005 年版。

蔡勤禹著:《民间组织与灾荒救治——民国华洋义赈会研究》,商务印书馆 2005 年版。

张宪文主编:《中华民国史》,南京大学出版社 2005 年版。

中国社科院近代史研究所民国史研究室、四川师范大学历史文化学院编:《一九二〇年代的中国》,社会科学文献出版社 2005 年版。

庄维民、刘大可著:《日本工商资本与近代山东》,社会科学出版社 2005 年版。

曲彦斌:《中国传统社会群体研究之十——乞丐群体的历史考察》,《中国社会

史论》（上卷），湖北教育出版社 2005 年版。

中国社科院近代史研究所民国史研究室、四川师范大学历史文化学院编：《一九三〇年代的中国》，社会科学文献出版社 2006 年版。

赵世瑜：《小历史与大历史—区域社会史的理念、方法与实践》，生活·读书·新知三联书店 2006 年版。

李佃来著：《公共领域与生活世界》，人民出版社 2006 年版。

行龙、杨念群主编：《区域社会史比较研究》，社会科学文献出版社 2006 年版。

池子华著：《农民工与近代社会变迁》，安徽人民出版社 2006 年版。

王音编著：《济南城市近代化历程》，济南出版社 2006 年版。

邓正来、杰弗里·亚历山大主编：《国家与市民社会——一种社会理论的研究路径》，上海人民出版社 2006 年版。

钱端升著：《民国政治史（上下册）》，上海人民出版社 2007 年版。

李长莉著：《近代中国社会与民间文化》，社会科学文献出版社 2007 年版。

彭南生著：《半工业化——近代中国乡村手工业的发展与社会变迁》，中华书局 2007 年版。

池子华著：《中国近代流民（修订版)》，社会科学文献出版社 2007 版。

聂家华著：《对外开放与城市社会变迁——以济南为例的研究（1904—1937)》，齐鲁书社 2007 年版。

任银睦著：《青岛早期城市现代化研究》，三联书店 2007 年版。

曲彦斌著：《中国乞丐史》，九州出版社 2007 年版，

杨剑利著：《女性与近代中国社会》，中国社会出版社 2007 年版。

夏建中等著：《社会分层、白领群体及其生活方式的理论与研究》，中国人民大学出版社 2008 年版。

赵振华著：《当代中国社会各阶层收入分析》，中共中央党校出版社 2008 年版。

邵雍编著：《中国近代社会史》，合肥工业大学出版社 2008 年版。

薛毅著：《中国华洋义赈救灾总会研究》，武汉大学 2008 年版。

党明德主编：《济南通史（近代卷)》，齐鲁书社 2008 年版。

王俊秋著:《中国慈善与救济》,中国社会科学出版社 2008 年版。

张勤著:《中国公民社会组织发展研究》,人民出版社 2008 年版。

朱英、魏文享主编:《近代中国自由职业者群体与社会变迁》,北京大学出版社 2009 年版。

于珍著:《近代上海同乡组织与移民教育》,社会科学文献出版社 2009 年版。

孙倩著:《上海近代城市公共管理制度与空间建设》,东南大学出版社 2009 年版。

忻平著:《全息史观与近代城市社会生活》,复旦大学出版社 2009 年。

陈绛主编:《近代中国(第 19 辑)》,上海社会科学院出版社 2009 年版。

董小燕著:《公共领域与城市社区自治》,社会科学文献出版社 2010 年版。

伍俊斌著:《公民社会基础理论研究》,人民出版社 2010 年版。

唐仕春主编:《近代中国社会与文化交流》,社会科学文献出版社 2010 年版。

吴玉章主编:《中国民间组织大事记(1978—2008)》,社会科学文献出版社 2010 年版。

徐畅著:《鲁商撷英》,山东人民出版社 2010 年版。

庄维民编:《近代鲁商史料集》,山东人民出版社 2010 年版。

李学兰著:《中国商人团体习惯法研究》,中国社会科学出版社 2010 年版。

汪耀华编著:《上海书业同业公会史料与研究》,上海交通大学出版社 2010 年版。

欧阳恩良主编:《近代中国社会流动与社会控制》,社会科学文献出版社 2010 年版。

马敏、朱英著:《辛亥革命时期苏州商会研究》,华中师范大学出版社 2011 年版。

朱英著:《商民运动研究(1924—1930)》,北京大学出版社 2011 年版。

行龙编:《中国社会史研究的理论与方法》,北京大学出版社 2011 年版。

范铁权著:《近代中国科学社团研究》,人民出版社 2011 年版。

王迪著:《走进中国城市内部:从社会的最底层看历史》,清华大学出版社 2013 年版。

马德坤著:《民国时期济南同业公会研究》，人民出版社 2014 年版。

## （二）中文译著

［日］长野郎著、朱家清译:《中国社会组织》，光明书局 1930 年版。

［美］R.E.帕克等著、宋俊岭等译:《城市社会学》，华夏出版社 1987 年版。

［美］费正清主编:《剑桥中华民国史》（第一部），上海人民出版社 1991 年版。

［美］郝延平著，陈潮、陈任译:《中国近代商业革命》，上海人民出版社 1991
年版。

［法］白吉尔著，张富强、许世芬译:《中国资产阶级的黄金时代（1911—
1937)》，上海人民出版社 1994 年版。

［法］谢和耐编，耿昇译:《中国社会史》，江苏人民出版社 1995 年版。

［英］彼得·伯克著，姚朋、周玉鹏等译，刘北成校:《历史学与社会理论》，
上海人民出版社 2000 年版。

［美］黄宗智著:《华北的小农经济与社会变迁》，中华书局 2000 年版。

［美］施坚雅等著，叶光庭等译:《中华帝国晚期的城市》，中华书局 2000
年版。

［美］费正清著，刘尊棋译:《伟大的中国革命（1800—1985 年)》，世界知识
出版社 2001 年版。

［美］伊格尔斯著，何兆武译:《二十世纪的历史学——从科学的客观性到后
现代的挑战》，辽宁教育出版社 2003 年版。

［日］小浜正子著，葛涛译:《近代上海的公共性和国家》，上海古籍出版社
2003 年版。

［美］贺萧著，韩敏中等译:《危险的愉悦:20 世纪上海的娼妓问题》，江苏人
民出版社 2003 年版。

［法］安克强著，袁燮铭、夏俊霞译:《上海妓女:19—20 世纪中国的卖淫与
性》，上海古籍出版社 2004 年版。

［美］罗威廉著:《汉口:一个中国城市的商业和社会（1796—1889)》，中国人
民大学出版社 2005 年版。

[美] 戴维·格伦斯基编:《社会分层》,华夏出版社 2005 年版。

[美]吉尔伯特·罗兹曼主编,国家社会科学基金"比较现代化"课题组译:《中国的现代化》,江苏人民出版社 2005 年版。

[美] 安东尼·奥罗姆、陈向明著,曾茂娟、任远译:《城市的世界——对地点的比较分析和历史分析》,上海人民出版社 2005 年版。

[美] 彭慕兰著,马俊亚译:《腹地的构建:华北内地的国家、社会和经济(1853—1937)》,社会科学文献出版社 2005 年版。

[德] 余凯思著,孙立新译:《在"模范殖民地"胶州湾的统治与抵抗——1897—1914 年中国与德国的相互作用》,山东大学出版社 2005 年版。

[美] 王笛著,李德英等译:《街头文化——成都公共空间、下层民众与地方政治(1879—1930)》,中国人民大学出版社 2006 年版。

[英] 约翰·托什著,吴英译:《史学导论——现代历史学的目标、方法和新方向》,北京大学出版社 2007 年版。

[美] 史蒂文·瓦戈著,王晓黎译:《社会变迁》,北京大学出版社 2007 年版。

[美] 罗威廉著,鲁西奇、罗杜芳译:《汉口:一个中国城市的冲突和社区(1796—1895)》,中国人民大学出版社 2008 年版。

[美] 鲍德威著,张汉等译:《中国的城市变迁——山东济南的政治与发展》,北京大学出版社 2010 年版。

[英] 科大卫著,周琳等译:《近代中国商业的发展》,浙江大学出版社 2010 年版。

[英] 罗丝玛丽·克朗普顿著,陈光金译:《阶级与分层》,复旦大学出版社 2011 年版。

## 五、报刊资料

《青岛民报》

《山东省政府公报》

《芝罘商报》

《青岛时报》

《黄海潮报》

《申报》

《东方杂志》

《民国日报（上海）》

《民国山东日报》

《青岛特别市市政公报》

《钟声报》

济南市政府秘书处编印：《市政月刊》

山东省长公署统计处发行：《山东统计月刊》

山东省警官学校校友会编印：《警声月刊》

山东省立民众教育馆出版印行：《民众周刊》

青岛特别市社会局编印：《青岛社会》

## 六、论文资料

### （一）期刊论文

钟年、张宗周：《丐帮与丐——一个社会史的考察》，《湖北大学学报（哲学社会科学版）》1997 年第 1 期。

忻平：《20—30 年代上海青楼业兴盛的特点及原因》，《史学月刊》1998 年第 1 期。

郭德宏：《社会史研究与中国现代史》，《史学月刊》1998 年 2 期。

刘志琴：《贴近社会下层看历史》，《读书》1998 年第 8 期。

李路路：《论社会分层研究》，《社会学研究》1999 年第 1 期。

彭南生：《近代农民离村与城市社会问题》，《史学月刊》1999 年第 6 期

鲍成志、邱国盛：《近代中国城市游民阶层的形成及其特征》，《苏州铁道师范学院学报》2000 年第 1 期。

李红英：《略论近代中国社会职业乞丐问题》，《安徽师范大学学报》2000 年

第 1 期。

庄维民：《近代山东行栈资本的发展及其影响》，《近代史研究》2000 年第 5 期。

王印焕：《民国时期的人力车夫分析》，《近代史研究》2000 年第 3 期。

朱汉国、王印焕：《民国时期华北农民的离村与社会变动》，《史学月刊》2001 年第 1 期。

崔玉婷：《抗战以前青岛华人社会阶层分析》，《文史哲》2003 年第 1 期。

池子华：《流民的文化现象——以清代淮北为例》，《苏州大学学报》2003 年第 1 期。

江沛：《20 世纪上半叶天津娼业结构述论》，《近代史研究》2003 年第 2 期。

王印焕：《交通近代化过程中人力车与电车的矛盾分析》，《史学月刊》2003 年第 4 期。

马陵合：《人力车：近代城市化的一个标尺——以上海公共租界为考察点》，《学术月刊》2003 年第 11 期。

朱汉国：《民国时期中国社会转型的态势及特征》，《史学月刊》2003 年第 11 期。

邓小东、杨骏：《民国时期的乞丐及乞丐救济》，《晋阳学刊》2004 年第 1 期。

吴忠民：《从阶级分析到当代社会分层研究》，《学术界》2004 年第 1 期。

邱国盛：《从人力车看近代上海城市公共交通的演变》，《华东师范大学学报》2004 年第 2 期。

陈映芳：《中国城市下层研究的经纬和课题》，《江苏行政学院学报》2004 年第 3 期。

孟庆良：《济南解放前夕的社会状况与工人运动》，《中共济南市委党校学报》2004 年第 3 期。

魏文享：《近代工商同业公会的慈善救济活动》，《江苏社会科学》2004 年第 5 期。

池子华：《论近代中国农民进城对城市社会的影响》，《江苏社会科学》2005 年第 3 期。

牛林豪：《论民国社会救济中的传统因素》，《株洲工学院学报》2005 年第 5 期。

任云兰：《近代城市贫民阶层及其救济探析——以天津为例》，《史林》2006 年第 2 期。

侯艳丽：《民国时期的乞丐及其影响》，《忻州师范学院学报》2006 年第 2 期。

刘祖云、戴洁：《再论社会分层的依据》，《中南民族大学学报（人文社会科学版）》2006 年第 6 期。

刘秋阳：《民主革命时期中共对城市下层社会的认识与启蒙》，《党史文苑》2006 年第 20 期。

秦晓梅：《近代山东娼妓业的兴衰》，《中华女子学院山东分院学报》2007 年第 2 期。

严昌洪：《近代人力车夫群体意识探析》，《华中师范大学学报》2007 年第 6 期。

罗国辉：《城市下层社会群体研究述评》，《学术界》2008 年第 2 期。

于景莲：《20 世纪二三十年代的济南人力车夫研究》，《滨州学院学报》2009 年第 2 期。

### （二）博硕论文

聂家华：《开埠与济南早期城市现代化（1904—1937）》，浙江大学博士学位论文，2005 年。

金亨洌：《近代济南经济社会研究——以近代济南商业发展为中心（1895—1937）》，南京大学博士学位论文，2006 年。

郭谦：《民国时期统治者对城市下层社会的社会调控——以山东为例》，山东大学博士学位论文，2007 年。

于景莲：《民国时期山东城市下层社会物质生活状况研究（1912—1937）》，山东大学博士学位论文，2011 年。

毕牧：《民国时期山东城市下层社会变迁研究》，山东大学博士学位论文，2012 年。

马德坤：《民国时期济南同业公会研究》，山东大学博士学位论文，2012 年。

侯艳丽：《透视民国乞丐》，吉林大学硕士学位论文，2003 年。

崔玉婷：《抗战以前青岛华人社会阶层分析》，山东大学硕士学位论文，2003 年。

曹胜：《德占时期青岛城市建设研究》，山东师范大学硕士学位论文，2003 年。

万强：《近代济南的人口与城市发展（1904—1936）》，内蒙古大学硕士学位论文，2004年。

张刚：《抗战以前济南社会阶层结构的现代转型》，山东大学硕士学位论文，2004年。

张秋菊：《抗战以前烟台社会阶层结构的变迁》，山东大学硕士学位论文，2004年。

桂晓亮：《济南商埠研究（1911—1928）》，山东师范大学硕士学位论文，2007年。

黄志强：《济南、潍县、周村三地自开商埠与山东区域社会变迁》，江西师范大学硕士学位论文，2008年。

石会辉：《民国时期山东商业历史考察（1912—1937）——以青岛、济南、烟台等城市为例》，南昌大学硕士学位论文，2008年。

仇晓红：《自开商埠背景下的济南城市工业进程研究（1904—1937）》，山东大学硕士学位论文，2008年。

王洪发：《青岛城市现代化进程中社会分层研究（1897—1937）》，青岛大学硕士学位论文，2009年。

王醒：《济南市政建设与城市现代化研究（1904—1937）》，山东师范大学硕士学位论文，2010年。

孟玲洲：《传统与变迁：工业化背景下的近代济南城市手工业（1901—1937）》，华中师范大学硕士学位论文，2011年。

司娟：《民国山东婚俗研究（1912—1937）》，山东师范大学硕士学位论文，2011年。

# 后 记

新时代以来，以人民为中心的治理理念正贯穿于社会治理的各个领域。民生建设成为社会治理重点领域，如何不断满足人民日益增长的美好生活需要，使人民的获得感、幸福感、安全感更加充实、更加有保障、更可持续，这不仅仅是一个重大的理论课题，也是一个极为重要的现实问题。习近平总书记指出：全面小康路上一个不能少，脱贫致富一个不能落下。打好脱贫攻坚战是新时代解决贫困弱势群体的一项优先战略。近代城市弱势群体的生活状况如何？政府当局有何应对措施？有什么样的经验或教训值得借鉴或深思？这也是本书的研究与写作初衷所在。

本书是我主持承担的 2014 年度山东省社会科学规划基金项目《近代山东城市弱势群体研究》（课题编号：14LSJ06）的研究成果，也是 2019 年山东省高等学校青创科技支持计划项目（项目编号：2019RWB016）的研究成果之一。本书的写作是一个漫长的过程，自课题 2014 年 10 月份立项后，年底恰逢本人被遴选为学校优秀青年骨干教师国际合作培养（学科带头人培育）计划资助并到美国密西西比大学进行访学三年，致该课题研究断断续续，耗费时间近 5 年，正是由于老师、领导、同事、朋友和家人的无私帮助和支持，我才坚持完成此项课题，要感谢的人实在太多。

在本书的写作与出版过程中，得到所在单位山东师范大学马克思主义学院相关领导同事的关心帮助和支持，同时也得到本人作为山东师范大学科研创新团队负责人"新时代中国共产党社会治理思想研究创新团队"资金的资助，我的博后导师马永庆教授、博士导师徐畅教授、硕士导师张友臣教授都对我的学习、工作一直关爱有加，在此一并表达我衷心的感谢。

本书能够在人民出版社出版，还要感谢人民出版社的领导，尤其感谢编审马长虹博士，为本书的出版付出了辛勤的汗水。

本书参考、汲取了学界诸多专家、学者、同行们的研究成果，在此表示由衷的感谢。由于本人学术水平有限，书中错谬之处，敬请学界各位师友批评指正，不胜感激之至！

2020 年 7 月于泉城济南

责任编辑：马长虹

封面设计：伊木桃

**图书在版编目（CIP）数据**

近代山东城市下层社会群体研究／马德坤 著 . — 北京：人民出版社，2020.12

ISBN 978 - 7 - 01 - 022632 - 3

I.①近… II.①马… III.①城市 - 群体社会学 - 研究 - 山东 - 近代

　　IV.① C912.81

中国版本图书馆 CIP 数据核字（2020）第 221771 号

**近代山东城市下层社会群体研究**

JINDAI SHANDONG CHENGSHI XIACENG SHEHUI QUNTI YANJIU

马德坤　著

**人民出版社** 出版发行

（100706　北京市东城区隆福寺街 99 号）

中煤（北京）印务有限公司印刷　新华书店经销

2020 年 12 月第 1 版　2020 年 12 月北京第 1 次印刷

开本：710 毫米 × 1000 毫米 1/16　印张：17.5

字数：270 千字　印数：0,001-3,000 册

ISBN 978 - 7 - 01 - 022632 - 3　定价：48.00 元

邮购地址 100706　北京市东城区隆福寺街 99 号

人民东方图书销售中心　电话（010）65250042　65289539